日本史籍協會編

續再夢紀事 一

東京大學出版會發行

續再夢紀事

緒言

一、續再夢紀事二十四卷　本書ハ再夢紀事ノ後ヲ承ケテ文久二年八月二十七日ヨリ慶應三年九月末ニ至ル迄越前福井藩ノ根本史料ヲ基礎トシテ其間ニ於ケル時勢ノ推移ヲ日記體ニ記述シタルモノナリ其維新史料ニ於ケル價値ハ從來定評アリ敢テ贅セズ

一、本書編纂ノ由來ハ卷頭自ラ其ノ項アリ故ニ省略ニ從フ村田氏壽佐々木千尋ノ二氏共ニ良史ノ才アリ福井藩ノ祕記及諸家ノ記錄ヲ裁シテ之ヲ月日ニ係ケ當時

ノ事實ヲ詳述シテ些モ回庇スル所ナク其筆致モ昨夢紀事再夢紀事ニ酷似セルモノハ二氏ノ中根雪江ニ私淑セルコト及ヒ雪江ノ記錄樞密備忘等ニ負フ所多キヲ以テナリ

一、松平侯爵家ハ本書ヲ刊行シテ日本史籍協會々員ニ頒布スルコトヲ允諾セラレ又松平子爵家內春嶽公記念文庫ハ其ノ所藏ノ本ヲ貸與セラレシヲ以テ常ニ座右ニ置イテ校訂ニ備フルノ便宜ヲ得タルヲ敬謝ス

大正十年七月

日本史籍協會

續再夢紀事第一索引

卷一

○幕府横井平四郎を登庸せんとす　一
○幕府私政を去るべき事を論せられし春嶽公の書　六
○尾侯を大納言に推任し土老侯に　皇國の爲め盡力あるへき旨の御沙汰書　一四
○會津侯の京都守護職　一八
○參覲交代の制を廢する議　二〇
○山陵修築の建白　二一
○一橋公横井平四郎を評せらる　二九
○一橋公登營を理わられし事情　三〇
○一橋公幕政改革の意見書　三二

○春嶽公幕吏の因循を論せられし書翰　三四
○三條實美公より松平容堂公に贈られし書翰　四六
○勝麟太郎海軍の意見　四八
○參覲進獻衣服等改革の發令　五一
○芳野立藏の密告　七一
○長州侯の世子來邸三事陳述　七五
○長藩桂小五郎横井平四郎の他出を停むる忠告　七六
○武田耕雲齋大場一心齋復職の勸告　七九
○板倉家の臣山田安五郎の時事意見　七九
○安井仲平以下儒者の內情　八二
○尾張中納言殿退隱の內志を止まる　八五
○一橋公上京に決す　八六
○小栗豐後守の俗論會津侯の憤激　九二

○中根靱負開鎖の意見を小幡彦七に問ふ　九二
○周布中村桂の三士横井の寓所に來る　九四
○小幡周布佐久間中村桂の諸士國事意見　九六
○春嶽公辭職の決心　一〇二
○横井小楠條約を廢する議　一〇四
○横井小楠一橋公の高論に服す　一〇六
○三條姉小路両卿關東下向の報江戸に達す　一一〇

卷二

○一橋公に十一月後上京あるへき旨京師より御沙汰　一一四
○同公上京日限を十月九日に定めらる　一一六
○幕府の開國說ハ姑息より出たるものなれは云〻の藩議　一一七
○一橋公上京を躊躇せらる　一一九

○幕府軍制改革の議　一一九
○傳奏衆より來秋和宮に上洛ある樣申來る　一二一
○旗下の諸士を振起せしむるには幕府政權を返上するの覺悟を定められされは其目的を達せすとせられし春嶽公の議　一二一
○薩藩高崎猪太郎意見書を士侯に差出たす　一二三
○水戸殿江戸定居を希望せらる　一三五
○勅使の敬待に關する板倉閣老の異見　一三八
○春嶽公辭職に內決せらる　一四二
○春嶽公退職を請ハれし書面　一四四
○勅使待遇に關する大久保越中守の意見　一五四
○長藩周布政之助大久保越中守の人となりに驚く　一五五
○松平故薩摩守殿に贈官位の御沙汰及ひ傳奏の誓狀停止　一五七
○岡部駿河守春嶽公に登營を促かす　一五九

○横井平四郎大久保越中守の卓見に驚く　一六三
○一橋公退職の内意を閣老に申遣はさる　一六七
○土老侯岡部駿河守を嚴責せらる　一六九
○一橋公辭職を願ひ出らる　一七〇
○會津殿來邸春嶽公に登營を勸告せらる　一七四
○春嶽公一橋公に登營を勸告せらる　一七五
○一橋公及ひ春嶽公登營　一七九
○薩藩小松帶刀高崎猪太郎來りて近衛關白殿青蓮院宮の御内意を陳す　一八四
○幕議攘夷の　勅旨を奉承せらるゝに決す　一八五
○一橋公大久保越中守を他職に轉せんとせられし内議　一八七
○幕議大久保越中守を他職に轉するに決す　一八七
○彥根藩士加藤吉太夫井上閣老の邸にて自殺す　一八九

○壯士板倉閣老を刺んとするよし高崎猪太郎の密告及ひ高崎猪太郎の意見書　一九九
○長藩の壯士横濱に闌入してミニストルを斬らんとす及ひ長藩士と土藩士との紛紜　二〇六
○春嶽公容堂公　勅使に面會せらる　二一〇
○一橋公後見職を辭せらる　二一〇
○長藩來島又兵衞來り春嶽公に依頼して土藩士の憤りを解かんとす　二一三
○幕府井伊家以下に譴責を命せらる　二一九
○島津三郎殿に京都守護職を命せらるへき議　二二六
○大樹公官位一等を辭せらる　二二八
○幕府安政中の讞獄に關係せし諸有司を譴責せらる　二二八
○田安殿退隱及ひ官位一等辭退を願ひ出らる　二三六
○岡部駿河守營中に於て京都の實況を陳述す　二三八

○勅使入城　勅旨を傳へらる　二四一
○一橋公兵を率て上坂せんとせらる　二四六
○幕府安政の讞獄に斃れし諸士の罪を解かる　二四七
○島津殿御父子に上京を促かし公武一致の國是を定むる議　二四九

卷三

○幕府島津三郎殿に上京を促かさるゝ事に決す及ひ高崎猪太郎西上　二五一
○近衞關白殿當職御辭退及ひ鷹司前右大臣殿關白内宣下の御内慮　二五六
○大樹公官位一等を辭せられし上表　二六〇
○春嶽公　勅使の旅館に赴かる及ひ　勅使島津三郎殿に京都守護職を命せらるへき幕議に驚かる　二六二
○幕府兵賦の制を達せらる　二六三
○横井平四郎攘夷實行に關する建白　二六七

○勅使入城々中に於て　勅使を饗應せらる　二七〇
○勅使入城大樹公奉答書を差出さる　二七五
○大樹公上洛公武御合體列藩の議を聞かれ云々茂昭公の建白　二七九
○武市半平太大樹公の上洛を希望す云々申立　二八一
○三條中納言殿より水戸藩士太田誠左衛門外五名に嚴譴せらるゝ様
にとの書付を遣はさる　二八三
○幕府攘夷の　勅旨を諸侯以下に達せらる　二八八
○幕府先年水戸殿に下されし　勅諚を諸侯に指示さる　二九一
○暴入横井平四郎都築四郎吉田平之助の集會せる席に亂入す　三〇七
○島津三郎殿上京の期及ひ近衞殿の御返翰　三〇八
○横井平四郎遭難の事實　三一〇
○今後朝廷を尊奉せらるへき幕府の內議　三二三

巻四

○島津三郎殿より近衛殿青蓮院宮へ指出されし建白　三三六
○大久保市藏中根靭負上京　三四三
○大久保市藏に托して近衛殿に指出されし春嶽公の書翰　三四五
○大樹公の官位辭退を聞し召されす及ひ田安殿の官位辭退幷に退隱を聞し召さる　三四九
○京師の形勢一變島津三郎殿の建白行はれさりし事情　三五二
○春嶽公海路上京の途に就かる　三五八
○春嶽公京都に着せらる　三六〇
○過激の浪士に處する會津侯の意見　三六一
○三條殿以下八卿一橋殿の旅館に臨まれ攘夷實施の期限を催促せらる　三七〇

○後見職總裁職參 內過激の浪士に處する意見を內奏せんとせらる　三七六
○春嶽公政令二途に出る事を憂慮せらる　三八〇
○一橋殿春嶽公會津殿土佐殿近衛前關白殿下の許に推參及ひ近衛殿鷹司殿中川宮御參會　三八三
○親兵の御沙汰書は發表後關白殿承知せられし御實話　三九三
○春嶽公總裁職を辭せらるゝ事に內決す　三九四
○大樹公着京及ひ着京の時刻を臨時引揚られし事情　四〇一
○春嶽公大樹公に將軍職辭退を勸告せらる　四〇二
○一橋殿參內　天前に於て庶政御委任の奏上及ひ勅答　四〇三
○會津藩の壯士兩傳奏及ひ學習院に推參す　四〇五
○大樹公參內　四〇六
○春嶽公總裁職辭退の願書を差出さる　四〇八

○一橋殿來邸辭職を思ひ止らるゝ樣にとの勸告　四一四
○島津三郎殿着京近衞殿へ參候　四一九
○春嶽公板倉閣老を招き大樹公政權を返上せらるゝの要を論せらる　四二一
○春嶽公京師を發して歸國の途に就かる　四三三
○春嶽公の總裁職解免及ひ逼塞　四三七

續再夢紀事第一索引終

御家史編纂の由來及ひ成るを告る書

氏壽謹て惟るに　從一位勳一等慶永公の國家に忠誠を盡されしことは至誠憂國夙竭藩屏之重任太義勤　王以賛中興之宏猷偉勳有成純忠可嘉云々世に有り難き　聖詔を蒙ふられたる如くなるか其多年一日のことく國事に藩政に鞠躬盡力せられし御事蹟は一世の歷史に關するもの尠からす將た永く御後裔の御模範ともなるへきことゝもなれは遺漏なく編纂して後世に傳へらるへきは、今更申すまてもあらさるなり而して其これを編纂せるもの御家譜奉答紀事昨夢紀事再夢紀事丁卯日記戊辰日記の數書ありて御家譜ハ典例公務令達賞刑文教武備量制救恤等の事を記し奉答紀事ハ藩政に勵精せられし事實を載せ昨夢紀事ハ嘉永六年より安政五年に至る六年間に於ける外國に處する所以の意見を數回建白せられし事實儲貳を定て根本を固くせられむことを請はれし事實外國條約締結の違　勅に當るへ

きことを大老職に論難せられ及ひ戊午の禍に罹られし事實を載せ再夢紀事ハ文久二年四月より八月に至る五月間に於ける謹愼解免及ひ時々登營の命を蒙ふられ尋て政事總裁職を以て幕府の政を執られし事實を載せ丁卯日記戊辰日記ハ慶應三年十月より明治元年八月に至る十一月間に於ける、大政返上　王政復古德川内府公下坂及ひ辭官納地伏見開戰内府公東退及ひ謝罪德川家相續等に關して盡力せられし事實を載せ何れも　公の御事蹟を後世に傳ふへき至要の御家史なりとす況や此數書中奉答紀事以下の紀事日記は渾へて參政中根師質の手になりしものなるか師質ハ　公の初て藩政を視られし頃より久しく左右に在て　公を輔佐し機務に與り且鉛槧の才に長したれは紀事の精確なる行文の通暢なる他人の得て及ふ所にあらさるをやされと再夢紀事の書たる筆を文久二年八月に止め丁卯日記の書たる筆を慶應三年十月に起せれは其中間凡そ五周年に係る事實ハいまた編纂に及はさりしなりこは丁卯日記戊辰日記の附言に師質疇昔よ

り契合の殊恩を蒙ふり樞機に參職すること殆三十年云々癸丑以來戊午に至る事歴を略記して昨夢外記昨夢紀事を指すと名つけたりと記し又其末に再夢三夢四夢をも記するに意ありしことを述へて其續きに再回より四回に及て時事繁重追想すれは眞に夢の如く恍然として筆を執るに艱めりと記るせしか實に此附言にいへる如く文久二年八月の末より慶應三年九月に至る數年間には　勅使を關東に降されしこと　公總裁職を以て上京せられしこと攘夷期限を上答せられしこと大樹公上洛せられしこと總裁職を辭して歸國せられしこと春來の不束　勅免更に上京を命せられしこと在京中參與及ひ京都守護職を命せられしこと長防再征の擧を非として意見を建白せられしこと大樹公旌旗を長防の堺に進めむとせらるゝを諫止するため出坂せられしこと家茂將軍薨去後一橋慶喜公に宗家繼承のことを勸進せられ及ひ慶喜公將軍の喪を祕し征長の擧を遂けむとせられしを非として再三再四諫爭せられしこと長防を寛大に處し及ひ兵庫港を開かるへ

き大議に與かられしことなとありて時事年を逐ふて繁重を加へたれは師質か筆を執るに艱めりしも然ることなから此時内外の事情殆と困難の極に達し且時運大に一變せむとし而して其危機漸く切迫に及ひたれは　公の焦慮碎身寢食を忘れて盡力せられしも亦此年間に過たるはあらされは其事實は固より遺漏なく編纂せさるへからす而して　從二位勳三等茂昭公の御事蹟に於けるも藩政に國事に渾へて　從一位公の御志業を繼述せられ同しく歷史に關し且御後裔の御模範となるへきことも尠からされは是又遺漏なく編纂して後世に傳へらるへきこととなるか其已に着手せるは御家譜の一書のみに止まり其他は長防征討のため副將を以て出陣せられ及ひ會津征討のため出兵せられたる事實すらいまた編纂せるものあらさりしを以て氏壽深くこれを遺憾とし先年來屢　兩公に上陳するに其事を以てせしに明治二十二年四月に至り遂に此等の事實を編纂せしめらるゝことゝなり則其業を氏壽に委托せられ別に伊藤輔佐ゝ木千尋中根新に其

功を助くへきことを托せられたり是に於て氏壽等相共に議して　両公の御手錄其他各種の祕記を請ひ受け傍當時の執政參政以下諸有司の記錄日乘に參照して拾集採擇することゝなし且其業務を分ち輔以下三人其分擔を定て直ちに編纂に着手しけるか輔ハ當時宮内省の謄寫御用に從事し新は從一位公より時ゝ托せらるゝ筆記の務あり別に御家譜の記錄にも從事せしことなれは前述御事蹟編纂の業務ハ千尋專ら之を擔任することゝなり外に井原頼尊艸尾一馬謄寫の務に服し烏兎を經過すること爾來三年有餘本年七月　從一位公の御事蹟は續再夢紀事二十二卷御履歴略一卷　從二位公の御事蹟は會津征討出兵記八卷御履歴略一卷既に成り上呈するに及へり而して征長出兵記三卷亦不日成るを告くへし是に至て　兩公の委托せられし事業と共に氏壽か曩に遺憾とせし所將に整備完成に及はんとす、氏壽實に欣抃に堪へす顧みるに前に師質ありて　從一位公の國事に藩政に終始鞠躬盡力せられし御事蹟を具さに編纂し、後に千尋ありて師質か

未た編纂に及はさりし數年間の時事筆を執るに艱めるもの今悉く之を補輯接續し且　從二位公御繼述の御事蹟をも併せて編次し又遺憾なからしむ二氏の功著大なりと謂へし嗚呼　從一位公積年の御功德御勳業及ひ從二位公御繼述乃御盛績共に前述乃數書に存せり冀くは今より後御家の御模範として永く御後裔のこれに鑑みらるゝ所あらむことを果して斯の如くならは御家聲を無窮に保續せらるゝの道に於ける盖其則遠からさるへし

明治二十五年十一月

正五位村田氏壽謹白

續再夢紀事目次

卷一　文久二年八月廿七日より同年九月に至る
卷二　文久二年十月より同年十一月に至る
卷三　文久二年十二月中
卷四　文久三年正月より同年三月に至る
卷五　文久三年四月より同年七月に至る
卷六　文久三年八月より同年十月に至る
卷七　文久三年十一月より同年十二月に至る
卷八　元治元年正月より同年二月に至る
卷九　元治元年三月より同年四月に至る
卷十　元治元年五月より同年八月に至る
卷十一　元治元年九月より同年十二月に至る

續再夢紀事目次

卷十二　慶應元年正月より同年四月に至る

卷十三　慶應元年五月より同年九月に至る

卷十四　慶應元年十月より同年十二月に至る

卷十五　慶應二年正月より同年二月に至る

卷十六　慶應二年三月より同年五月に至る

卷十七　慶應二年六月より同年七月に至る

卷十八　慶應二年八月中

卷十九　慶應二年九月より同年十二月に至る

卷二十　慶應三年正月より同年四月に至る

卷廿一　慶應三年五月中

卷廿二　慶應三年六月より同年十月に至る

續再夢紀事目次終

續再夢紀事引用書目

樞密備忘
參政內狀
白木秘筐
甲子新報
國事筆記
家譜
村田所藏書翰
奉答紀事
榮井筆叢 二十一集三十二集四十集四十二集九十二集
總列
剰札
備忘雜錄
寓居雜記
橫井平四郎書翰
癸亥要錄
癸亥秘記
癸亥京都記錄
書翰錄
來翰錄
癸亥雜記
癸亥勤書
唐桑秘筐
宸翰錄
葵章秘筐
姫路革秘筐
一橋公來翰
慶永公建白類
建白書類編
壬戌雜記
壬戌漫錄
幕府御沙汰書
中根內狀
毛受所藏墨蹟

島田内狀　甲子御達書　京東紀事
内用日記　逸事史補　風說書
慶永公直書　乙丑風說書　甲子別記
日本貿易新聞　甲子漫錄　公私覺書
甲子御沙汰書　征長略記　筆叢拾遺
波日記　堤日記　酒井手錄
乙丑漫錄　備忘錄　丙寅上京記
御手錄　慶應雜記　山内容堂公書翰
丙寅御寫帳　近衞忠房公書翰　丁卯京都新報
登京日記　滯京中御沙汰書　建白書翰錄
往復書翰錄

續再夢紀事引用書目終

續再夢紀事緒言

○此書は從二位松平巽嶽公の仰を承いりて從一位松平春嶽公の國事に鞅掌せられし事蹟を編纂せり筆を文久二年壬戌八月廿七日に起せしは其日以前の事蹟い、雪江中根翁か編纂せる昨夢紀事再夢紀事の二書あり筆を慶應三年丁卯十月に止めしは十一月以後の事蹟い又同翁の編纂せる丁卯日記戊辰日記の二書あれはなり

○此書は明治廿二年四月を以て編纂の業に就き同廿五年六月を以て其業を卒へ別つて二十二卷とせり

○此書を續再夢紀事と名つけしは中根翁の再夢紀事に繼續して筆を起せはなり

○書中公の事蹟ならさるも當時の情況を徵するに足るへき書類は所ゝにこれを附記せり然かせされは公の鞅掌せられし事由に明瞭ならさる所あ

るを以てなり

○此書の文辭すへて俗體に從ひしは猥りに修飾を加へへなは事實を誤ることあらんかとてなり公文建白願書書翰の類に一字一語を増損せさりしも亦此意に外ならす

○此書の紀事兩公の秘筐中より引用せるもの少なからす是は一片又は數片の紙面に兩公手つから書寫し或ハ侍臣の書寫せしを其まゝ保存せられたるのもにて未た書冊を成せるにあらされは其書名なきハ勿論なり故に葵章秘筐姫路革秘筐、白木秘筐以上從一位公の秘筐唐桑秘筐從二位公の秘筐なとの類其筐名を各條下に注記し引用書目にもしか記することゝせり

○書中家譜其他後に記せるものより引用せる紀事には其日次を誤れるか少からず今從一位公の御手錄諸有司の日記に照して訂正せり故に原書に同しからさる所あり

明治廿五年六月　編者誌るす

千尋

中たえて夢のうき
橋つゝかぬか惜らしく
てそつくりそへける

續再夢紀事卷一

文久二年八月二十七日より同年九月に至る

幕府横井平四郎ヲ登庸セントス

○文久二年壬戌八月廿七日夜に入りて一橋刑部卿殿より書翰を遣はさる書中横井平四郎を奥詰に召出さるへしとありけれと横井御請に及ふへきや否や覺束なく思はれし故豫しめ本人の意見を尋ねられ然るへき旨を返答返答書今見あたらす、せられたり一橋殿の書翰左の如し參政內狀一橋來翰

御不快如何ニ候哉委敷奉伺度候偖今朝駿河事平四郎に面會段ミ噺承候處一ミ尤之事ニ而深く感心致候由ニ而於御用部屋一同承り何れも同意ニ御座候平四郎申聞候第一ヶ條參覲等之義大小御目付等ニ而評議之處何れも感服同意之由尤參覲之事ハ先頃御目付ゟ申出候事も有之候由故別而一同悅申候於越中駿河御用部屋ニ而いろ〱評議も致候得共詰る處右等之條如何ニも尤ニ而よき事とハ乍申只其一二ヶ條のみ其通り被仰

出候而も外〻之御處置振不宜候而ハ何之詮も無之ニ付和泉周防周防別而ハ申聞候ニハ右平四郎事右邊へ被召出御改革之御相談被遊候ハヽ實ニ天下之御爲メ無此上と兩人も強て申聞候故越中駿河へ申聞候處兩人共大悅之樣子有之候於越中申聞候は被召出候御役名如何可致哉又高抔ハ如何程ニ而可然哉抔及評議候處素より非常出格之事故如何程ニ而も可然名目ハ奥詰と被仰付御前へも罷出御用部屋ハ勿論時〻罷出候樣相成樣ニ致候素ゟ先規に不拘樣可致趣意ニ大意相決候得共尊慮如何可被爲在哉奉伺候明日御登營ニ候ハヽ重疊若左も無之候ハヽ委細明朝登城前迄ニ被仰下候樣奉願候前文之次第實ニ宜候ハヽ一兩日之內ニ被仰付候積ニ有之候兩三日は先少〻手すき故何分ニも此處ニ而御變革被仰出候樣致度御座候平四郎論ニは御用部屋一同屈服之事ニ御座候何も此段申上度如斯御座候以上

八月廿七日　　刑部卿

春嶽様
尊下

再白不相替文言認不申候以上

○廿八日横井平四郎大久保越中守に面會す此時談話の大要ハ大久保云昨日岡部駿洲に申聞られし御説ハ同人即日内閣へ申出橋公をはしめ閣老以下諸有司一同深く感服せり其内諸侯の參覲を廢する件ハ防州宗祖の遺法なれハこれを廢するハ然るへからすと申されたれと是も拙者及駿州の兩人嚴しく説破し終に了解せられたれハ春嶽殿の御持論ハ悉く貫徹すへしさて御持論の如く決せし上ハ速に御出勤ありて事を視らるゝ樣在らせられたし横井云春嶽殿引入らるゝに就ての意見は岡部駿州に申入れられし事故出勤ある樣にとの事も矢張駿州より御相談ある方然るへし大久保又云御説之中御上洛の件ハ急務なれと指し當り御勘定向に係る屬吏を更迭せされハ調理方にも着手し兼る程の事にて容易く擧行し得へからす故に何程急きても他の各項なハ後るゝなるへし横井云屬吏更迭なとのため後

るゝは是非もなき事なるへし云〻なりき（參政內狀・樞密備忘）

○廿九日此日も登城せられす爾後岡部駿河守藩邸に來り　公對面せらる應答の大意ハ岡部此程橫井平四郎に面會して目下の急務とせらるゝ國事の御意見を承りしに一〻感服せし故即日內閣に於て一橋殿をはしめ閣老方へ詳細に陳述しけるか御一同にも深く感心せられいよ〳〵實施せらるゝ事に內決し其內にも諸侯の參覲を廢する事ハ速に施行せらるゝ筈なりさて公の御持論しか貫徹する事となれる上は速に御出勤諸事御相談あらん事を希望すと申しゝ故公鄙見を採用せらるゝ事になりしは本懷なれと元來其器にあらさる故持論ありても辨明行とゝかす爲めに行ハるへき事も行ハれすして空しく日月を經過し如何にも慚愧に堪へされハ最早出勤ハ御斷ハり申上たき覺悟なりと答へられしに岡部さる御覺悟なるよしハ平四郎より承ハりたれと御出勤にさへなりなは御持論の貫徹する樣にハ一同力を盡して贊成すへき心得なりと申しゝ故公此節實施せらるゝに

決せしよしの五事ハすへて事業に渉る廉のみなるか其外にハ平四郎申入れし廉なかりしやと尋ねられしに岡部首を傾けてしはし考へ何事も委はしく承ハりぬと申しゝか公定めて幕府の私を去り云〻の意見ある事をも申入れしなるへし此意見ハ拙者の持論中最肝要とする處なるか彼五事をハ實施せらるゝにも天下の爲めとあれハやかて公となり幕府の爲めとあれハやかて私となるの差別あり故に此差別分明ならすしてハ假令形跡に異なる所あらさるも矢張持論の貫徹せるものといひかたしと申されしに岡部其御趣意も固より心得し上の事なりと申しゝか公さらハ已に承知の事なれと愚衷を認め置ける書面あれは閣老初の一見に入れ此上の詮議振りを承ハりたし尤辭職の主意に認めてハあれと今ハ幕私云〻の意見を一見に入るゝまてなれハ其心して見らるへしとありて一通の書面を交附せられたり斯て岡部又横井をして幕議に與らしむへき內議あり是ハ如何あるへきと尋ねし故公容易く御請にハ及はさるへししかし尚尋ぬへしとあ

りて中根靫負を其席に召し相談に及はれしか中根其事あるよしハ昨日大久保も平四郎に申聞けゝれと平四郎屑しとせす已に今朝靫負に勝氏の許に行き未發に防きくれよと申せり到底二君に事ふる事は彼れの爲さゝる所なるへしと申しゝかハ岡部しかる上はいたしかたなかるへしと答へたりき岡部に交附せられし書面左の如し（慶永公建白書類、參政內狀、樞密備忘）

幕府私政ヲ去ルベキ事ヲ論セラレシ春嶽公ノ書

愚衷

拙生先達而總裁之命を蒙り候ニ付乍不及其節及建言候通り向後　幕府從來之御私政を御改有之天下と共ニ治平を御圖り可被成御趣向ニ相成儀ニ候ハヽ職位ニ居候儀も出來可申歟若又是迄之御舊套を以御押し通しニ可相成との御儀ニ候ハヽ危亂相迫り居候御時節更ニ前途之見詰無之段再應申立候處御私政御改革ニも可相成との御事故其心得を以去る廿三日迄登營も仕來候得共御政務御改革之筋ニ於而何一ツとして捗取候義無之菲才之程殆不堪憂慚此成行ニ而は追々天下之人心安堵仕候樣

之儀は甚以無覺束御座候ニ付猶又當然見込之次第を及陳述候國初之儀不及申幕府之御武德御旺盛に御座候節ハ　天朝を奉初諸侯以下草莽黎庶ニ至る迄幕府に依賴信隨仕天下之權柄を擧而幕府ニ委任し奉り露計りも疑事なく危踏事無御座候然る處近年來幕府之御威權外國之爲ニ挫候よ り天下之人心暗ニ嫌疑を抱き奉戴せさる之勢と相成り甚敷ニ至り候而は幕府之權柄を分ち奪ふて各自之上ニ逞ふせんと欲する之兆御座候凡威權ハ公なるに歸して私するに離れ候事自然の理勢ニ而癸丑之度亞米利迦之使節浦賀港へ致渡來候は開闢以來未曾有之珍事ニ而日本國之大事ニ御座候故和戰之策を列侯ニ御垂問ハ御座候得共其御用捨之際ニ於而は曖昧糢糊として曾而公然たる御開示無之彼國への應接ハ悉く廟堂之密議ニ出秘して我國人之聞事を御厭ひ被成其待遇之形跡ニ至而は怯懦屈辱を極められ候故天下擧つて奮激を發し嫌疑を抱き幕府之御威力凋衰して威信之立難きを推量し人心各其好む處に向ふて恣奔横走ニ及

ひ議論下ニ紛興して敢而幕府之制令を甘んし受不申樣相成候儀慨歎之至ニ候得共是皆幕府之權柄を私するニ失はれ下ニ授け與へられたるも同然之事ニ御座候從是以後も外國之應接待遇之筋ハ皆前轍ニ依り秘して天下ニ公にする之御處置無之幕府一己之私議ニ任せられ候故遂ニ誣妄を　天朝ニ及ほされ候程之大事と相成候畢竟二百年來之鎖鑰を開ひて外國を待れ候は制度之變通天下之一大公事ニ候處幕府之私を以是を擅ニせられ候故天下嗷〻として公論を唱へて服し不申者其謂れ有之事と被存候、國初以來幕府之御政令私なしとも難申哉ニ候得共天下に嫌疑之念無之時ハ安堵遵奉して、誰あつて犯し侮る者も無之候ひしか外國之事件ハ惣而制外ニ出候ニ付公私之分舊套定格を以覆ひかくし難き次第と相成候故天下悉く幕府之私を咎め議論を究め人心大に乖戾を生し候得共幕府は是ニ反して更ニ其私なる事を察せられす舊時之威力猶今日ニ可施歟と之御見込ニ而非義暴政殆其極ニ至り候故人心之離叛も大に窮

り櫻田坂下之變を初として勤　王義擧之說競ひ興り將ニ干戈を動かされんとする勢ニ相成候故幕府ニ於而も不被得止事聊人心ニ應する姑息之小計を用ひられ纔ニ其暴發を御鎭定有之候得共譬へハ阿片を以暫時痙攣を鎭めし如く是ニ繼くに全治之定算無御座候而は險症再發して救ふへからさるに至り、本復太平を望む由無之候斯時に當り候而は唯非を悔ひ過を改め私見を去つて公道に隨ひ天下と大同之政を御執行ひより外ハ有之間敷と被存候然る處方今幕府在廷之臣僚誰あつて一己之私心可有之樣も無之一向幕府御威權之衰弱御舊套之頽敗を慨歎し專ら是を維持挽回し正直を以て天下ニ臨まんと欲する忠愛之至情ニ於而は實ニ間然無御座候得共其至情事業ニ發候得は多くハ幕府舊染之私政ニ落入候故天下之人心ニ契合致兼候此儀ハ忠信幕府ニ奉するに餘りあつて天下ニ答ふるニ足らさる故ニも可有之歟幕府之人力を盡して天下を安んせん事を務めて天下と心力を戮せて幕府と共ニ天下を安んするに意な

き歟とも被存候當時ニ於而は幕府從來之私心を舍天下輿論之公に從ひ非とし私と斥す處は悉く去り盡し天下ニ謀つて天下を治め人心に從ふて人心を安んし候ハヽ天下惣而幕府と一躰と相成可申歟天下一躰之如くニ相成候得は幕府は自ら首領之威權あるへきハ必然之勢ニ而胸腹手足制を首領ニ仰かさる事を得さるも亦自然之道理ニ有之候若自然を失ふて施爲ニ亘り幕府之力を以天下を治めんとするハ一身を以衆敵ニ當るも同樣ニ而力盡き身殪るヽニ至つて始めて一己之力を恃んて衆人之憾を取りし事を後悔するに止り可申候公私去就之理利害之辨明らかなる事白日灼火之如くにて幕府公ニ從へハ威權復すへく弊政興るへく候私に從へハ滅亡之外ハ有之間敷候當今　公武を合せ外國に應する總而天下之公論正議ニ從ふて、幕府之私意を用る事無之天下之望を慰し天下之心を安んし候儀先務肝要たるへくと被存候然るに幕府猶姑息ニ因循し舊習を去るに忍ひす從前之制令を以御押通し有之候而は上は　天朝

之　聖慮ニ戻り下は生民之希望ニ背き次第ニ潰亂之世態ニ落入可申儀と洞見仕候事ニ御座候而於拙生は此外ニ當時人心を安んし天下を維持すへき覺悟無御座候ニ付先達而以來斯心を推て建言衆議仕候得共幕府之時勢ニ適當不仕候哉又は否徳之儀故信用難相成故ニも候哉何事を申出候而も一向ニ進歩不仕勿論閣老諸有司に於而も敢而不服と申樣にも無之候得共又躰任擔當之人も無之候ハ御親見之通之事ニ御座候其上蒙命以後兎角日々湧出候事務之多端なるニ逐ハれ候而國是之事業は講究も行屆兼候而已ならす假令逐々論辨評決之場へ相運ひ候ニもいたせ只今之躰ニ而は諸般之大事務初始ゟ終末ニ至る迄一身之力を以驅逐不致候半而は前進不仕勢ニ而中々勤續き出來可申とも不被存候畢竟總裁之職任ニ而は不乍及御大政ニ關り候諸局之可否を及裁決候儀ニも可有之處當時之躰態拙生不見識故我ゟ職分を墜し失ひ候姿ニ相成り歎しき事ニ御座候されハ迚默して日月を費し候御時節とも不奉存候故不得止事

彼是及立言候處昨日之論定せし處ハ今日の事務の爲に空茫に屬し左件を辨し候間ニ右件ハ無用之如く相成り事理徹底貫通不仕實ニ當惑至極之仕合ニ而全く菲德不才之致す處勿論ニ候得共今更其儀を申候迚何之所詮も無之候故忍んて默止罷在候得共如此危急之時ニ迫り緩漫遲鈍天下へ對して一事之見るへき無之候而は人心再ひ疑惑を抱き憤勵を生候は眼前之儀ニ而奉對　叡慮台命重〻無申譯次第ニ御坐候幕府在廷丈け之心力を戮せ候事さへ難相成微力を以天下之大同を期候儀万〻不可及は勿論之事と覺悟仕候得は實に恐懼窘迫之極と相成り更ニ天下之御爲可相成見詰無之在職も仕兼候勢ニ御御座候ニ付愚衷吐露奉汚高聽候事ニ御座候間出格之御憐察を以當職御罷免之御評議被成下候樣奉內願候以上

八月　　松平春嶽

○同日夜に入りて水野和泉守殿へ書翰を遣はさる水野殿ゟ明晦日板倉周防守殿の宅にて英公使に應接ある筈なれハ出會せらるゝ樣にと申遣ハさ

れけれと引籠中なりし故出會を斷られしなり參政內狀
○晦日正午出邸板倉周防守殿の許に赴かる昨夜水野泉州殿へ本日の出會を一應斷りに及ハれけれと今朝に至り岡部駿河守更に書翰を中根靱負に寄せて今日の應接ハ相手を庇護すれハ萬國に敵を生し又相手を責讓すれハ內地に變を起すへき事からにて容易ならさる場合なれハ御不快中なれと押して御出會を希ふ云〻申遣はしたる故俄に出會せらるゝ事となれるなり斯くて防州殿の宅に來りし英國人ハ公使艦長士官通辨とも十二人にて其中立たる趣は生麥加害者の下手人を指出さるへしさなくてハ公使の職掌立難し云〻此方の答ハ無論下手人ハ指出す心得なりとありて各退散せるよし公は襖を隔てゝ傍聽せられしのみ歸邸ハ暮時なりき參政內狀
○同日傳奏衆より出されし京都の御沙汰書二通水野閣老の許に達す一通ハ尾張前中納言殿を大納言に推任云〻一通ハ松平容堂殿に　皇國の御爲筋盡力ある樣云〻の御沙汰書なり左の如し白木秘筐

尾侯ヲ大納言ニ推任シ土老侯ニ皇國ノ爲メニ盡力アルベキ旨ノ御沙汰書

其一

尾張前中納言先年以來國家之御爲被盡忠誠候段厚　叡感ニ付今般大納言推任被　宣下度　思食候於關東も一橋刑部卿越前〻中將等再出追〻正義ニ相復候上は於尾張前中納言も、兼〻之　叡念徹底之樣猶又可被周旋且方今時勢非常之儀も難測ニ付向後自國政務をも掌り益武備充實畿內　神宮等御守衞厚被心懸　皇國御爲筋可有盡力樣被遊度　思食之趣尾張前中納言へ被達候樣被遊度御沙汰候事

其二

松平容堂先年以來國家之御爲盡忠誠候段厚　叡感候當時一橋刑部卿越前〻中將等再出追〻正義ニ相復候上は於松平容堂も兼〻之　叡念徹底之樣猶亦周旋　皇國之御爲筋可有盡力樣被遊度　思食之趣松平容堂へ被達候樣被遊度御沙汰候事

○閏八月朔日今日も登營せられす参政內狀

○同日横井平四郎板倉閣老に謁す此時板倉殿今日ハ互に書生中の心得を以て談話すへしとありて煙具を出され殊の外打融けたる待遇なりしとそ斯て對話の概略ハ板倉殿方今天下の大勢已に危殆に迫りたれハ創業の心得ならてハ到底挽回しかたしとの高論ハ過日駿河より委しく承ハり感服せりされハ今日ハ其危殆に迫れる實況を承ハりたしとありし故横井京攝以西の事情ハ云ヽなるに此地に出て見聞すれハ云ヽの事情あり東西の事情大に懸隔しいつれも容易ならさる形狀なりと申しヽかは板倉殿一ヽ了解せられし體なりし故横井公の御持論なる五事の要旨を説きしに是も一ヽ了解せられし體なりしとそ斯て板倉殿生麥の事件を申出られ拙者就職以來至難の事のみ指湊ひ未た一日として寧日なし此末薩藩若下手人を出さすハ如何すへきやと尋ねられし故横井いかさま御困難の程は兼て推察し居る事なれと世界の事ハしか御案勞のみなさるへきにあらす畢竟何事も條理に基きて御處置あらハ何の子細もあらさるへきをさはなくて事あ

る毎に只管利害にのみ御注目ありて程能き所に歸せしむへしとせらるゝ故容易く辨すへき事も手重になり徒に御困難のみ多きに至るなり薩藩の下手人も政府は出さするか條理薩ハ出す事か條理なれハ政府ハとこまても出さてハ得あられさる樣に仕向らるへしさてしか仕向られても尙出さるゝ時ハ更に出さゝるに就ての條理ある事故最初より若出さゝる時ハいかゝすへきや抔案勞せらるゝハ無益なり又夫か爲め薩藩か京師に登りて姦計を行ふへきかとの御懸命あるよしなれと是も姦計を行ひたる時ハ其行ひたるに就ての條理あるへけれハ今日より懸念せらるゝハ無益なりと申しゝに板倉殿下手人の事若遲〻に及ひなハ外國より難儀を申出ましきやと申されし故横井打棄置て遲〻に及ひなハ難儀をも申出へけれと折格御盡力ありて遲〻に及ふ事ハ子細あるへからす萬一彼悟らすして申出る事あるも我より有の儘を告なハ必す承諾すへしされは斯る事を案勞せらるゝハ前にも申上し如く無益の至りにて諺にいふ取越苦勞なるへしと答

へしに板倉殿大に開悟せられ只今の高説にて胸懐始て豁然せりと申され
さて過日來春嶽公にハ長〻引籠り居らるゝ事なるか如何せハ元の如く登
營せらるへしやと尋ねられし故横井此公ハ今日に處するの意見を種〻に
懷き居らるれとも材力乏しくて何事も意見の如く貫徹せす故に據なく引
籠り居らるゝなりされハ閣老方に於て其情實を察し意見を賛成せられな
は無論登營せらるへしと申しゝに其儀なれハ明瞭に了解せり此上ハいよ
〳〵創業の心得を以て刑法を除くの外ハいかなる舊章をも改革するに躊
躇せさるへけれハ速に元の如く登營ある樣申上給ハりたしと申されし故
横井出勤の事ハ此程駿州へ書面を交附せられたる事なれハ矢張駿州より
申入れらるゝ方然るへしと申しゝに板倉殿承諾せられ尙今日承ハりたる
高論の趣ハ一橋公をはしめ同列一同へも申出られたしと申されし故横井
御聞あるへしとならハ何方へなりとも出て申上へしと答へて退出せり此
日の對談ハ夕七ッ半頃より夜五ッ半時に及ひ板倉殿の用人山田安五郎も

同席なりしとそ樞密備忘

會津侯ノ京都守護職

○同日松平肥後守殿に京都守護職を命せらる樞密備忘

○二日會津殿家老横山主税來る昨日藩主肥後守殿に守護職を命せられし故其謝辭を申入るゝ爲め來れりとの事なりしか公對面せられしに今般守護の命を蒙ふりし上ハ多數の士卒を具して上京すへきなれハ粗士卒の揃ひし上此地出發の御暇を賜ハる樣願ひたし尤士卒到着の模樣ハ追而言上すへし云〻申たりき參政內狀

○三日夜に入りて岡部駿河守來る公對面せられしに政府近日の實況を陳述せり其大意ハ板倉閣老小楠の議を聞かれし以來大に開悟是非大改革を行ハさるへからすと申され其他の方〻も大憤發にて一昨日より御座の間に於て大政を議せられ已に昨日ハ暮六ツ半時頃まて御前にて大議ありしか大樹公にも殊の外御滿足なりしよし又此程御交附ありし書面ハ閣老一同威服して已に台覽に入られ目下一橋殿の手許にある筈なるか不日返進

せらるへしさて廟堂近日の憤發前に陳述せる如くなれハ該書面を返進せられし折を以て速に御出勤あらせられたし云々なりき参政内狀

○四日要職の輩及ひ横井平四郎を召集して昨夜岡部駿州の申しゝ趣を物語られさて進止の當否を議せしめられしに衆議閣老方か左程迄に開悟せられても矢張出勤せすとありてハ固執に過くへけれハ彼の駿州まて差出置かれたる書面を返戻せられし上ハ御出勤ありて今一應御盡力ある方然るへきかと申協ハせやかて其旨を申上けれハ公其議を納れられ今後の都合次第出勤せらるゝ事に内決せられたり斯て本日板倉閣老ゟ直書を添へて該書面を返戻せられたりき参政内狀

○同日宇都宮藩間瀬和三郎來る　山陵修補の建白案を持參して公の内見を乞へるなり参政内狀

○五日岡部駿河守來る過日岡部に交附せられし書面ハ表面政府へ差出されたるならねハ矢張岡部より返戻する御約束なりしに昨日板倉閣老より

返戻せられし故今朝岡部へ書翰を以てかくても此程申聞られし如く出勤すへしとの意なりやと尋ね遣はされしに岡部其返書に御出勤を願ふ覺悟なりと申遣はしたるか夕方に至り尚又來邸して政府改革の議いよ〳〵度を進め諸侯の献上物をも止め且衣服の制は慰斗目長袴を止め朔望及ひ廿八日の三日は平服登城に改むへしなとの調へさへあり其他も追〻改革あるへけれは明日より是非登營ある樣にと申立たり参政内狀　樞密備忘

○六日例刻登營暮六ッ時歸館せらる去月廿四日以來引籠り居られしか其後閣老方頓に開悟せられ大に改革を行ふへしとの事なりし故本日より更に登營せられたりさて營中に於て一橋中納言殿過日來春嶽殿引籠り居られしため政府は斷然改革を行ふ事となり天下の幸福これに過すとて痛く歡はれしとそ此日諸侯の參覲を述職に改むるの制度粗決定に至れるよし　参政内狀

參覲交代ノ制ヲ廢スル議

○七日例刻登營せらる今日御黒書院に於て大議あり大樹公臨席後見總裁

職閣老三奉行外ニ林家も列席す諸侯參觀の制を廢するの可否を議せられしなり公此時書經に載する述職ハ如何なる制度りやと林に尋ねられしか取調らへの上申上へしと答へけれハ列席の方ゝ一同に微笑せられしとそ（參政内狀）

○八日間瀨和三郎來る本日其主戶田越前守ゟ　山陵修築の建白書を板倉閣老へ指出せる旨を述へ且建白の旨趣御採用之節は奇特之筋故猶又修築方の見込取調差出すへき旨の御沙汰を希ふ云ゝ申立たり　山陵修築の事ハ過般來内ゝ間瀨ゟ申立公深く其意見を嘉ミせられしか遂に建白書を差出す事となれり左の如し（樞密備忘建白書類編）

山陵修築ノ建白

此度御國政之儀不憚忌諱申上候樣厚被仰出難有次第奉存候間謹而言上仕候

癸丑甲寅以來夷人渡來跋扈仕候ゟ　御國內不穩未曾有之變事等種ゝ出來仕乍恐被惱　叡慮候ニ付於　公邊も深御心痛被遊候御儀と誠ニ以奉恐入候私儀先祖ゟ數代相續仕三百年來蒙莫大之御高恩殊ニ是迄度ゝ重き

御役相勤候段骨髓ニ徹し難有仕合奉存候然る處此節外藩國持之衆ゟ夫ゝ御爲筋建白仕候哉ニ承知仕候全　東照宮樣之御餘德御家之御洪福無此上御儀と奉存候私儀御譜代之家筋數代蒙　御高恩乍罷在外藩之衆ニ後れ一廉之御爲筋不相勤儀實ニ奉恐入日夜苦心愚考仕候得共短才不智之身ニ而淺陋愚昧之說奉申上候儀却而奉恐入相控候處今般御國政筋之儀心付候は申上候樣被仰出御達面之趣篤と敬承仕候處　本朝を以世界第一等之强國ニ被遊度旨誠ニ以恐悅之御儀に奉存候然る上ハ是迄之通夷人跋扈等ハ片時も御許容有之間敷候得共癸丑甲寅以來御親撫第一ニ被遊候夷人之儀故突然と御打拂之儀ニも至り申間敷通商之利害追ゝ被仰諭候上御謝絶ニ相成可申右之節万一御敎命ニ不隨時は御掃攘之御處置ニも可相成其節私儀　皇國之御爲め抛身命義勇之働可仕儀ハ常ゝ志願ニ御座候得共右夷人御掃攘之一擧迄何之御爲筋も不相勤罷在候段背本意先祖以來蒙　御高恩候家筋此節柄一日たり共空敷相過候而は對公

邊奉恐入又外藩之衆へ對し急務を傍觀沈默仕夷人之虚喝を恐れ候樣相聞へ無面目儀ニ付種〻御爲筋相考候處當今之急務ハ士氣振起仕候を第一と存奉候其士氣振起仕候ニは反始報本ゟ人情を厚ふし忠孝之道を養ひ立候事直ニ强國之基と奉存候彼血氣之小勇ゟ起り候强は粗暴之所業ニも至り眞之强國とハ相成申間敷右反始報本は祖先を不遺始本を大切ニ存候實情之厚ゟ溢れ出候忠孝之勇を以振立候士氣社强國之根元實備と奉存候此忠孝之大節を天下ニ示され御敎導被遊候ニは第一　天朝御代〻樣之　御陵多分荒廢ニ相成居候此儀古來有志之者憂傷仕候段兼〻承知仕候乍恐萬乘之　玉体を被爲納候所荒蕪之儘ニ被差置候儀誠ニ無勿躰次第恐懼悲傷仕候事ニ御座候臣子之分ニ而は一日も安心難仕儀と奉存候殊ニ先般　天朝より御縁組被爲在候上は猶更　御陵御修補之儀御執行被遊候樣奉存候右樣相成候は乍恐　今上皇帝ニは追遠莫大之御孝道ニ相成於　御當家は奉　上廣大之御忠節相立　官武御一和之御趣

意彌以相顯れ且　官武御一同ニ忠孝之道を以御垂敎被遊候得は海内一般御德化ニ浴し反始報本之情厚く眞之忠孝之士氣振起可仕且　御陵御修補之事鎌倉以來數百年絕而無御座候處　御當家に至り御修補ニ相成候得は千万年不朽之御盛功ニ而御忠義之道相立候ゟ　天朝之御氣色ニ被爲叶天下之人民一統難有感戴仕御武威も無限相輝可申奉存候仍之御陵御修補之儀は御强國之基則天下無雙之一大盛事と奉存候間近ミ御上洛前ニ御修補之義被仰出候得は必御爲筋と奉存候尤此節柄之義ニ御座候得は萬一國持之衆ゟ右之儀　天朝へ直願之程も難計哉と心痛仕候間可相成は早ミ被　仰出候樣奉存候今般厚御沙汰之趣反復難有奉存候ニ付愚意之趣此段奉申上候以上

閏八月　　　　　　　　　　戸田越前守

別紙の一

御陵御修補被仰出候得は私儀爲冥加右御用相勤申度全く數代之御高恩

を奉報度微衷ニ御座候尤右御入用筋之儀　公邊御散財不相成樣家來共へ申付工夫爲仕度私儀も元來勝手向不如意ニは御座候得共斯る御時節御爲筋ニ相成候儀ニ付如何樣ニも力を盡し一家中粥を啜候共尊敬心切を心掛修補可仕候尤　公邊御役人御出張ニ而は彼是御手重ニ相成御入費も不少又　御陵被爲在候國ゝ村里之場所之者共自然迷惑可仕私へ被仰付候は重役共先立風雨寒暑ニも苦心奔走仕謹而修補可仕候斯奉願候儀是迄之流弊ニ習ひ寸功を以後賞を心懸候事ニ無之又名聞之爲ニも無之全く國家之御爲を存此度被　仰出候流弊御一洗之一端ニも可相成哉と存込候儀ニ御座候尤尋常之御用筋ニ而は兼ゝ必至困窮之勝手向中ゝ難相勤候得共別紙ニ申上候通國家之御爲筋士氣振起之基と奉存又對國持衆ニ候而も御譜代之家筋ニ而此節一廉之御爲筋不相勤儀赤面之次第ニ付必至之窮迫不顧奉願候義ニ御座候且攘夷之節ニ至り候は　御陵御用中ニ而も早速先途仕報國之働仕度奉存候何卒微衷之處御賢察被成下

御陵御修補御用被　仰付被下置候は冥加至極難有仕合奉存候尤數ヶ國數ヶ所之御儀ニ付急ゝ御修補相整申間敷積年之丹誠を以成就仕候樣心懸可申候此段奉願候以上

閏八月　戸田越前守

別紙の二

一御陵は　御代ゝ樣御模樣違居候故御構御普請向一樣ニも相成申間敷乍去大凡　玉體之納り居候場所ハ石之玉垣を廻らし人之立入候而汚し奉らさる樣入口へ扉付置其前へ丸木之鳥居を立其鳥居之邊ゟ敷石を敷惣構ニ相成候處は丸太ニ貫木貳タ通り入口ハ木戸ニ而錠〆り出來仕候樣可仕猶御構是迄深堀り有之容易に近寄兼候樣之場所又は自然之地形ニ而巖石切り岸抔有之人之往來相成兼候場處ハ柵構相省可申哉其地之模樣ニ而増減も出來可仕奉存候

一御普請ニ相成候ニ付其地之者難澁ニ相成或ハ農業之妨ヶ等ニ相成候

而は以之外之儀故農業繁多之節ハ人夫等成丈け不使樣仕猶其地之者人足役等ニ罷出候者ハ賃銀等豐かに遣はし御普請御座候地は別段潤色ニ相成候樣可仕心得ニ御座候

一山城大和和泉河内攝津丹波佐渡淡路隱岐等諸所ニ　御陵御座候得共先ツ五畿內〻相始メ其他は追〻修理仕候心得ニ御座候間五畿內御代官領主地頭へ前以從　公邊御沙汰御座候樣仕度奉存候

一御普請模樣之儀は前以京都へ御進達ニ相成居候樣仕度奉存候事

一御普請御入用之儀ハ兼〻申上候通越前守手ニ而工夫仕度志願ニ御座候此節柄之儀ニ御座候得は自己之艱難等可厭心底一切無之何卒　官武御爲筋奉上仕度奉存候〻尤微力ニ不及時ハ其節奉願候事

閏八月　　　　　　　　戶田越前守

○九日例刻登營薄暮歸館せらる本日營中に於て諸侯參覲の制を始改革の議粗決定に至り岡部淺野両大監察をして上意案演說案を起草せしめらる

○十日例刻登營夕七ッ半時歸館せらる此日山陵修補の件を議せられ戸田越前守殿の建白を採用せらるゝ事に決す参政内状

○十一日例刻登營六ッ時歸館せらる此日横井平四郎板倉閣老の許にいたる岡部淺野の両大監察も同席にて種〻事務の討論に及ハれしか到底大樹公上洛せられすてハ公武の御合躰望むへからす開鎖の國是も定まらさるへけれハ是非御上洛ありて然るへし又此度の御上洛ハ神祖開國の頃一年間に兩三度も上洛ありし振合に倣らひ専ら太平の文飾を省かるへし是一にハ國帑の經費を減し二にハ質素易簡を天下に示し三にハ旗下の諸士をして太平の迷夢を醒覺せしむるの便益あるへしとの議に一同御同意ありて來年二月朔日御發途あるへしとまて内決せられしとそ参政内状

○十二日例刻登營七ッ半時歸館せらる本日より西湖の間に於て晝九ッ時より八ッ半時迄の間専ら改革に係る評議に及はれ常務ハ右の前後に取扱参政内状

はるゝ事に決せられたり參政內狀

○同日横井平四郎一橋殿の許にいたる例の岡部淺野同席なり横井時務の意見及ひ大樹公御上洛の必要を陳述せしに一橋殿一ゝ嘉納せられ退出の際已後度ゝ來邸する樣にと申されしとそ參政內狀

一橋公横井平四郎ヲ評セラル

○十三日例刻登營六ッ時歸館せらる此日營中に於て一橋殿昨夜横井平四郎に對面せしに非常の人傑にて甚感服せり談話中隨分至難と覺ゆる事柄に尾髭を附て問ひ試むるに聊澁滯する處なく返答せしかいつれも拙者共の思へる所ゟは數層立登りたる意見なりし云ゝ評せられたりとそ參政內狀

○十四日例刻登營六ッ時歸館せらる此日戸田越前守殿へ山陵修補御用仰出さる戸田殿の家老間瀬和三郎へ別に申されし趣左の如し參政內狀白木秘筐

戸田越前守家老

間瀬和三郎

今度　山陵御取締向御普請等之御用被仰付候處是迄御普請其外御手傳

之御用被仰付候振合と違ひ御普請等仕方其方見込ニ御任相成國ゝへ家來等差遣爲仕立候事ニも候間重役之内重立引受取扱候者無之而は御用弁も宜間敷儀ニ付右和三郎へ取扱申付萬端麁略無之樣大切ニ爲取計被申候樣ニと存候事

一橋公登營ヲ理ワラレシ事情

○十五日朝五ツ時登營暮時歸館せらる此日ハ一橋殿登營せられさりしか板倉閣老へ書翰を以て改革に係る此節の詮議ハ到底行ハれさるへし云ゝ申遣はされけれハ閣老一同大に驚き大樹にも殊の外台慮を惱まされ種ゝ御評議の上水野閣老板倉閣老をして是非登營ある樣にと申遣はさるゝ事に決せられたりとそさて一橋殿のしか申遣ハされしハ過日來改革に係る廟議の際至難の事あれハいつも閣老ハ其衝を避けて橋越二公の英斷にあるへしと申出られし故一橋殿甚不滿を懷かれたりし上昨日諸侯の進獻を廢する事を議せられし際老若ハ三季進獻に限り存置すへしと主張せられしか一橋殿全く鄙吝の心より主張(當時諸侯より物を幕府ヘ進献する時ハ必す老若へも物を贈遺する制度なりしか此贈遺金額一年)

間に閣老ハ二千両若年寄ハ千両許のよしされハ進献全く廢せられ贈遺亦なき事となる時ハ老若とも其所得を失ふ事小少ならさる故家臣の俗吏等殊の外異論なとなへたりとそ
せしものと認められいよ〳〵不滿遂に登營を理いらるゝに至れるよし参政内狀

○同日諸侯以下登營例の如し此日營中に於て參覲交替の制を改め武備充實を心懸くへき旨達せらる左の如し家譜

上意

先般申聞候通令變革ニ就而は參覲交替之儀も相改候條武備充實候樣可心懸尤委細之儀は年寄共ゟ可及演說候猶存寄有之候ハヽ無忌憚可申聞候

演說

方今宇內之形勢致一變候ニ付外國之交通も御差免ニ相成候ニ付而は全國之御政事一致之上ならてハ難相立筋ニ候處御大禮等打續き一新之機を失ひ天下之人心居合兼終ニ時勢如是及切迫候次第深く御痛心被遊候ニ付上下擧而心力を盡し御國威御更張被遊度　思召候尤環海之御國海

軍不被與候而は御國力不相震ニ付追ミ御施設可被成候得共此儀は追而被仰出ニ而可有之候右ニ付而は參覲之年割在府之日數御緩メ之儀追而可被仰出候依而は常ミ在國在邑致し領民之撫育は申迄も無之文を興し武を振ひ富强之術計厚心掛銘ミ見込之趣も有之候ハヽ無腹藏申立候心得ニ可罷在旨被仰出候

○十六日例刻登營暮時歸館せらる岡部駿河守昨日より引籠りけるか是も進献物を廢するの儀に老若の異論あるを憤りてなりと聞へたり此日一橋殿より書翰を遣はさる左の如し參政内狀一橋來翰

一橋公幕政改革ノ意見書

不順之候候得共先以無御障被成御精勤奉大賀候扨當今廟堂ニおいても色ミ御疑念被爲在大御變革被遊天下積年之大弊を被爲除世界第一等之强國ニ被遊度御趣意ハ螻蟻之如き小子ニおいても難有奉存精ミ粉骨仕罷在候處兎角人情浮薄にして實地之着眼薄く御變革ハ京師并諸藩折合之爲と心得候者多く乍然此勢ニ而天下泰平必危亂之心配無之事と存候

者は無之人々兢々之心を抱き候得共夢現之様ニ心得候迄ニ而行々屹と天下之大害ニ相成候得共其大害を蒙るへき事を不存事魚之水を忘るゝよりも甚しく公邊之御政事ハ琴柱に膠する心得にて解張之時を不知當時夷情を察し候而も一度瓦解致候ハヽ恐多くも徳川家之御儀は扱置皇統さへ不可言之勢ニ至り可申其時に至り千悔するとも不可及候扨人ゝ如斯見込ニ而ハ迚も御變革御貫きニ不相成候故一向ニ御改革無之諸藩不平を報し蜂起之時を被期興亡二ツ之一戰を可被遊候病を知て發せさる先に救之ハ上醫之策見發救之ハ中醫之策見發不能救ハ下醫之策ニ候乍恐　上之御誠心御踏込御十分ニ而其段は難有仕合奉存候何事も十分ニ踏込而屆かぬ事ハ無之筈ニ候誠心を入るゝハ人々之心次第にて難成事も容易ニ出來候ものニ候古人も陽氣所發金石亦透精神一到何事不成と申候精神不足之所以ハ天下之利害と銘々之利害と心ニ徹底不致故と存申候小子儀無學短才不容易御場所を汚居候儀偏ニ奉對　天朝公邊

甚以恐入候次第ニ御座候就而は猶追而相願候儀も可有之候得共先愚見之大意貴君迄申上候宜敷御汲取可被下候頓首

閏月十六日　刑部卿

春嶽様

貴下

猶〻時令折角御厭可被成候一躰拜顏之上委曲及御内話度候へ共委細貴君ニ於は御推察と存候得は別段拜顏は相願不申候不一

○十七日例刻登營本日更に諸侯の進獻を廢すへしや否やを議せられしか遂に原議の如く全く廢せらるゝ事に決し淺野伊賀守を一橋殿の許に遣り其旨を告られたり參政内狀

○十八日登營せられす發熱不快のためなり參政内狀

○是月日欠閣老中へ書翰を遣はさる左の如し白木秘筐

春嶽公幕吏ノ因循ヲ論セラレシ書翰

一橋刑部卿殿今度御存慮有之御不參之儀ハ更ニ不足患と奉存候其子細ハ方今實ニ御危殆之御時節ニ而興亡治亂之分界獨徳川御家之安危ニ關

係する計りニ而は無之　皇國之存亡　皇胤之斷續ニ相成候と申處を眞ニ日夜憂愁洞知致し候ハヽ改革之不被行と申事ハ有之間敷奉存候昔より因循と申事ハ衰世之俗にして有志之所稱ニ御座候小生考へ候處ニ而ハ改革するを手柄となし知識ある人となし萬機に拘泥して改革せさるを因循と所稱に而は無之と奉存候眞に興亡治亂斷續を憂愁洞知するを知識とし是を口に唱へなから眞に洞知せさるを因循と可申候洞知せさるの故に口に品〻改革之議論ハ有之候とも萬事不知不覺私ニいてヽ自ら因循之趣と相成可申太平の世に生れ婦女子の手ニ長し寒暖ハ眞ニ不知飮食ハ口腹ニ飽き艱難ハ炙事位ニ而人ニぶたれ候覺へも無之故自ら因循ニ陷り可申候小生も亦如此候故自ら稱して因循家と存申候乍去眞ニ前段之意味を洞知すれハ却て耻入眞に改革無之候而は天下之維持ハ無覺束事を初而分り申候事務ハ多端にして參覲交代を始品〻有之候得共其根本たる所ハ一之眞誠意洞知之外無之候依之徒ニ參覲其外を論す

るとも更ニ裨益無之奉存候間何卒眞誠意洞知之根本を建て夫なして參覲交代等之議論ニ至り候ハヽ實ニ追〻之偉業ハ相立可申奉存候此所小生眞願にて改革之先キ行にて於西湖議論有之候とも小生安堵難致處はこゝに御座候依之恐入候得共上從將軍家下諸役人ニ至る迄眞誠意洞知之根本を相立度奉存候

一參覲を緩め代逃職着服を改め奏者番を止めて天下ハ治り候事と存候得は大間違と奉存候萬一右樣之存ニ相成候が即因循にして根本不立故ニ御座候上奉安　宸衷下蒼生之安堵を得させ度との存如山如海さへ有之候得は方今之時勢を累卵と必存可申其意無之候時は思ひ參覲交代着服位に止まり候故是等を改め候後は何をしたらよかろうと考へ居候樣可相成候依之別而重官は思ひを日本國内にめくらし　宸衷蒼生の安堵を得させ候處に着眼有之度此意充實さへ致し候へは、大事に小事あり小事に大事あり一〻合點參り可申奉存候

一眞に規矩準繩相立心中明白尙時態之危を洞知致し候ハヽ追〻之處置は出可申奉存候我ニ才力なく我ニ考へなけれハ人に此趣意を以求め人是を敎へ候ハヽ喜ひて從ひ可申我に才力あり我ニ處置ありとも此眞知開け不申時ハ求めもせす敎ゆるとも喜ひて從ひも不致又明日可承抔と不覺因循に流れ可申奉存候

一御上洛之儀今日御勘定奉行ニ談し有之御勘定奉行之見据二百万両或ハ百万両抔と申候得は夫ても是非御事欠け不相成樣にとの申付は乍憚御不尤ニ奉存候　神祖創業之御時の御上洛は二百万両は必かゝり申間敷奉存候私共之見据ニ而は老中も鎗一本具足櫃之一荷両掛一位之存ニ而無之候而は迚も參り申間敷小生も同斷之心得位ニ而供奉不致候半而は輕便之意味ハ通徹不仕儀と奉存候左すれハ大ニ積り十万両位之御見据ニ無之候而は迚も一統之疲弊を生し御上洛無之方遙ニまさり可申奉存候天下を保つと失ふとの交易と眞ニ御見据有之候ハヽ必二百万両ハか

ゝり申間敷二百萬兩之申口に御拘泥被爲在候而は迚も刑部卿殿ニ不限
小生も不承知ニ御座候
一着服改め之儀於西湖御議論有之先及御決着難有奉存候へ共又ゝ考候
處是迄之通りニ御据置之方可然奉存候退散前御噺ニ人を忘れたり奇妙なるけ
しきなるへし御同事に羽織を着て登城替り候時はとんなものやらと御
口氣を相考候得はいまた羽織を着て出仕するを心中耻入候所存有之哉
にて中心湧出之存ニ而は有之間敷と奉存候人之口ニより無餘義改まり
候樣考申候小生は羽織てもなんでもよろしく此等之事件ハもとか瑣末
故搆ひ不申候得共人ニより候而は羽織位を廣大之改革と被思候向も有
之哉ニ被存申候一同いかにと存候ハゝ其外ニ顧念は無之筈と奉存候是
眞知之開けさる所にてハ無之哉と奉存候
一羽織ハ一小事之儀萬事此釣合ニ而御座候故刑部卿殿改革せさる方可
宜かと御沙汰被爲在候は此處にて御座候眞知開け候へは刑春之兩人を

不被待乾剛勇斷可有之兩人を待ち手寄られ候而は兩人とても箝默之外無之終ニハ勤まり兼候次第に可至哉と奉存候小生之愚存大略如此ニ御座候間可否之論議承り度候以上

春嶽

○十九日例刻登營六ッ半時歸館せらる當時一橋殿引籠り居られ岡部駿河守も登營せさりしかいつれも閣議の因循なる故と聞へ公も同感にハあらせられけれと別に思慮せらるゝ所ありて容忍し形の如く登營せられたり斯て公營中に於て大久保越中守に過日來詮議ありし諸侯の參覲等ニ係る改革は粗決定しけれと此上尙御上洛等重大の件ゝ少からさる際一橋殿を始樞要の人ゝ登營せられさるハ畢竟閣議因循に渉る故と聞へたり如何して可ならんと尋ねられしに大久保閣老方は爾來改革斷行の方針と見受らるれと別に俗論の輩ありて時ゝ其斷行を妨くるものゝ如し故に事理を解するものハ此節參覲なとの改革よりも人物の改革の急要なるへしと申居

るなりと答へし故公俗論の輩とハ何人の事にやと問ハれしに大久保若年寄に遠山田沼奥御祐筆組頭に佐山八十次郎なるへしと答へし故公更に淺野伊賀守及監察に其意見を尋ねられしか矢張大久保の答に異なる所なかりし故閣老に其次第を告け相談に及はれしかハ閣老若年寄兩人は兼て注目せし人物なれと佐山ハ聊惜むへき所ありと申されし故反覆詮議に及はれしか漏泄苞苴の醜聞隱れなく閣老も終に回護を止まられたりとそ　參政内狀

○十九日坊城大納言殿の書翰三通柳營に達す（此三通中第一ニ掲くる書翰ハ去る八月七日一橋殿以下連署を以て廣橋坊城両傳奏へ宛て遣ゝされし書翰の回答なるか再夢紀事八月七日の條下ニ該連署の書翰を漏せり故ニ本日の條下ニ附記して參照ニ供することゝせり）左の如し　壬戌雑記

其一

彌御安全珍重存候然は八月七日之芳翰被示越候春嶽殿上京之儀今暫御猶豫之儀及言上候當秋必上京候樣以　勅使被仰達候儀ニは候得共願之

通暫時之延引ニ候ハヽ御猶豫可被遊候尙精〻周旋見込附次第可有上京御沙汰ニ候將又雲箋末文ニ自然於時勢難被行儀も御座候ハヽ御斷被申上候旨有之候此文意若くは夷族拒絶之儀ニ係り候哉從來蠻夷之一條叡慮御違變不被爲在儀候間猶亦可被仰出儀も可被爲在其節右文意ニ不拘樣御沙汰ニ候尤　宸衷も被爲在候ハヽ各方へ可申入候乍去當時不穩之形勢ニ付專ら薩州長州抔周旋之儀差懸候儀は右へ御沙汰可相成儀も有之此段申入置候樣關白殿被命候仍申達候事

閏八月九日　　　　　　　　　　　　　　　　俊克

德川刑部卿殿
松平春嶽殿
脇坂中務太輔殿
松平豐前守殿
水野和泉守殿

板倉周防守殿

其二

彌御堅固珍重存候然は酒井雅樂頭今度所司代當地到着迄之間所司代勤向相心得在京候樣被仰出　御所向御用幷ニ御警衞御用向も取扱在京候樣先日被達越其後追〻御用向多端被相勤候ニ付而は以格別之思召參內等之儀も所司代同樣近日可被仰出御沙汰之旨關白殿被命候仍此段各方爲御心得申入候事

閏八月九日　俊克

松平春嶽殿
脇坂中務太輔殿
松平豐前守殿
水野和泉守殿
板倉周防守殿

其三

秋冷之節彌御安榮珍重存候然は今度被立　勅使被仰進候條於關東之御模樣振　勅使歸京ニ而言上有之候得共島津三郎ニも於關東周旋有之候次第委細被　聞召度思召候ニ付而は今日島津三郎長橋局奏者所ゟ參上兩役面會委細之事情言上有之候樣被　仰出候尤平常之儀ニ候得は先例舊格等も被爲在夫々御扱御取計有之候得共於此度之儀は　公武御一和皇國御挽回之御機會ニ付而は不被爲拘常度右之通被仰出候自今以準據申立候節は兼而被仰合候今般之儀は全く別儀ヽ被　思召候於關東も右之邊は御酌取可有之候得共右之趣各方御心得迄ニ可申入置旨關白殿被命候此段申入候事

後八月九日　俊克

德川刑部卿殿

松平春嶽殿

脇坂中務太輔殿
松平豊前守殿
水野和泉守殿
板倉周防守殿

追而本文之通ニ候得は於松平大膳大夫父子は依事參　內可被仰出候由被命候事

八月七日發一橋殿以下連署の書翰

一筆致啓達候秋暑未退候得共各方愈御勇健被成御座珍重奉存候然は是迄於關東御不都合之事共有之深以恐入候次第ニ付此度以　勅書被仰出候通り今後之儀共奉戴　勅意心力を盡し誠精を勵し偏ニ以　公武之御一和上下一致万ミ致安堵候樣取計何卒奉安　叡慮度と刑部卿初一同日夜心痛罷在候事ニ御座候未事業を施候儀無之故被安　宸襟兼候儀共可被爲在哉ヽ奉存候幕府新政不容易次第ニ而百回千回盡評議居事ニ候間

此段御量含有之候樣致度候扨又春嶽登京之儀も被仰出候得共前書之通り政躰篤と見据相立候上ならてハ上京仕候而も　可奉安　叡慮樣も無之候ニ付此儀は暫御猶豫之儀相願度候是迄深被爲惱　宸襟候儀も畢竟久世大和守安藤長門守不束之取扱有之候事故大樹公ニも深く恐入思召私共一同ニ於而も不堪恐懼之至奉存候事ニ御座候自今以後は偏ニ以
公武御合躰之儀誠ゝ精ゝ紛骨仕候條尚　宸襟も被爲在候へハ以各方私方一同へ被仰出度御至當之御儀は何分ニも遵奉可仕候自然於時勢難行御儀も御座候得は乍恐是ゟ御斷申上候儀可有御座候間此段其許ニ而厚御含有之候樣致度候以上

八月七日

板倉周防守
水野和泉守
松平豐前守
脇坂中務太輔

松平春嶽
德川刑部卿
廣橋一位殿
坊城大納言殿

三條實美公ヨリ松平容堂侯ニ贈ラレシ書翰

○是月日欠三條殿より松平容堂殿へ遣はされし書翰江戸邸に達す左の如し
白木秘笈

秋冷之候先以益御安福恭賀之至存候然は先般賢息御通京之處御警衞御滯京之儀被　仰出御苦勞奉存候深　叡感之御事候實ニ不容易時勢不被安　御寢食被惱　宸襟候偏ニ御依賴被遊候厚御盡力奉祈候就而は　公武御一和御榮久之樣以　勅使被仰出候御趣意彌相立候樣御周旋之御沙汰も有之候儀差當御用も無之候ハヽ御參府之事從小生密ニ議奏衆へ談合仕伺　叡慮居候儀ニ候得共未御沙汰も無之候猶被下　叡命候ハヽ急速可申入候
一今度　勅使御沙汰之廉　御遵奉有之越前侯一橋侯ニも大政御豫謀ニ相

成候趣國家之御爲誠懼誠喜之至候兼〻人望之所歸萬民仰新政候儀と存候內密傳聞仕候處大樹公賢明之趣國家之大幸不過之雀躍之至存候足下時〻御登城も御座候趣御政務御相談も有之候哉萬〻　皇國協和之道御盡力奉仰候方今戎狄猖獗之折柄富國强兵之術專務と存候吾國固有之勇武を以戎虜を屈伏せしめ國威を海外へ輝　皇國長久安綏之計略遠圖時勢ニ適宜之良策可有之何卒足下御定論極密御示敎奉冀度所謂書生論い實地ニ施かたき事も可有之候井蛙之陋見は可愧之至存候
朝廷之御爲足下賢考之事件も有之候ハヽ何卒無御隱伏密ニ小生迄御示告ニ相成候樣仕度候先は任幸便時候御安否相伺度旁呈密楮候御披閱之後御投火希上候何卒御阻情無之御敎諭之程別而奉冀候山川隔地不能交臂之段恨憾不少存候萬〻期後鴻候也不宣

閏八月八日　　實美

再啓時下折角御自愛專要存候御一同樣宜御傳聲可給候何卒速賜報酬候

様希上候

勝麟太郎海軍ノ意見

○廿日例刻登營六ッ半時歸館せらる此日西湖間ニ於て海軍の制度を立らるへき議事を開かれ大樹公にも出座せられきさて軍制取調方より提出せし書面に軍艦の數を東海ハ何十艘北海ハ何十艘西南海ハ何十艘とありしか勝麟太郎一見して斯る盛大の備ハ五六百年の後ならてハ整はさるへし愚見ハ近き所より遠に至るを可とし先五六名の有志者を募り横濱に出して航海の技術を傳習せしむる位の所より着手する積なりと申立しよし勝ハ一昨十八日軍艦奉行並に登庸せられ本日始めて出席しけるに大樹公の座前を憚らす侃〻として抗言しける故人〻膽力の非凡なるに感し合へりとそ參政内狀

○同日一橋刑部卿殿より書翰を遣はさる左の如し一橋來翰

不同之候候得共先以　大樹公益御勇健被爲渡奉大賀候隨而御平安珍重之至ニ奉存候扨其後　營中之御模様如何候哉左之條數相伺申候

一御上洛之儀如何相成候哉御治定之上は御供人數凡如何程之御見込候哉
一殺害一件三郎家來未差出不申候哉
一衣服之儀如何相成候哉
一御軍制之儀如何相成候哉
一左兵衞事如何相成候哉
一駿河守ハ出勤仕候哉
一圖書頭御役被仰付候後存意等ハ建白致候哉且人物彌宜敷候哉
右之處相伺申候
扨小生儀長〻相引甚以恐入候得共假令出勤致候とも御承知之通前〻之如くニ而は迚も相勤り兼候ニ付得と御樣子相伺候上猶決着可仕候乍然毎度　御尋も被爲在甚以奉恐入候御序之節貴君よりよろしく御禮被仰上候樣奉願候貴君事も早く御出勤にて大に安心仕候猶又委敷承知仕度御繁雜之中ニ而如何ニ候得共御筆勞奉願候頓首

閏月廿日　　　　　　　　　刑部卿

春嶽　樣
　　貴下

猶〻其後閣老へ文通も不致甚以疎遠之至貴君ゟ御一聲奉願候不一

○廿一日例刻登營六ッ半時歸館せらる此日閣老方申合され來る廿三日以後登營及　上使御名代之際とも騎馬に定めらる明廿二日を以て參覲の制を始件〻改革の令を發せらるゝ事に決せし故なり申合書左のことし樞密備忘

一乘切登城

但乘供二騎外ニ供番一人歩小頭一人下馬迄先ニ出置候事

一同上使御名代

但歩五人馬脇六人

因云此改革ニ從へハ閣老ハ一ヶ年の經費千五百兩を省き若年寄ハ千兩を省くよし樞密備忘

○廿二日例刻登營せらる歸館ハ暮六ッ時なり此日令を諸侯以下に發して

参観進献衣服等改革ノ發令

大に参覲進献衣服等に係る諸制度を變更せらる　明廿三日を以て大目付より廻達す　左の如し

参政内狀
家譜

今度被仰出之趣も有之ニ付参覲御暇之割別紙之通可被成下旨被仰出候就而は在府中時々登城致し御政務の理非得失を始存付候儀も有之候は十分被申立且國郡政治の可否海陸備禦等之籌策等相伺或は可申達又は諸大名互ニ談合候様可被致候尤右件々御直ニ御尋も可有之候事

一在府人數別紙割合之通被仰出候得共御暇中たりとも前條之事件或い不得止事所用有之出府之儀い不苦候事

一嫡子之分は参府在國在邑共勝手次第之事

一定府之面々在所へ相越候義願次第御暇可被下尤諸御役當之儀は別紙在府之割合を以可被仰付事

一此表ニ差置候妻子之儀は國邑へ引取候共勝手次第可被致候子弟輩形勢見知之爲在府爲致候儀是又可爲勝手次第事

一此表屋敷之儀留守中家來共多人數不及差置參府中旅宿陣屋等之心得にて可成丈手輕ニ可被致且軍備之外總而無用之調度相省き家來共之儀は供先使者勤共旅裝之儘罷在不苦候事
一國許在所より懸隔候場所御警衞之儀ニ付而は追而被仰出候品も可有之事
一年始八朔御太刀馬代參覲家督其外御禮事ニ付而之献上物は是迄之通たるへく候乍去手數相懸り候品は品替相願不苦候事
一右之外献上物ハ都而御免被成候尤格別之御由緒有之献上仕來候分は相伺候樣可被致候事

參覲割合

當戌年春中在府
松平兵部太輔　佐竹右京太夫　島津淡路守
夏中在府
加賀中納言　細川越中守

秋中在府
松平大膳大夫　松平相摸守
冬中在府
松平阿波守　松平出羽守　溝口主膳正
來亥年春中在府
松平美濃守　松平安藝守　津輕越中守
夏中在府
松平修理大夫　立花飛驒守　龜井隱岐守
秋中在府
藤堂和泉守　松平越前守　松平土佐守
冬中在府
松平內藏頭　南部美濃守
來ゝ子年春中在府
松平陸奥守　松平三河守　宗對馬守

夏中在府
松平右近將監　松平肥前守　松平飛驒守
秋中在府
伊達遠江守　丹羽左京大夫　松平富之丞
冬中在府
上杉彈正太弼　有馬中務太輔　南部遠江守
右之割を以在府之儀は三年目毎ニ大約百日を限り可申候松平美濃守宗對馬守松平肥前守は大約一ヶ月を限り可申事
一春中在府之面〻は前年十二月中參府四月朔日御暇被下夏中在府之面〻は三月中參府七月朔日御暇被下秋中在府之面〻ハ六月中參府十月朔日御暇被下冬中在府之面〻は九月中參府十二月廿八日御暇被下儀と可被心得候尤上使を以御暇被下候面〻は右日限前御暇被仰出ニ而可有之事
一松平美濃守松平肥前守ハ三月中參府五月朔日前御暇被下宗對馬守ハ前年十二月中參府正月末御暇可被下候事

一當年之儀は松平阿波守松平出羽守溝口主膳正其儘十二月中迄在府たるへく候其外當時在府之面ゝハ近ゝ御暇被仰出ニ而可有之事
一諸家參覲御暇其外是迄御奏者番　上使被成下候分向後雁之間詰菊之間縁頬詰之內を以　上使可被成候間其段爲心得是迄御奏者番　上使被成下候向へ寄ゝ可被達置候事

閏八月

今度諸大名參覲之割御猶豫被仰出候ニ付而は是迄之割合を以當年參府可致筈之輩病氣等ニ而延引又は旅中之面ゝハ其儘在國歸國致し不苦候
右之趣萬石以上以下之面ゝへ可被達候
萬石以上之面ゝ勝手次第乘切登城被成御免候尤殿中小袴襠高き袴等相用可申候
御城內召連候供之者も可成丈ケ相減可申候乘切ニ無之迚も無益之人數は相省候樣可被致候

右之趣萬石以上之面〻へ可被相觸候

閏八月

右日限以來月次御禮不被爲請候其外是迄之通ニ候

正月廿八日　二月廿八日　四月廿八日　五月朔日　七月廿八日　九月朔日

御謠初　嘉定　玄猪

右御規式以來被差止候

右之趣向〻ゐ可被相觸候

閏八月

今度衣服之制度御變革左之通被仰出候間明廿三日より書面之趣ニ可相心得候

一熨斗目長袴以來總而被廢止候事

一正月元日二日裝束
一正月三日無官之面〻御禮服紗小袖半袴
一正月四日より平服
一正月六日七日服紗小袖半袴
一二月朔日裝束
但御禮席ニ不拘面〻は服紗小袖半袴
一三月三日服紗小袖半袴
一四月十七日　御參詣之節裝束
但殿中は服紗袷半袴
一五月五日染帷子半袴
一八朔染帷子半袴
一九月九日花色ニ無之服紗小袖半袴
一御神忌且格別重き御法事等之節は是迄之通裝束
一御定式御參詣之節諸向共服紗小袖半袴

一勅使御對顏御　返答之節ハ是迄之通裝束

但席へ不拘面〻ハ服紗小袖半袴

一勅使御馳走御能之節ハ總而服紗小袖半袴

一御禮衆万石以上以下共都而服紗小袖同袷又は染帷子半袴

一月次は別御禮衆之外平服

一平服は以來羽織小袴襠高き袴着用可致候

右之通万石以上以下共不洩樣可被相觸候

閏八月廿二日

今度獻上物御免被仰出候得共初鶴初菱喰初鮭之儀は是迄　禁裏ニ御進獻ニ相成候ニ付右品獻上仕來候面〻幷林肥後守より獻上之兎ハ只今迄之通獻上候樣可被致候

右之趣万石以上之面〻へ可被相觸候

閏八月

足袋之儀以來平服之節は紺相用候而も不苦候
一以來夏足袋相願候ニ不及勝手次第相用不苦候尤御前邊且御用召之節は
是迄之通相心得御前邊等ヘ足袋相用候節ハ其時ミ可申聞候
但御目見以下之者も右ニ准し夏足袋相用不苦候事
右之趣向ミヘ可被達候
閏八月

万石以上以下乘切登城御免被成候得共老人等駕籠ニ而登城致し候儀は
可爲勝手次第候併供連之儀は格外省略致し召連候樣可被致候
右之趣向ミヘ可被相觸候
閏八月

此度御改革被　仰出候ニ付而は月切駕籠之儀不相成候病氣等之者ハ切棒相用可申候且登城退出其外共歩行可爲勝手候尤馬爲牽候樣可致候
右之趣向〻へ不洩樣可被相觸候
閏八月

獻上物之使者其外御禮事等ハ服紗小袖染帷子半上下着用可致候
右之趣向〻へ可被達候事
閏八月

是迄諸屆等有之使者差出候節麻上下着用致來候處以來は平服ニ而罷出可申候尤麻上下着用可致儀は前日呼出之節相達ニ而可有之候
右之趣向〻へ可被達候事
閏八月

御規式事都而御省略相成候ニ付而は以來年始御禮之節御流御盃計被下
時服は不被下候
右之通候間爲心得向〻へ可被達候
閏八月
○廿三日例刻登營夕七ッ時歸館せらる此日より營中出仕の輩織上下を廢して割羽織襠高袴を着し途中駕輿を用ゐる輩ハ騎馬に改められぬ公も大に從者の數を減し騎馬登營に定められたり參政內狀
○同日營中に於て渡り徒士日傭奴隷の者ニ係る活計の方法を議せらる本日より諸侯以下途中の從者を減省せらるゝ爲め都下の渡り徒士日雇奴隷の類忽活計の道を失ひ衣食の窮に迫るもの凡四万人なるへしと小栗豊後守申出たる故なり因云此時都下に人宿日傭頭と稱する營業者渡り徒士日雇奴隷の請宿凡百五十戸ありしとそ參政內狀

○同日御奏者番を廢せられ尙大奥女中の員數を減省せらるへき詮議ありしか大久保越中守大奥の改革ハ頗る難事なり故に廟堂よりハ何程減省すへしとハ指定められす御側御用御取次を以天下の大勢を老女に申入れ然る上老女より天璋院殿の思召を伺ハすへし大奥三千の女中天璋院殿に超ゆる人物なけれハ必す實効を見るを得へしと申せるよし参政内狀樞密備忘

○同日公靈岸島の別邸より常磐橋の本邸に轉居せらる参政内狀

○是月日欠坊城大納言殿の書翰内閣に達す坊城殿ゟ達せられさる書面に依れハ八月廿一日附を以て幕府より申進られし書面あるへきなりされと其書面ハ今見あたらす左の如し白木秘筐

別啓二通之趣宜申進之旨關白殿被命候仍令進達候事

後八月十七日　俊克

徳川刑部卿殿

松平春嶽殿

脇坂中務太輔殿

松平豊前守殿
水野和泉守殿
板倉周防守殿

別紙の一

去月廿一日之芳翰に被達越候松平修理大夫實父島津三郎御推任叙之儀被　仰出申進候ニ付御差支之次第柄御申越條ゝ令承知候猶又酒井雅樂頭よりも被示聞候旨趣是亦令存知候則關白殿へ申入置候其後島津三郎關東より上京　公武御榮久を周旋之趣委細之事情言上有之誠ニ奉爲皇國盡精候段　叡感不斜候ニ付而ハ先達申進候通右爲御恩賞御推任叙被仰出度　思召候得共不得止御差支次第内ゝ被及言上候ニ付島津三郎の儀は不被　仰出候依之右爲賞讓實子修理大夫へ正四位上左中將御推任叙被　仰出度　思食候右之趣申入候樣關白殿被命候事

後八月

別帋の二

次第不同

仙臺
細川
黒田
安藝
鍋島
備前
藤堂
阿波
久留米

蠻夷渡來以來近頃追〻國中人心生不和候ニ付此上衆心擾亂候而は深以
被惱　宸襟候ニ付皇國は勿論　公武彌御一和萬民一致候樣周旋之儀右

之面〻へ御内沙汰被爲在候此段申入候樣關白殿被命候事

後八月

○廿四日例刻登營暮時歸館せらる本日より隨從の士を七騎に定められたりさて一橋刑部卿殿去る十五日已來引籠居られしか本日より登營せられ岡部駿河守も同日より引籠り居しか是ハ去る廿日より出仕せり弊政の改革追〻決行せらるゝに至りし故なりとそ參政内狀 樞密備忘

○廿五日例刻登營退出より松平容堂殿を訪問せらる歸館ハ夜四ッ時なりき此時容堂殿此頃一人の藩士京師より此地に下りて　朝廷より小拙ニ上京する樣との御内沙汰ありたるよしを告けたりさて此藩士ハ勤　王の志深く兼て在京しけるを小南五郎右衛門一己の計ひを以て遣ハせるよしなるか此地詰合の者ハいつれも土佐藩ハ　東照公の特旨によりて興起せる家柄なれハ休戚を德川家に同しくせさるを得す然るに小南等かく上京の御内沙汰なとを周旋せるハ甚不都合なりとて大に怒り居り小拙頗る當惑

せり云〻物語られしとそ樞密備忘

○廿六日例刻登營五ッ時歸館せらる此日坊城大納言殿へ書翰を發せらる去る九日京師發坊城殿の書翰に再答せられしなり樞密備忘 白本秘筐

秋冷之節ニ御座候處愈御勇健被成御入珍重奉存候然は本日九日附御紙上之趣謹承仕候攘夷之　叡慮ハ兼〻相伺居候義ニ候得共決而其邊之豫防ニ申上置候儀ニは無之候近〻島津三郎官位一條之如く無據次第も御座候節は不顧恐此表之事情を以御斷申上候樣之儀も可有御座候間此段不惡御含置之程所仰冀ニ御座候春嶽上京之儀も追〻取調此節專ら改革筋取懸候處益多端ニ而次第ニ遲引仕奉恐入候得共何分今暫御猶豫之儀も御含置可被下候此段御再答如此ニ候以上

閏八月廿六日　　板倉周防守

水野和泉守

松平豐前守

松平春嶽
德川刑部卿
坊城大納言殿

○廿七日例刻登營暮時歸館せらる本日閣老衆より相談の旨ありて以後登營の際御納戸口より昇降せらるゝ事に定められたり近來時々夜に入て退營せられ表玄關詰の輩迷惑の次第ある故なりと樞密備忘

○廿八日例刻登營暮時歸館せらる樞密備忘

○廿九日例刻登營暮時歸館せらる今朝登營前岡部駿河守淺野伊賀守小栗豐後守山口勘兵衞來邸す當時生麥の下手人を指出すへき旨島津家に命せられてありたれといまた指出さす夫の爲め度々營中に於て議を開かれしか容易く決定せす英國に對して返答ニ及はるへき時期いよ〳〵切迫しける故横井平四郎を其議に與からしむへしとて特に招き寄せられしなり此時横井下手人を出さゝれは忽ち禍害の全國に及ふへきハ薩侯必す詳知せ

らるへし堂々たる薩侯豈一藩の故を以て禍害の全國に及ふ事を好まれんやされハ政府ハ幾回も催促せらるへしさて數十回數百回催促せられし上若出さゝらんにハ其期に至り別にこれに處するの方なきにあらさるへし今や一二回催促して出さされはとて最早出さゝるへきかと案勞せらる是諺にいふ取越し苦勞なりと事もなけに申しゝかハ岡部以下大に其言に服し更に營中に於て其議を開らき專ら横井の申せる言を主張しけれと板倉閣老深く之を危ふみ矢張決議にハ至らさりしとそ参政内状

○同日京便內閣に達して去る十九日坊城大納言殿より發せられし御沙汰書二通及ひ書翰一通到來す左の如し白木秘筐

別紙二通之趣宜申入旨被仰出候仍令進達候猶御左右早々被聞召度御沙汰候仍申入候事

後八月十九日　坊城大納言

德川刑部卿殿

松平春嶽殿
脇坂中務大輔殿
松平豊前守殿
水野和泉守殿
板倉周防守殿

別紙の一

皇國人民對夷族有故障時處置方近頃主客相反候樣之取計方有之由右は全是迄其筋之役〻不顧國辱甚心得違之儀と被思召候間早〻被改正國威嚴然候樣被遊度候事

後八月

別紙の二

松平肥後守京都守護職在京被申付候旨被　聞食右は以前無之役義何等之譯ニ而上京候哉且所役之子細も委細被　聞食度被　思召候事

後八月

坊城殿の書翰

去六日芳翰同十六日到着令披誦候先般松平長門守を以被仰進候趣共早速被及言上候處水戶故中納言從二位大納言被追贈官位候儀水戶中納言へ御申達之儀共　御沙汰之通昨五日被　仰出候旨且松平容堂へ御申達之儀も同日　御沙汰之通被　仰出候趣尾張前中納言へ御申達之儀は御沙汰之通御承知候得共此節重忌中ニ付日柄も相立候ハヽ忌解被仰出其上ニ而　御沙汰之通可被　仰出候段關白殿へ宜申入候旨令承知候則關白殿へ申入被及言上候處何れも　御沙汰通り早速被　仰出夫々御取計ニ相成候趣　御滿悅被遊候宜申進　御沙汰之旨關白殿被命候將又尾張前中納言ハ忌解被　仰出候後は　御沙汰之通早速被仰出候樣被遊度思召候宜取計有之候樣可申入同被命候仍申入候也

閏八月十九日　坊城大納言

徳川刑部卿殿
松平春嶽殿
脇坂中務太輔殿
松平豊前守殿
水野和泉守殿
板倉周防守殿

猶以松平長門守を以被仰進候赦之儀は御取調之上追而御申越之旨承候
尚宜御取計有之候樣同被命候事

芳野立藏ノ密告

〇九月朔日登營せられす今朝芳野立藏來りて遽たゝしく中根靱負に面會を請ひさて事已に迫れり今日ハ御登營を見合ハせらるへしと申しゝ故中根如何なる事のしか迫れるにやと尋ねしに芳野幕府改革の令を發せられし爲め渡り徒士日雇の類俄に營業の道を失へるもの數万人に及ひ此者等爾來專ら恨を公に歸し相與に謀て今朝御登營の途中を要し暴行に及はん

とするよしなり固よりとり認めさる巷説ながら萬一さる事あらハ政府の汚辱なるハ勿論新令御施行の上に就ても大なる妨碍なるへけれハ厚く御注意を請ふと申しヽ故中根其趣を公に申上しに公天下の重任を負ひて廟堂に立てる身のしか取り認めさる巷説の爲めいかてか輕〻しく驚動すへき已に過日も下馬邊に於て發砲するものあるへきよし聞きけれと取りとめたる説とも思はさりし故其儘聞流し且家臣等斯る説を聞かは徒らに案勞すへしと考へし故其後邸内にてハ口外せさりしなりとありて聽納れられさりき斯くて芳野の告知せる風説は過日來已に執政已下要職輩の耳にも入りて窃に懸念せる折なりし故取り認めさる風説にもあるへけれと萬一にも其實あらハ芳野の申せる如く汚辱とも妨碍ともなるへき事なれハ遠慮せらるヽ方然るへしとてやかて其意見を公に申立けるか公容易く聽納れられす矢張登營すへしとありし故執政等反覆意見を陳述し夫か爲大に時刻を移し遂に登營を斷ハらるヽ事となりしなり參政內狀

○同日執政等議して中根靱負を岡部駿河守淺野伊賀守の許に遣はす今朝芳野立藏の申來りし趣を有のまゝに告け且此事若事實ならすとも生業を失ひたる輩ハ何とか安着すへき御處置を施行せられたしと申入れさせしなり斯て夕刻に至り淺野より申遣ハせる旨ありし故中根更に同家に赴きしに今朝申聞けられし件ハ營中に於て速に詮議に及ひ改革の爲め業を失ひたる者の意志を取糺し歸國せんと欲するも此地に留まられんと欲するもすへて其望む所に任せさて歸國するものハ本籍地の領主地頭をして歸國の後更に業に就くまての間相當救助せしめ此地に留るものハ江戸町奉行をして同しく業に就くまての間相當救助せしむる事となれり且當分の内退營を夜に入らさる事に定められ又下馬邊へ御家臣を出され非違を警しめらるゝも然るへきかと評議せり云々申聞たりき參政內狀

○同日一橋刑部卿殿ゟ書翰を遣はさる此時公より遣ハされし書翰ハ見あたらす如左一橋來翰

尊翰拜誦仕候先以御安靜御起居欣然之至奉存候今日は御不快ニ而御不

參如何被爲在候哉時氣不同別而御自愛專要奉存候右ニ付委縷之御垂示早〻相噺置申候何分一日も早く御登營奉願候

一御上洛御供之名前越中ゟ受取申候右は表向被仰出候節一所ニ被仰付候方可然哉之旨越中申聞至極尤ニ付先小子方へ取置申候尤兩人へも相談致候事ニ御座候

一阿州登營左兵衞督之儀承候處同人存意有之候ニ付安藤飛驒を以て申上度趣ニ付其意ニ任せ候

一同人へ　勅書三條ゟ御渡しニ相成候趣にて此日小子始へ差出申候尤大意ハ攘夷とハ無之候得共先般大原三郎被仰出候趣事實速に行はれ候樣被遊度云〻との事ニ有之候尤寫は明日御覽濟ニ而相廻し候心得ニ有之候

一昨日之　勅書是又明日相廻し候心得ニ御座候

一其後御不快之御模樣如何ニ候哉御案事申上候猶委曲承知仕度此段申上候再行

九月朔日

磐橋明公 御報

○二日本日も登營せられす参政内状

○三日朝六ッ時登營せらる本日ハ大樹公濱殿に成らせられ公にも陪從あるへき旨昨日奉書を以達せられし故營中より扈從して濱殿に赴かれしか大砲の打試しありて後釣魚放鷹の興を催されたり此時公鷹を放ちて鴨一羽を獲られ又公より望遠鏡一個柿二千個進呈せられ大樹公よりも龍門社袴地一反烟草筐一個賜りたり此日田安一橋會津三侯も陪從せられき参政内状

長州侯ノ世子來邸三事陳述

○四日四ッ時登營七ッ時過歸館せらる今朝登營前松平長門守殿來邸せられ公對面ありしに長門守殿速に大赦仰出さるゝ樣攘夷の議も速に決せらるゝ樣麻布より程ヶ谷迄東海道を變更せらるへき議あるよし若事實ならは止まらるゝ樣との三事を陳述せられたり参政内状

○同日長藩桂小五郎來る中根靫負面接せしに桂近來世人横井小楠を彼人

長藩桂小五郎横井平四郎ノ他出ヲ停ムル忠告

ハ勤　王の志なし斯る人か越前公の參謀とありてハ天下の爲め然るへからすなと評し合ひ其中壯年の輩ハ今後途中に於て出會なハ容赦なく刺殺すへしと申居り又熊本藩士中にも横井ハ本藩人刺し殺すへし決して他藩人の手を假らすと申す輩あるよしなりされハ此節横井ハ他出なき方然るへし云〻申聞けたり參政內狀

○五日例刻登營せらる此日京便幕府に達し島津三郎殿去月廿四日京師を發して歸國せられしよし及ひ京都の形勢兎角穩かならさるよし申來りし故大樹公の上洛に先たち後見或ハ總裁職の內上京して豫しめ周旋する處なかるへからすとの議ありしか一橋殿固く上京を辭せられたりとそ參政內狀

○六日例刻登營暮時歸館せらる此日一橋刑部卿殿以下連名を以て坊城大納言殿へ書翰を指出さる去月廿九日達せし御沙汰書中守護職の所役を尋ね下されたる趣に答へられしなり左の如し白木秘筐

去月十九日貴翰同廿九日到着拜誦仕候然は今度松平肥後守守護職被申付候ニ付所役之處　御尋之旨被仰越委細承知仕候守護職被申付候は御遵奉筋幷御警衛向等御十分被遊度思召候處近來兎角　叡慮不被爲安候趣畢竟關東ゟ之御仕向方御不行屆之邊ゟと深恐入思召候ニ付以後何卒叡慮を被爲安候樣被遊度此度松平肥後守　京都守護職被爲命諸事精誠心付御警衛向も十分相整候樣可被遊御見込故右等之邊萬事重立取計候ため被差遣候事ニ候此旨宜可被達　叡慮候以上

九月六日

板倉周防守
水野和泉守
松平豊前守
松平春嶽
徳川刑部卿

坊城大納言殿

猶以外一條之議は篤と申談候上ニ而可及御答候間此段も可然御含置被
下度候以上
〇七日例刻登營退出より松平容堂殿を訪問せらる歸館は夜五ッ時過なり
此日大樹公上洛の期を來亥年二月中と仰出され又尾張前中納言殿へ左之
通り仰出さる參政内狀白木秘筐
御下段

尾張前中納言殿
以來國家のため心付もこさらハ遠慮なく申さるゝやうに

〇八日本日ハ大樹公増上寺へ參詣せられし故還御後登營夕八ッ半時歸館
せらる樞密備忘
〇九日朝五ッ時登營夕七ッ時歸館せらる本日は重陽の祝日故諸侯以下登
營せられしかいつれも襠高き麻上下を着し又大雨なりけれと多くハ騎馬
なりき樞密備忘

武田耕雲齋大場一心齋復職ノ勸告

○同日營中に於て公板倉閣老とともに水戸中納言殿に對面して武田耕雲齋大場一心齋を御家老職に復歸せしめらるゝ樣にと反覆勸告せれしに水戸殿種〻の辭柄を搆へ容易く承諾せられさりしとそ參政內狀

○十日例刻登營暮時歸館せらる參政內狀

板倉家ノ臣山田安五郎ノ時事意見

○同日松山藩山田安五郎を呼寄せ時事に處すへき意見を尋ねられしに山田今日の日本ハ元來割據なりしを强而封建の體に擬せられたるもの故公共の政ハ容易く行ハれさる事衣服の制殊の外煩重なる事海軍の制なき事職に任するに專ら門閥を重んする事治民の制備はらさる事以上の五事ハ從來の闕典なりしか其內二三事ハ近來御改革ありし故此上は一令一號を發せらるゝ每に公共の趣意に基き割據の氣習を飜す事に御注意あるか肝要なるへし云〻なりき樞密備忘

○十一日朝五ッ半時登營せらる昨日奉書を以て登營せらるへき旨特に達せられしか大樹公の座前に於て來二月御上洛の節御供上京すへき旨を命

せられたり家譜

○同日夜に入り長藩周布政之助小幡彦七來る中根靫負面接せしに周布近日都下の儒者輩頻ニ改革の新令を非議して專ら春嶽公を咎め彼の渡り徒士渡り陸尺の輩に語らひ御他出の時を窺ひ途中に於て不敬の所爲に及ハせんとするよし又此輩窃に謀を用ひて一橋公と春嶽公との間を離隔せんとするよし今朝承りけれと素より取るに足らさる俗論なる上怯懦の儒流何事をか仕出すへきとの考にて敢て心に懸さりしか爾後長門守の座前に出其事を物語りしかハ長門守大に驚き萬一にもさる事ありてハ天下の汚點となるへき事なれハ事實の有無に拘ハらす耳に入りし限りを速に御內報すへしと申聞たり故に夜中卒爾なから參邸せり云ゝ申たりき參政內狀

○同日京便江戶に着して和宮の御稱號の事を坊城大納言殿より酒井雅樂頭殿へ申遣されし書面內閣に達す左の如し白木秘笈

和宮御名之儀先達以來　朝廷以下ハ　和宮と申於關東は御臺と被稱候

處右兩端ニ相成候而は彼是紛敷尤　御直宮之儀ニ付而は萬事不拘先例

御兼約之儀故以來は一圓被稱　和宮候樣被遊度　叡慮候此段被仰出候

間老中方へ宜被申入旨關白殿被命候仍申入候事

九月二日　　　　　　　　　　　　　俊　克

酒　井　雅　樂　頭殿

〇十二日例刻登營七ッ半時歸館せらる今朝登營前板倉周防守殿より公用人伊藤退輔を遣はさる昨夜周布政之助か來り告けたる儒家の輩渡り徒士渡り陸尺の類を語らひ云〻せんとするよし昨日長藩小幡彥七板倉殿の許に行きて內報せし故更に其趣を通知せしめられしなりかくて今朝出邸に先たち人を出して途中見計らいせ例のことく登營せられしか敢而異狀いあらさりき參政內狀

〇同日京便江戶に着して　朝廷より松平容堂殿に上京を命せられしよしの書面內閣に到達す左の如し白木秘筐

松平土佐守儀先達而俄滯京之事被仰出候處御請　御滿足被　思食候然處若年之儀不量之　御沙汰ニ付深心痛之趣被爲及　聞食無餘儀被　思食候間於土佐守は出府ニ而尚又厚周旋可有之父容堂は年輩之儀ニ候得は　輦轂之下御警衞更ニ可然と　思食候ニ付早〻上京父子交替ニ相成候樣被遊度被　思食候此段被仰出候事

九月

○十三日登營せられす凝邪に感冒せられし故なり參政內狀

○十四日今日も登營せられす此日長藩周布政之助佐久間佐兵衞來る中根靫負面接せしに佐久間ハ過般來京師に滯在し去る十一日此地に着せりとの事なりし此時佐久間京師の議此節いよ〳〵攘夷に決定せられたり云〻物語り又周布此程御內報に及ひし都下儒者輩の擧動ハ其後安井仲平其魁首なりと聞し故激論の書生を遣はし此節の改革を非議するハ如何の心得なりやいよ〳〵とこ迄も非議すとならハ聞流しにハせさるへしと申させ

安井仲平以下儒者ノ內情

しに安井大に避易し今朝書面を以て以來政治上の可否ハ口外すまし云〻申越せりとて一笑しさて彼輩ハ畢竟此地にハ大儒先生少からさるを態〻邊陬の肥後より横井如き田舎學者を呼ひ登せて大政改革の議に吻を容れさせらるゝか不平の根本にて此節囂〻議論に及へる事のよし素より其愚論なるハ勿論なれと横井の事ハ彼輩のみならす京師にても以の外評判よろしからさるよし故御上洛の際萬一召連れらるゝ事あらハ或ハ島田左近に同しく暴行を受くへきや測りかたく甚た懸念せりされハ品よく御國許へ遣はされてハ如何と申聞け又周布佐久間小幡桂の四名近日公に拜謁を願ふ旨をも申聞けて立歸りぬ 參政内狀

○同日京便江戸に着して兵庫開港期限云〻の御沙汰書を傳奏衆より達せらるる左の如し 白木秘筐

別紙之通　御沙汰之趣貴殿方へ可申入旨關白殿被命候仍申進候事

九月八日　坊城大納言

德川刑部卿殿
松平春嶽殿
脇坂中務太輔殿
松平豐前守殿
水野和泉守殿
板倉周防守殿

別紙

先年言上有之候兵庫開港之期限當十月頃之由風說有之候早〻取調可有之候追〻攘夷可被仰出之處萬一如風說當年開港夷人輻湊候而は甚〻不都合千萬候間前條　御沙汰被爲有候事

九月

○十五日五ッ時登營暮時歸館さらる此日營中に於て水戸中納言殿板倉閣老に面會せられ過日申聞られし如く武田耕雲齋を復職せしむる事に決し

昨日其旨を水戸に申遣はせりと申さる又本日は月次の登營定日なるか謁見の式畢りて後三家及ひ大廣間の諸侯を吹上の庭園に招き宴を開かれ母衣引の輿を催されたり参政内狀

尾張中納言殿退隱ノ內志ヲ止マラル

○十六日五ツ時出邸尾張中納言殿を訪問し夫より登營暮時歸館せらる今朝尾張殿を訪問せられしは過般幕府より內諭せられし旨ありて竹越兵部少輔の老職を解かるゝ事となりし以來中納言殿心中安からす思はれけん俄に退隱すへしと申出られし故老職成瀨隼人正等痛憂して公に說諭を乞ひし故なりさて中納言殿に對面して退隱の御內志あるよし云ゝ尋ねられしに種ゝ困難の事情あれは自分は現官を辭し實家高須に復歸して再ひ其家を繼き尾張の方は老公再出家統を繼かるゝ事に願ひたき心底なりと申されし故御心底の如くなりなは御都合は宜しかるへきかなれとも家統繼承の事はしか輕ゝしく動かすへきにあらされは願ひ出られても容易く許容せらるへしとは思はれすされはさるむつかしき御望は止められいよい

よ御精勤ある方然るへしと申されしかと中納言殿最初ハ固く承諾せられさりしか反復勸誘の上終に退隱を思ひ止まらるゝ事となれり參政內狀

橋公上京ニ決ス

〇同日營中に於て一橋殿近ゝ上京せらるゝ事に決すさて着京の上は開國の止を得さる所以を　朝廷に言上せらるへしとの事なりしか開國ハ公固より多年の持論なれと從前の條約ハ一時姑息を以て取結ひたるものにて國家永遠の計を立るため取結ひたるにあらす加ふるに　勅許を經すして調印せし如き不正の所爲もある事なれハ此際斷然此條約を破却し天下を擧て必戰の覺悟を定めしむへしさて此事實際に行はれたる上ハ天下の大小諸侯を集めて今後の國是を議せしめ全國一致の決議を以て更に我より進んて交を海外各國に求むへし果して斯の如くならハ始めて眞の開國に進む事を得へしとの意見を立られたる場合なりし故重臣等本日の閣議聞て議しけるハ方今開鎖の得失ハ縉紳家にも了解せられし方ゝ尠からさるよし既に此頃長藩士某の言に青蓮院宮に伺候せしに地球圖を披らき萬國

の形勢を論せられたり云〻ありしにても推し量るへきなり然るに今更古めかしき開國説なとを言上せられ萬一其得失ハ固より詳知せりされと今日の如き姑息偸安の開國ハ望む所にあらすなとゝ仰せ出されなハ一橋殿ハ何と答へらるへきや假りに其言上を容れられたりとするも物議紛〻たる今日なれハ此事よりして一層人心を激し或は外國人を暴殺し或ハ其家屋に放火するに至るへきや測られす若さる事となりなハ容易ならさる國難なるへし故に公は斯る輕〻しき議にハ同意せられす矢張此頃中決定せられたる意見の如く條約を破却し必戰の覺悟を定めしむへし云〻の議を執らるへきなりとてやかて其旨を公に申出たるに公そハ固より予の素志なりされと内閣に於て發議する事ハ尙熟考の上にこそと申されたりき參政内狀

〇十七日登營せられす今夜會津藩小室金吾來る今朝肥後守殿より指出されし建議案を持參せしなり建議の大意ハ此節京師にてハ専ら攘夷の

叡慮に在らせらるゝよしなるか畢竟關東には從來御失策の廉少からさる事故今日は　叡慮を遵奉せられ兩都兩港に外國人を居留せしむる事及御殿山に外國館を置るゝ事を斷然謝絕せらるへし然らされは上京も仕りかたしとの事なりし參政內狀

○十八日今日も登營せられす夜に入り執政參政以下要職の輩を公の坐前に集めて議事を開かせらる橫井小楠も同席せり去る十六日重臣より申立たる必戰の覺を定めて云〻の議をいよ〳〵內閣に於て發議すへしや否を討論せしめられしなりかくて一同發議せらるるを可としたれは明十九日登營せらるゝ事に決せられたり參政內狀

○同日一橋刑部卿以下連署を以て坊城大納言殿へ書翰を發せらる左の如し白木秘筐

松平土佐守儀先達俄滯京之事被仰出候處御請　御滿足被　思召候然處若年之儀不量之　御沙汰ニ付深心痛之趣被爲及　聞食無餘儀被　思召

候間於土佐守は出府ニ而尚又厚周旋可有之父容堂ハ年輩之儀ニ候得は
輦轂之下御警衞殊更ニ可然と　思召候ニ付早ヽ上京父子交替ニ相成候樣
被遊度被　思召候段被　仰出則土佐守へ被　仰達候ニ付拙者共へも可
被御申越旨關白殿被命候由御紙面之趣致承知候右御沙汰之趣松平土佐
守松平容堂よも申立候ニ付及言上候處　叡慮之通可致上京旨被　仰出
則昨十七日容堂へ申達候此段宜關白殿へ御申上有之候樣ニと存候以上
九月十八日

板倉周防守
水野和泉守
松平豐前守
松平春嶽
德川刑部卿

坊城大納言殿

別紙

脇坂中務太輔事先達而依病氣加判之列御免ニ付除名致し候事

○十九日例刻登營暮時歸館せらる此日營中に於て必戰の覺悟を定めて云〻の意見を發せられしに一橋殿條約を破却する事ハ是迄心附かすて在りしか是ハ然るへき御考案なれハ尙ほ熟考すへしと申されたれと閣老衆ハ條約を破却する事を始三事とも異議ありて決議に至らさりき參政內狀

○同日薩藩岩下佐次右衞門外二名ゟ堀小太郎を大赦の列に加へられたき旨の願書を出す左の如し白木秘筐

堀小太郎先般　公儀差支之趣有之蒙御譴責國元へ差下候樣被　仰渡上下一同恐縮仕候然處右小太郎事修理大夫三郎側近召仕實体奉公仕候內修理大夫三郎父子故薩摩守遺志相繼き方今天下之形勢日〻衰態ニ趣き累卵之殆不忍傍觀　天朝幕府の御爲勵精忠天下御一新之筋切ニ盡力仕候處小太郎儀深其意を體し不一通周旋仕功勞又不少儀ニ御座候尤も處事之際一時似尤權略之儀共俗流紛〻之說ニ係候事も御座候處其中不計

御譴責を相受候一國有志之輩一統殘念之次第奉存既ニ其砌閣老方へ歎訴仕候儀も御座候其後ニ至而も彌増慚憤無止事何卒一度寃罪御宥解之御沙汰奉仰度心底ニ御座候乍去一端罪簿ニ上候者容易御赦免之御沙汰ニ難被及は無御據御次第も可被爲在とハ奉存候得共此度以　叡慮被仰出趣有之正義有志之輩寃死寃罪一切大赦之御沙汰も御座被成哉ニ奉承知候得は小太郎儀も右之列ニ被召加格別之以御吟味御宥憐之御沙汰被成下候は修理大夫父子之者ハ勿論一藩有志之者共御仁澤之程奉感佩天下之御爲彌増勵精忠正義相兢候樣可有之と奉存候邊鄙之野人不堪痛切之至敢犯鈇鉞之誅伏而奉歎願候此段貴樣迄申上候以上

九月十九日

岩下佐次右衛門

吉井中介

高崎猪太郎

○廿日例刻登營暮時歸館さらる此日西湖間に於て條約を廢し決戰の覺悟

小栗豐後守ノ俗論會津侯ノ憤激

を定む云〻の可否を諸有司に議せしめられしに小栗豐後守異議を唱へ政權を幕府に委任せらるゝハ鎌倉以來の定制なり然るに近時ハ京都より種〻の御差綺ひあるのみならす諸大名よりも樣〻の事を申立る事となり夫か爲め已定の政務に變更を要する事あるに至れるハ以の外なる政府の失躰なり此上赫然權威を振ハれさらハ終にハ諸大名に使役せらるゝにも至るへしと申しゝかハ肥後守殿大に憤激せられ京都の御差綺ひを拒みてハ尊　王の大義に悖り外夷の屈辱を受けてハ國威を墜すへししか大義に悖り國威を墜さハ幕府の權威何れの所にか振ふを得へきと申され公も公共の天理に依らすして只管幕府の權威をのみ振ハんとするハ一己の私なり故に己を忘れて議せさるへからすと申されけれと諸有司芙蓉の間何れも服せす終に決議に至らさりき參政内狀

中根靫負開鎖ノ意見ヲ小幡彥七ニ問フ

○同日夜に入り長藩小幡彥七來る中根靫負面會して近日營中に於て發議せられし意見の次第を物語りさて開戰も一旦ハ必用なるへけれと後來ど

こ迄も鎖國にてハ富强の實を擧くるに難かるへし此議ハ如何と尋ねしに小幡一旦　勅旨を奉せられし上ハ勿論我より開國に及ふへきなりと答へたりき參政內狀

○廿一日登營せられす此頃以來公感冐せられけれと發議の件ありし故押して登營せられしか本日ハ熱氣殊に加ハれるよし執匕診察せし故攝養の爲め登營を斷ハられしなり參政內狀

○同日松平豐前守殿小笠原圖書頭殿より意見書を差出さる左の如し 白木秘筐

此度御上洛被　仰出候ニ付私共兩人御留守被仰付難有奉存候然處諸大名參覲之期限御宥免被成下近〻御暇被仰出候哉ニも承知仕候左樣御座候而は御留守中大名在府之向大小取交漸五六人ならてハ無之儀と奉存候出て敵を破ると留て國を守るとハ難易相匹敵仕元來留守之任ハ不容易儀と奉存候況や　上ニは百里外ニ被爲成御摸樣次第ニ而は暫く御滯京之程も難計纔五六輩之大名御殘しニ而ハ如何ニも御手薄之儀萬万〻

一時宜ニ寄是非攘夷抔と被仰出候節ハ迚も防禦無覺束奉存候左無之候而も斯四方不穩時勢外夷は咫尺之地ニ跋扈仕り居何時何樣之義出來可仕も不相知甚心痛仕候諸大名御宥免被下候事は難有御趣意と奉存候間兎角可申上樣無之候得共御暇之儀は　御上洛首尾能被爲濟目出度　御歸府被遊候上ニ而被下候而社御相當之儀と奉存候尤家族共を先達而國へ差遣候儀は勝手次第被仰出候而も可然奉存候左樣相成候得は緩ゝ御滯京被遊候而も御跡ニ御懸念も無之私共御留守居候ニも甚得便可申何卒御聞濟之程奉願上候斯申上候而は何歟懦怯之樣相聞候得共暴虎馮河は聖人不與臨事而懼好謀而成と有之候間餘り御手薄にて噬臍之悔有之候而は不回事故此段奉願上候以上

九月廿一日

周布中村桂ノ三士横井ノ寓所ニ來ル

○同日午後長藩周布政之助中村九郎桂小五郎常磐橋邸中横井小楠の寓所に來る周布等最初ハ何事か包藏する處ありて大に議論に及はんとするも

の丶如くなりしか横井胸襟を披らきて其見る所を吐露せしかハ周布等も同しく打解けたる談話に移りさて貴所の事ハ従前聞き得たる處あり又京師にても此節種〻の惡評ありし故實ハ疑團なきにあらさりしか今日謦咳に接し始めて疑團を氷解せりと申し丶故横井亞墨利加最負の評を受け世話に預り大に迷惑せりと答へたりとそ参政内狀

○廿二日本日も登營せられす参政内狀

○廿三日今朝も登營せられす此日中根靫負板倉閣老の許にて山田安五郎を訪ふ過日來の幕府に於ける改革ハ水戸家にて烈公在世中多年希望せられし所に符合せし故彼の奸黨と稱せらるゝ輩竊かに畏懼の念を起せる上引續き武田耕雲齋に復職を命せられしも公及ひ板倉閣老より中納言殿へ勸告せられし故なるを以て愈指迫り諺ニ言ふ究竄反て猫を喰むの勢をなし長岡党と稱する輩及ひ薩藩へ驅込たる輩の中已に牢死せし者の口供に筆を加へて無實の罪狀を構造し武田始を同罪に陥れんとするよしの聞え

ありし故公深く痛心せられ其危急を救ふため遠からす大赦の令を發せらるへき場合なれハ國事に關する處刑ハ如何なる事由ありとも當分決行を見合ハせられ然るへき旨板倉殿ゟ水戸殿へ申進せらるゝ樣にとの趣意を相談に及はしめられしなり参政内状

○同日夕八ッ半時長藩小幡彥七周布政之助佐久間佐兵衞中村九郎桂小五郎來邸す公對面せられしに小幡等過般藩主の伺ひ取りし　叡慮ハ申すまてもなく京師にてハ縉紳家其他とも兎角攘夷ならすてハ適ハさるよしなりされハ幕府に於ても速に其議に決せられたし尤一旦攘夷に決せられし上更に我より交りを海外ニ結ふへきは勿論なり云ゝ申立し故公拙者ハ素より　叡慮を遵奉する決心なりとありしかハ一同殊の外歡ひ夜六ッ半時退散せり此時扣所に於て中根靱負面接せしに小幡等去年來國事の周旋に盡力しけれと時日と貨財とを費せしのみにて一も著しき効驗なし故に國許にて君侯御父子ハ自國を棄て何事に力を盡さるるやと疑惑する輩少な

からされハ內實ハ此節攘夷の周旋を畢るを機として可成速に歸國せんと欲するなり云々物語りき参政內狀

○廿四日例刻登營退出より松平容堂殿の許にいたらせらる歸館は夜五ッ時過なり此節京師より內密申來れる事情あれハ委ハしく御物語に及ふへしと申遣ハされし故なり此時容堂殿種々京師の內情を談話せられさて京師今日の形勢にてハ兎も角も幕府に於て攘夷の　朝旨ハ異議なく奉せられさるを得さるへししかしこれを實地に斷行せらるゝハ尚篤と　朝旨を伺はれし上萬全の策を立らるゝか肝要なるへし云々申されたりとそ参政內狀

○同日中根靱負を岡部駿州の許に遣はさる當時長藩の主張する攘夷說を幕府の諸有司ハ一概に暴論とのみ聞取り過日周布政之助か岡部に面會して攘夷の議に及ひし時の如きも議遂に協ハす双方とも不平にて引分れたりとの事なりしか畢竟當時に行ハれし攘夷の言たる國體の汚辱ともなる

へき時に方りてハ聊顧慮せす干戈を用うるの覺悟を定め置くへしとの意なるを諸有司ハ天保已前に黑船と見受たらハ二念なく打拂ふへしと布告せし意味とのみ解釋して今日の時勢にハ行ハれさるの說と思考せる故しか双方不平にて引分るゝに至れるなるへしとて公深く懸念せられ中根をして辨論に及はせられしなり参政内狀

○廿五日例刻登營七ッ時過退營より一橋殿の許にいたらせらる歸館ハ夜六ッ半時なり此日岡部駿河守山口勘兵衛の兩人も一橋殿の許に會し横井小楠をも召し寄せられ此程來公の主張せられたる攘夷決戰の覺悟を定めらるへし云々の議を討論せられしか一座粗同意を表せられたれと條約を廢するハ難事なりとの意見ありて決議に至らす尙明朝登閣の上再議せらるへき約束にて各退散せられたりとそ参政内狀

○廿六日例刻登營夕七ッ半時歸館せらる昨日一橋殿の許に會して討論せられし件を本日更に營中に於て議せられしか今朝登營前松平長門守殿來

邸せられ去月廿七日京師に於て重臣を中山殿の邸に召出され夷狄拒絶の件を早〻周旋すへし云〻の書面を下附せられたりとありて卽ち其書面外に毛利侯御父子より以前關白殿下へ呈せられたるよしの書面を併はせて差出されし故公携帶して閣議の際一橋殿を始め一座の方〻に見せられたり斯て本日の閣議に一橋殿ハ別に異議を立られす昨夜の主意ハ隨分御尤の次第なれハいつれ篤と詮議に及ふへしと申され板倉閣老ハ到底行はれ難かるへしとの口氣岡部駿河守ハ昨夜横井の申せる主意ハ恰も長藩の說に雷同するものゝ如くにて過日來承りたる同人の持論とハ大に相違せり特に條約を廢せんとする說の如きハ到底外國人をして承諾せしむるを得へからす若强而承諾せしめんとすれハ忽ち大亂なるへしと論し山口勘兵衞ハ登營せさりしか昨夜討論の際一橋殿粗其主意に同意を表せられし故さてハ過日來上京の上ハ開國說を主張すへしとありしに適ハすしか摸稜の御意見にてハ隨行して上京するも其詮なきのみならす如何なる迷惑を

原惹き起すへきや測りかたしとて引籠れるなりとそ松平肥後守殿少しく原議を維持せんとせられたれと耳を傾けて聞く人なく又今朝長門守殿より差出されたる書面の趣は一同殊の外不平にて長州は功名を貪るため斯る書面を申くたし政府の妨碍をなすものなるへしと評せられたりとそ長門守殿の差出されたる二通の書面は左の如し参政内狀白木秘筐

中山殿より下附せられし書面

先年以來被　仰出候攘夷之儀　叡慮御決定之趣御良策出于此他間敷ニ付斷然獨立可有盡力決心之旨言上先以　叡念御符合深以御感悅御事ニ候何卒拙丹誠周旋有之　公武を始萬人一致一和ニ而爲　神州盡精力早蠻夷拒絕ニ決定候樣幕吏ニ掛合之都合ニ相成候樣被遊度　叡願ニ被爲在候此由可申達　御沙汰被爲在候事

閏八月廿七日

長州侯より關白殿へ呈せられし書面

叡慮之御決定は戊午年來聊不被成御動儀ニ候處上は　神宮之神慮を被爲窺下は諸侯之赤心を被　聞食度と之　御深衷をハ不奉察破約攘夷之御國是ニ未御疑も被爲在候歟と恐多も是迄　勅文ニ泥ミ自己之見を主張せしめ候向も有之哉ニ候得共大膳大夫父子ニおいては追ミ被仰出候勅諚幷　御沙汰書之御旨全以破約攘夷之　宸斷と奉窺　皇國御持堅め之御良籌出于此外間敷と考定先達而奉窺候二事六ヶ條之外方今　官武之間ニおいて周旋可仕事件は數多有之候得共幕政も漸ミ改新賞罰黜陟も被行候事ニ付肝要之御國是　叡慮通速ニ致決定外夷振栗國内警戒之御處置第一之御急務　官武御合躰之大眼目ニ付此度長門守於關東之周旋方兩通　勅諚之外は六ヶ條之内第一條を抽き純一ニして　叡慮御決定之旨を精ミ申解盡力之上猶も　官武御合躰之大眼目難決定儀ニ候得は無致方歸洛及　奏聞此余之　宸斷を奉待猶愚忠之獻言をも可申上と奉存候五ヶ年及ひ　官武御異議之趣根底明著最早列藩中決而　勅文ニ

泥ミ候儀も有之間敷ニ付今更不及會議斷然獨立ニ而盡力乍不及　皇國正氣御維持之寸補をも仕度父子決心罷在候

閏八月十四日

○同日松平肥後守殿來邸せらる此時中條稚櫻翁高家中條兵庫頭殿の父來會夜九時過退散せられき參政內狀

○廿七日登營せられす此時一橋殿來る十月三日を以て江戶を發し上京の途に就かるゝ內定なりしか昨日の閣議は飽まて公の持論に反對なるのみならす此節の　朝旨にも相反する趣意なりし故斯くてハ一橋殿上京せられても要領を達せられさるハ勿論異論　朝野に紛起し終にハ天下の安危にも德川家の興廢にも關すへけれハ最早登營せさるへしとて引籠られしなり參政內狀

春嶽公辭職ノ決心

○廿八日本日も登營せられす今朝執政參政の橫井小楠等公の座前に出て幕府近日の躰態にてハ到底輔佐せらるへき目的なしされハ此際斷然御挂

の御決心然るへき歟と申上しに公此方ハ已に其決心なりと申されし故小楠賤臣か天下の爲め言はんと欲する所を過日來殘る隈なく申盡す事を得たるハ專ら公の賜ものなり其鴻恩いつの世にかハ忘るへき言の行はれさるハ天なり云〻申述て退出せり參政内狀

○廿九日執政參政及ひ横井小楠集會して公の辭職内願書を起稿せしか一橋殿出發の期日今三四日間に迫れる今日卒然此書面を出されなハ廟堂ハ爲めに臨時の混雜を起し或ハ出發の妨害となるましきにあらすされハ橋公出發せられし後の方然るへき歟との議ありて更に暫く時機を見合ハせらるゝ事となれり參政内狀

○同日岡部駿河守來る一橋殿に隨ひ上京すへき旨命せられてありしか來る朔日出發する事となりし故暇乞として來れるなり此日松平容堂殿ゟ書翰を以て來る三日一橋殿上京出發のよしなれと一時延引せらるゝ樣其子細は岡部駿州に申入るへけれハ同人に來邸する樣御通達を乞ふとの趣意

を申遣はさる參政內狀

横井小楠條約ヲ廢スル議

○同日横井小楠大久保越中守の許に赴く大久保より面談したき事あれハ來邸ある樣にと申遣はせし故なり此時大久保去る廿五日一橋公の許にて公の發議せられし必戰の覺悟及ひ條約を廢する等の主意に不審を立種〻質問したるか横井決戰の覺悟を定むへしと申されしハ元來現今の條約ハ外夷の虛喝に怖れて　勅許を俟たす取結ハれたるものなれハ實ハ不正の條約なり故に斯る條約ハ廢せらるへしさてこれを廢するにハ內地に據なき事情ある事を委はしく彼れに申入れらるへきハ勿論なれと彼或ハ承諾せさるへきか故に豫しめ決戰の覺悟云〻申され又諸侯を會同して國是を定むへしと申されしハ前述の如く現今の條約を廢せらるゝにも五大洲の形勢を察するに到底鎖國の舊套を守るへきにあらす故に大小諸侯を會同して更に時宜に適する國是を議せしめ全國一致の意見を以て　朝旨を伺ひ我より使節を各國に出して開國の政略を行ハるへしとの主意なりし云

ヽ辨明せしかは大久保大に了解してさらハ今日にても御持論の如く閣議を一變せられないハ越公ハ舊の如く登營せらるへしやと申しヽ故横井持論の如く一變しても矢張登營せすとありてハ越公の無理なり越の君臣さる無理をいふへしとハ思はれすと申しヽに大久保しからハ閣議の變更ハ拙者擔當すへし越公の登營ハ貴下擔當せらるへしと申しヽ故横井承諾していよ〳〵閣議一變せられし上ハ橋公ゟ御書翰を以て條約を改むる事諸侯を會同せしむる等すへて御同意云ヽ仰遣ハさるへく又早ヽ登營ある樣にとの趣意をも書添へらるへしと申しヽかハ大久保承諾の旨を答へたりき

参政内狀

○晦日横井小楠登館して昨日大久保の許にて對談せし次第を逐一公に申上さて廟堂一致御同意ありて橋公より書翰を遣はさるヽも矢張登營せられさる道理ハあるへからすと見込し故取敢へす越州へ必す登營せらるへしと答へ置たれハ此上橋公より書翰を遣はされたらハ斷然御登營を希ふ

云〻申立しか公此程來決心の旨ありし事故容易くハ聽納れられす橋公より書翰を遣はされし上熟考すへしと答へられたり斯て横井ハ橋公より書翰の來るを待請けるか此日は終に來らさりき參政內狀

〇同日會津藩小室金吾來る中根靱負面接す此時小室過日來上京出發を見合いせ居りしハ開鎖の廟議決定せさりし故なるか近日に至り閣老衆より頻りに出發を催促さられし故先日建白せし開鎖の兩途ハ廟議如何決定せられしや此議決定の上ならてハ出發の期日ハ定めかたしと申しゝに開鎖の廟議ハ一橋殿擔任して上京せらるへし守護職ハさる事迄の責を負ふに及はすとありし故止を得す近〻出發する積りなり云〻物語りき參政內狀

〇同日一橋殿より來月三日出發上京の豫定なりしか都合ありて兩三日延引せりとの通知ありたり參政內狀

横井小楠橋公ノ高論ニ服ス

〇同日横井小楠大久保越中守を訪問す此時横井廟堂今日の議ハ如何と尋ねしに大久保昨夜申聞られし條約破却諸侯會同云〻春岳公の御意見を今

朝橋公及閣老衆に陳述せしに閣老衆ハ御尤なるへしとありて敢て異議ハ立られさりけれと橋公ハ斷然不同意なりとありし故其子細を窺ひしに拙者ハ萬國一般天地間の道理に基き互に好しみを通する今日なれハ獨日本のミ鎖國の舊套を守るへきに非す故に我より進んても交りを海外各國に結ハさるを得すとの趣意を　叡聞に達する積りなるか畢竟今日の條約たる最初阿部伊勢か鎖國の舊見を脱せすして姑息の處置に及ひしより續ゐて堀田備中井伊掃部の輩其姑息を襲ひ遂に墨夷の虚喝に怖れて　勅許をも俟たす調印するに至りしものなれハ不正といはゝ不正にもあるへけれと已に取交はしたる上ハこれを何とかすへきや只萬國並に交通する外に致し方あらさるなり然るに此節從前の條約ハ不正なれハ破却すへしとの議あれと是は内國人に在てこそしかいひもせめ外國人に在てハ政府と政府との間にて取交はせたる條約なれハ決して不正といいはさるへし故に假令我より談判に及ふも其承諾せさるハ鏡を懸て見るよりも明らかなり又必

戰の覺悟を定めしむへしとの議も彼れ我談判を承諾せすして兵端を開かはやかて彼れハ曲にして我ハ直なりといふにあるへけれと彼已に不正の條約とせさる上ハ却て之を破らんとするかたを曲としこれを守らんとするかたを直とすへし若さもあらは諺にいふ水かけ論にて其曲直ハ一定する期あるへからす故に斯る事よりして戰を開らかハ天下後世之を何とかいはん假令我其戰に勝ちても名譽とすへからす况んや敗衂を取るに於てをや又諸侯を會同すへしとの議も諸侯若時勢に適せさる愚論を申出なハ如何ハすへき政府ハ却て說諭の勞を執らさるへからす是拙者か同意する事能はさる所以なり且今度斯る意見を立しハ已に幕府をなきものと見て專ら日本全國の爲めを謀らんとするなり故に不正の條約なれは破却すへし諸侯を會同すへしなといへる如く時論に苟合せんとするものとハ同日の論にあらす拙者の決心已に斯の如し此上春嶽殿にもあれ其他の人にもあれ意見あらは速に說破せらるへし素より拙者の望む所なりと仰せ聞け

られ實に案外の事なりしと答へし故横井橋公の卓見と英斷とに驚き一時ハ物をも言ひ得すてありしか實ハ已れの平生見る所に契合せし故心窃に歡ひ卒かに席を下りて橋公にさる卓絕の高慮あらせらるへしとも知らす是迄姑息未練の議論を進め特に書面此書面今見あらそをも奉呈せしハ今更恐懼慚愧に堪へす今より後外國に關する御處置にハ一切言を發せさるへけれハ從前の失躰ハ幾重にも御寛恕を蒙りたしと恭しく申述へさて越公ハいかゝ申さるへきか測られされと此公も橋公にさる高慮在らせらるゝ事ハ知られさるへけれハ逐一陳述すへしと申答へて立出中根靱負の許に立寄大久保より聞得たる次第を物語り五十餘歲の今日迄斯る失敗を取りし事なし實ハ橋公未た御若年なれハ第一等の議を進めても御負擔に耐へさせらるましとて第二等の議を進めしか今日の失敗を取りし根元にて眼識の及はさりしハ慚愧の至りなり尤今日の次第ハ拙生より公に申上へきなれと何とやら面目なき心地せらるれハ貴下より申上られ然る上公にも橋公の

御趣意に御同意ならハ明朝ハ御登營在らせられ然るへきかと申聞し故中根直ちに執政及ひ同僚に其よしを告け共に公の座前に出て横井より承ハりたる次第を陳述し且明朝ハ御登あらせるゝかたなるへきかと申上しかハ公過日來橋公ハ上京の上開國說を奏上すへしと申されしのみにてさる深意ある事まてハ明されさりし故此方は　勅旨を奉するを以て專要となし條約破却云〻の意見を立しなりされと天地の公道に基き國家百年の計を立つる事ハ固より此方の素願なれハ改めて同意を表し明日ハ登營すへしと申されき參政內狀

三條姉小路両卿關東下向ノ報江戶ニ達ス

○是月日欠京便內閣に達して三條中將殿姉小路侍從殿　勅使として江戶に下らるへきよしを所司代より報道せらる如左白木秘筐

三條三位中將

姉小路侍從

其御地へ　勅使副使

右被仰出候旨去る廿一日議奏衆被申聞候由御附之者より申越候ニ付此段申進候以上

九月廿五日

續再夢紀事卷一　終

續再夢紀事卷二

文久二年壬戌十月より
同年十一月に至る

此時橋公未ダ中納言タラズ刑部卿ト云フヘシ　校訂者識

○文久二年壬戌十月朔日朝五ッ時登營夕七ッ半時歸館せらる今朝登營前横井小楠を召して昨夜大久保越中守より承りし一橋中納言殿の意見を尙又尋問せられし上今日ハ登營する心得なりと申されしかは横井痛く喜ひ開國にあらされハ天地間の道理ニ適ハさる事ハ豫ねて申上たる如くなれとこれハ其人ニあらされハ行はれ難かるへしと考へし故過日來條約破却云〻の議を進めしなり然るに平四郎人を視るの眼識ニ暗く今般の失敗を取るに至り今更慚愧ニ堪へす今日橋公ニ御面晤あらせられなは平四郎深く恐入り居るよしを仰立られ下さるへしと申述へて退坐せり斯くて公營中ニ於て一橋殿ニ近〻御上京の際　朝廷へ奏上せらるへき御主意を昨夜大久保越中の許ニて横井平四郎承ハり即今朝拙生に申聞たれハ其大要ハ

承知しけれと尚委曲を仰せ聞けられたしと申されしに一橋殿御主意の有る處を詳細昨夜横井か大久保に承りしに同しけれハ畧して記さすに物語られし上何分一歩たりとも進む方なれハ奉承すへく退く方なれハ何處までも分疏する決心なりと申されし故公しか御定見ある上ハ御同意を表すへしと答へられしに一橋殿殊の外喜悦せられ尚又當節開國論を主張すなとゝ世上ニ流轉しては忽ち大害を惹起すへし故ニ此主意ハ是迄周防越中の外にハ相談せし人なし過日來會津より攘夷ニ決せられたる廟議を伺ハされハ上京しかたしと申立居けれと有の儘を語れハ他ニ漏泄すへき恐れある故矢張語り聞けすてありしか屢の催促にハ殊の外困却せりと申されたりとそ参政内狀

○同日松平肥後守殿に上京出發の御暇を仰出さる参政内狀

一橋公十一月後上京アルベキ旨京師ヨリ御沙汰

○同日京便内閣に達して所司代より近ゝ別　勅使を降さるへけれハ一橋殿の上京を十一月後まで延引せらるへき旨傳奏衆より達せられしよし申來る左の如し白木秘筐

一翰啓上仕候寒冷之節御座候得共　公方樣益御機嫌克被遊御座恐悅奉存候次ニ各樣愈御安泰被爲渡奉恐賀候然は傳奏衆ゟ早速可申進旨ニ而左之通り被申聞候

御上洛之儀ニ付被示聞候御旨趣幷德川刑部卿殿年內中ニは被上京候趣等早〻關白殿へ申入候處然る處先達御達申候通り御沙汰之儀被爲在近〻前　勅使被差立候ニ付而は若哉刑部卿殿御上京ニ而自然御行違ニ相成候而は甚御不都合候間刑部卿殿ニは來る十月以後御上京ニ相成候樣被遊度　思召候此由早速關東へ被相達候樣可申入旨關白殿被命候右之通被申聞早〻可申進旨ニ而候間取急奉申上候要用艸〻頓首九拜

九月廿六日　　酒井雅樂頭

松　豐前守樣

水　和泉守樣

板　周防守樣

二白時候折角御厭專一ニ奉存候以上

○二日例刻登營暮時歸館せらる此日ハ一橋殿不快のよしにて登營せられさりし樞密備忘

一橋公上京日限ヲ十月九日ニ定メラル

○三日登營例の如し暮時歸館せらる此日一橋殿上京出發の日限を來る九日ニ定められ又道路ハ最初中仙道の內定なりしか東海道ニ改められたり昨日の京便にハ十一月まで出發を延引せらるへき旨申來りたれと本日又ミ京便內閣に達して　勅使三條姉小路兩卿來る十三日京師を發せらるへし一橋殿ハ十一月已後上京あるへしと申入れたれと準備已に整ひたるへけれハ　勅使の東下ニ拘ハらす出發せらるへしと更に申來りし故なり內閣ニ達せし京便左の如し參政內狀白木秘筐

一翰啓上仕候寒冷之節御座候得共各樣愈御安泰被爲渡奉恐賀候然は只今傳奏衆より左之通り申越早速可申遣旨　德川刑部卿殿御上京之事今度別勅使被差立候ニ付若來月御上京ニ候ハヽ御猶豫ニ而十一月以後御

上京之樣被遊度旨申入候處最早追〻御用意も出來候儀と被　思召候間
御猶豫無之御上京ニ而も宜と被　思召候猶又關東へ早速可相達候樣宜
申入旨關白殿被命候事　依之早速奉申上候一昨日御猶豫之儀申上猶又
右樣之次第ニ而彼是御不都合とハ奉存候得共先早〻奉申上候可然樣御
承知奉願候何も要用早〻頓首

九月廿八日　　　　　　　　　　　　　　　酒井雅樂頭

松　豐前守樣

水　和泉守樣

板　周防守樣

二白寒冷折角御厭專一奉存候當表無異儀小子儀も無事罷在候間乍憚御
安慮可被成下候以上

○四日例刻登營暮時歸館せらる今朝登營前執政參政の輩及ひ横井小楠等
館中ニ會して議しけるハ今度　勅使を降さるゝハ多分鎖攘の議を仰出さ

幕府ノ開國說ハ姑息ヨリ出タルモノナレ云々ノ藩議

るゝためなるへきに關東よりハ一橋殿上京して開國說を奏上せんとせらる是東西の御主意ニ相反するものニして其氷炭相容れさる事ハ識者を待たすして明らかなり抑鎖攘論の世に囂すしきハ當初彼れニ對すへき兵備なく夫か爲め止を得す條約を取交はせられたるものにて畢竟姑息の處置ニ外ならす故ニ專ら其姑息を咎むるものなれハ此際幕府ハ深く自反せられ從來の因循氣風を脫却して大に我日本國を振起するの實を擧られすてハ假令天地間の道理ニ基きなと其說は高尙なるも到底空論ニ歸し橋公の奏上ハ勿論眼前　勅使ニ對する御請にも甚困難なるへしとの事なりし斯て此儀を公に申立しに深く嘉納せられやかて營中に於て橋公に其趣を相談せられしかハ速に御同意ありて更に兩公より閣老衆へも相談に及はれき參政內狀

○同日內閣より急便を京師に發せらるこれハ昨夜京便內閣に達して去月廿八日酒井雅樂頭殿に參　內仰出され其際　天盃ハ下し賜ハりけれと

一橋公上京ヲ踟躊セラル

至尊ハ出御せられず此出御せられさりしハ御不豫の爲めと聞へ又近〻一橋殿上京ありても拜謁仰付らるましとの御内評ニて態と出御あらせられさりしなりとも聞えたりと申來りしかハ一橋殿殊の外當惑せられ萬一拜謁仰付られすては意見を奏上するを得さるへしさてハ折角上京しても其詮なけれは來る九日發途すへきに決したる今日なれと尚再考せさるへからすと申出られし故內閣に於て種〻評議の末到底京都の御主意と關東の主意とに行違ありてハ事難儀なるへしされは今一應御主意の在る所を京師ニ伺ふへしとて所司代をして一橋の上京を急かせらるゝかたなれハ勅使の發途を延引せらるへし　勅使の東下を急かせらるゝかたなれハ一橋の發途を延引すへし兩樣の中いつれのかたにても御詮議の上御指圖ある樣にと伺ハしめられしなり參政內狀

幕府軍制改革ノ議

○五日例刻登營暮時歸館せらる本日營中に於て軍制を改革せらるへき議事ありしか當時幕府に於て軍役と稱する制度ハ寛永中大樹公上洛せられ

し時定められたるまゝなれハ此度の上洛を機會として更に時勢に適する新制度を立らるへしとの主意にて其大略ハ旗本の諸士を鎗槍隊及ひ騎銃隊に與力同心以下新に抱入られし舊渡り徒士の類を歩銃隊に編入すへき目的なりしとそ參政內狀

○六日例刻登營暮時歸館せらる去る四日幕府深く自反して大ニ我日本國を振起するの實を擧られさるへからす云〻一橋殿已下閣老衆へ相談に及はれいつれも同意とハ申されけれと未た詮議ニ及はれさりし故昨日尙又板倉閣老へ第一ニ幕府旗下の士をして舊習の因循を脫却し大に敵愾の氣象を振起せしむるの急務なる事を議せられしか本日ハ板倉小笠原兩閣老大に開悟の躰にて一橋殿とゝもニ專ら其筋の評議に及ハれしとそ參政內狀

○同日長藩桂小五郎來る大久保越中守に面會の紹介を中根靱負に依賴する爲めなり樞密備忘

○同夜四ッ時過松平容堂殿來邸せらる公退營の際訪問せられしか容堂殿

御他出中ニて空しく歸邸せられし故更に來訪せられしなり退散ハ九ッ半時なりき樞密備忘

○七日登營せられす頭痛せられし故なり參政內狀

傳奏衆ヨリ來秋和宮ニ上洛アル樣申シ來ル

○同日京便內閣に達し傳奏衆の書翰來る大意ハ〔宰相典侍より申上候儀も有之ニ付　和宮樣來秋御上洛之儀御取計相成候樣云〻〕なり樞密備忘

旗下諸士ヲ振起セシムルニハ幕府政權ヲ返上スルノ覺悟ヲ定メラレサレバ其目的ヲ達セズトセラレシ春嶽公ノ議

○八日例刻登營暮時歸館せらる公過日來屢旗下の士をして因循を脫し敵愾の氣象を振起せしむるの急務なる事を論せられ此節閣老以下諸有司稍其筋の詮議ニ及はるゝ事とハなりけれと素〻積年の流弊故尋常の改革にてハ到底其目的を達しかたかるへしと思考せられし故此日營中に於て一橋殿に過般小拙が無謀拙策の嫌あるに拘ハらす攘夷破約の議を申立しハ懦夫をして志を立てしむるハ必す効驗あるへしと見込し故なれと天地間の公道に基き云〻貴卿の高論ハ固より至當の事故速に御同意に及ひたり然るに開國主義を奏上せらるゝ上ハさらぬたニ因循を事とする人情なれ

ハいよ〳〵其區域を脱せさるハ勢の止むを得さる所なるへしされハ此際更ニ貴卿か奏上せらるゝ開國主義若　朝廷に於て容られさらハ幕府ハ斷然政權を返上せらるゝ事ニ覺悟を定めさて此覺悟を以て人心を皷舞する事にしてハ如何と申されしに一橋殿大ニ御同意なりしかし重大の件なれハ閣老始に申聞くる事ハ尙考案の上明朝御相談に及ふへしと答へられき　參政內狀

○九日例刻登營暮時歸館せらる昨日營中に於て相談に及はれし政權返上の件を一橋殿熟考せられし由にて明らかに閣老に申聞けなは定めて同意とハ申すへけれと後來果して事實を決行するに至るへきや否や測られす故に須臾明言せす時態の難艱に究して彼より申出るを俟つ事にすへしと申され急に評議に及はるゝにハ至らさりし　參政內狀

○同日薩藩高崎猪太郎來る公に謁見を請ひけれと此日ハ殊の外多事なりし故對面を斷ハられしか中根靫負に面會して意見を陳述せり其要旨ハ近

薩藩高崎猪太郎意見書ヲ土佐ニ差出ス

ゝ勅使下向の際御送迎を始御待遇かたを舊套に拘ハらず鄭重にせられたき事又此節關白殿下御辭職の御內慮あらせらるゝよしなるかさる事ありてハ國家の爲め然るへからす故に舊に依りて勤續せらるゝ樣幕府より仰立られたき事又容堂殿近ゝ上京せらるゝよしなれと矢張此地に於て政務に御加談あらせられ度事又今日容堂殿ニ謁して意見書を差出し置たれハ公にも御一覽を願ひたし等なりき容堂殿へ差出せる意見書ハ左の如し參政內狀建白書類編

乍恐言上仕候

一當時之形勢飽迄被　知召候通何共切迫之世態天下之事實ニ不可言之勢ニ罷成候故此節格別之　叡慮を以一越両公を非常ニ御拔擢天下之大事悉く被遊御委任候處流石ニ御明眼ニ不被爲違只管　叡慮御遵奉參覲之期限を弛メ妻子を國に歸らしめ富國强兵の道を開武備充實之基を御建立誠ニ古今非常之御英斷天下一同涕泣感服仕居候次第加之閣下御賢明

之英姿ニ被爲涉一越両公之闕漏を被遊御裨補候ニ付御處置振天下有志之所望ニ相協ひ彌增正義勃興從是世運挽回外寇掃除之御大業も追ゝ被爲出來候御事と一同之人氣競立　皇國之御爲無此上御盛事再不可得之機會と奉感服候唯此上は天下之安危興廢は一越兩公御親睦御合躰被遊候ゝ不被遊ゝ之間ニ相決シ甚以痛恨罷在次第右ニ付御兩公親睦之道得ゝ勘考仕候處中ゝ高貴之御方樣其上深官ニ被爲引籠候御事故卑賤之私式如何ニ心付之程奉言上候心得罷在候而も寸志を奉獻候方便無之空敷悲嘆涕泣ニ沈ミ候外無御座依之御両公之御間眞實御調和之於手段而は乍恐閣下只管御委任被遊下千思萬端匡救之御策を被爲施候樣偏ニ奉至願候御両公格別御賢明其上樞要之場ニ御奉職此節之大變革被遊御執行候ニ付而は素ゟ群小偷安之徒は大ニ是を誹謗仕樣ゝ流言を申觸シ御兩公之御中奉離間候奸曲之密策を施し候事ハ必然之儀と奉恐縮候萬ゝ一左樣之大變到來仕候日ニ至而は紀綱是か爲ニ廢弛天下之人心瓦解仕候

儀鏡ニ懸るか如く誠ニ以重大之事件能〻思へハ不安寢食仕合千辛萬勞

此事ニ御座候奉申上迄も無之候得共何卒右樣之氣味御見聞被遊候ハヽ

則天下大亂之本と被思召乍恐御必死を以御諫爭被遊下度他事ハ兎も角

此儀計ハ偏ニ閣下御委任百方御周旋被下候樣奉至願候

一水藩因循姑息之輩又は幕府之姦吏當坐之無事を好候者ハ種〻樣〻に奸

曲を働き恐多も一橋公之御明眼を致壅蔽因循不斷之説を吹込是か爲一

橋公ニも餘程此節は彼是幕流義を御持込被遊御議論抔薄〻流言傳承仕

候就而は全躰久敷御賢明之聞へも無隱御方樣唯今ニ罷成左樣之御事ハ

万〻無之儀とハ乍奉信時としてハ如何樣御明哲之人も讒口を信シ明眼

を蔽ふハ古今之通例尤御近侍に有志壹人も無之樣子左候得は流言と耳

打侮り解體も難仕甚以不堪憂慮仕合何卒得と前後之內情御熟考之上彌

左樣之氣味御見聞被遊候儀於有之而は是亦至極之大變憂慮中之尤大成

事件と奉存候ニ付假令一旦如何樣御忌諱ニ被爲觸候共押返し幾度も御

諫爭被遊下候樣偏ニ奉至願候

一此節又々　勅使被遊御下向御事之由如何成御趣意歟未難測候得共多分は攘夷之大事件歟ニ奉窺候右ニ付御廟議殊之外御沸騰只今速ニ攘夷之大號令御請難被遊と御見込之方一説又ハ是迄不可言之跋扈ニ及征夷府之失機失體無暇枚擧最早奉對　天朝一言之御申譯無之尤　叡意極々至當之御事故眞面目ニ御遵奉被遊可然御見込之方一説都合兩説ニ分裂仕候哉ニ傳承仕候就而は廟堂之御密議素ゟ漏洩可仕樣無之全浮説とは乍奉信是以万ニ一ツ左樣之御事有之歟共奉疑惑甚以憂慮仕候依之方今之形勢得と勘考仕候處是迄征夷府之御失機御失躰奉申上迄も無之汚辱之上ニ汚辱を重ね古今未曾有之御國躰を被爲損加之二百有餘年之昇平打續天下一同奢靡軟弱ニ相流れ實ニ　皇國衰敗之至右兩條ニ付御失體を以奉論候得は一日は一日ゟも早く御掃除不被遊候半而は赫々たる　神皇之被對　御明訓不相濟仕合又は時勢疲勞を以奉論候へは當時參覲之期

限を弛め妻子を國ニ歸へし富國强兵之道を開け候得は武備充實するを待て後斷然攘夷之令を施し候方十全之策ニ而可然乍去人心常ニ怠り安く勤メ難きハ古今之通弊假令右樣富國强兵之道を開候共只開たる迄ニ而斷然攘夷之令を布き天下を必死之地ニ置膽を嘗メ薪に坐する之思をなさしめされハ富國するに從ひ益奢靡を極め候儀は必然之勢其上當分上ニは　明天子を戴き下ニ一越兩賢公被爲在候儀天時人事並至天實ニ皇國を保祐する之時誠ニ千載之一時不可失之大機會尤既ニ　叡慮ニ相發シ候上は今更於幕府御請被遊候の不被遊のと申樣成間違之御事萬々一も被爲在候而は是迄競立候人氣又々本々之通一時ニ瓦解氷散仕如何樣之大難を釀シ候半も難計彌攘夷之御事　勅諚ニ相發候ハヽ　將軍樣奉始　勅諚御請之列席へ被爲加候御方々は屹度齋戒沐浴して神明ニ誓ひ眞實ニ御請被遊度少ニ而も御疑念之廉被遊御座候而は是程之大業御成功之日萬々有之間敷奉存候且亦譬へ攘夷之事相發シ候共則今日無謀

ニ御打放シ輕擧暴發せよと申御事ニ而は萬〻有之間敷彌攘夷と相究候上は其事業ニ施す處ハ次第緩急之差別も可有之儀と乍恐奉存候返す〻も攘夷之令を布き天下を必死之地ニ置候御英斷は無御坐候而は征夷府之御大任無其詮亦〻天下人心沸騰仕遂ニは動搖を引出シ極〻之大變ニ可罷成何分重大之事柄ニ付得と御熟考被下時勢相應御失躰不相成樣之御定策被遊御立一越兩公へ御熟論被遊下度偏ニ奉至願候

一先度ゟ追〻　勅使御下向ニ付幕府是迄之御會釋向別而傲慢ニ相流れ候事共不少天下之忠臣義士斷腸切齒仕居候得共何分正義屛息之砌唯〻悲嘆ニ打過候耳無上格別之　勅使外見ゟ左樣ニ歎息仕候樣ニ而は別而幕府之御失躰君臣之大義不相立譯合依之此節之御下向ニ付得と勘考仕候處當時於幕府も萬端御變革之時といひ名分といひ分而將軍樣御誠敬を不被爲盡候而は不相濟場合ニ付此節は傳奏邸迄敕其外可然場所へ御自身樣被遊御出迎君臣之大義は斯迄重き者と申事を天下一同へ爲御知被

遊度左候ハヽ幕府　天朝を敬するの美事四方に相轟き是か爲ニ感發興起人〻忠孝之眞心を引起し極〻名敎風化之補ニ可罷成乍恐奉存候若右等之事共大體不辨之群小共洩聞候ハヽ幕府之御威光薄く相成抔申觸候半も難測候得共至當之道理を以君臣之大義を被爲盡候ニ御威光薄く相成候とハ誠ニ井蛙之小見不足取俗說ニ而幕府を尊ばんとして却て不忠不孝ニ奉陷國賊可惡之甚敷輩ニ御座候何卒閣下得と御熟考之上旣ニ御下問も不遠事之由ニ候得は其內御定論是非共右之事件丈ケハ被相行候樣百方御盡力被遊下度いつれの筋閣下只管精神を御盡シ不被下候而は外ニ眞實奉依賴御方無之何分反復御碎心被下一越両公へ右之趣逐一徹底仕候樣御賢慮被遊下度偏ニ奉至願候

右等之事ハ最早御心付之御事とハ奉存候得共　皇國之御爲傍觀難仕草莽之野人敢而不顧鈇鉞之誅此段歎願仕候恐惶謹言

戌十月九日　　　　　　　　　　　高崎猪太郎

本文攘夷之一條誠ニ重大之事件時機之當不當策略之緩急も有之一己之見留を以輕〻敷難論事ニ御座候得共既ニ　勅使御下向も近寄候姿且御廟議紛〻之段承及不得止當座之見込丈言上仕候尚亦反復諸有志之衆論被聞召返す〲も衆情的當御失體不相成樣之御處置被爲在度尤　勅使御下向之遲速も不相分事故只今彌此通と一定不易之議論も難仕いつれ之筋　勅使御下向之上今一往尙亦言上も可仕候得共何分攘夷之事被仰出候上は是非共御請ニは不相成候而は大ニ人心を激勵可仕候間此儀計ハ斷して御請相成候樣御盡力被遊下度偏ニ奉至願候乍恐言上仕候

春秋行幸之事

謹而案するに是迄幕府より　天朝御會釋向別而蔑如を極め區〻たる小內裏に　玉體御安座御終身春秋之　行幸も廢絕一天万乘民ニ父母たる聖天子幽囚同然之憂目ニ御逢被遊候御事人情不忍言次第誠ニ痛恨慟哭

之至天下忠臣義士之怒髪衝冠するゆへんハ全是等之事より致發起候譯ニ而譬へハ子として父を幽囚我壹人飽食煖衣する者の如し今若眞ニ如斯底之人あらハ隣里郷党是を容れさるのみならす天下一同夫是を何とかいはん實ニ幕府御失躰之罪無御遁候事と奉存候若激民あり是を名として義兵を起さんにハ幕府手を拱シ給ふ外無他就而は即今切迫之世態万端御變革夫〻名賢要路ニ御奉職之砌といひ名分之大義といひ第一眞先ニ左様之悪臭を御改革天下之耳目を御一洗無之候而は目前外難も差迫中〻人心之折合不相付耳ならす　神州挽回之御大業万〻無覺束御事と奉存候何卒速ニ御廟筭を被爲盡乾乞廢典を御振興有御座度御事と奉存候是内政修理之事件中尤不可闕之大事ニ御座候

親王様方御落飾之事

謹而案するに御落飾之儀は　皇胤之盈縮ニ關係する耳ならす人情倫理を傷敗する之悪弊不被忍事之第一ニ御坐候古人も往〻此事を歎息怨を

呑候者不少匹夫〻〻之賤民ニ至迄少敷故あり嫁娶其時を失ふてさへ父母ニ於てハ心を傷しむる習况や無上格別之　皇孫終身人道を解せす生涯を終給ひんハ臣子之情豈是を見るに忍ひんや願くハ此惡弊を廢絶して夫〻至理至當之御處置有御座度其策略之如きハ熊澤白繼新井君美之論建も有之彼是照考せハ至當之處置あるへし　學才博識之君子を得而任シ給はゝ時處位相當衆情的當之處置餘多可有御坐歟何分即今切迫之世態人情ニ協ひ候御美政無之候而は人心一致正義勃興之程合無覺束儀と奉存候古人有言是も亦人之子也善遇スへしと况や至尊至貴之　皇孫ニおいてをや

青蓮院宮樣御還俗之事

謹而案するに　朝廷は衆望之屬する處其上當今世態非常第一英材之御人傑確乎として要路に御奉職無之候而は萬一御朝議闕失之御事等有之候而は人心一致　公武御一和之道も相敗候基識者之可憂慮第一ニ御座候就而は　青門樣御事天資御聰明至公血誠深下情ニ御通達厚士心を御

躰認實ニ衆論之所奉依頼誠ニ　皇家之柱石社稷之臣共可奉申上御風采追ゝ　皇國之御大事御委任有之無疑御方樣ニ候得は　私拝謁現在見聞之次第且ハ諸有志之論如是ニ候　早ゝ御廟議を被爲盡大樹公之思召付を以御還俗之事御願被遊候ハヽ　朝廷之御滿足は勿論衆人之望をも相達シ　皇國之大幸無此上御事と奉存候

御上洛之事

謹而按するに大樹公格別尊　王之御誠意相貫此節之御上洛實ニ貳百餘年之廢典を御取起し誠ニ古今非常之御決斷幕府中興之御吉瑞初而君臣之大義明白ニ罷成海内之人心一時ニ興發忠孝之眞心を引起し其有益筆鋒之所盡ニあらす自是幕府之命脉彌増振興誰あつて異論異議仕候者無之誠ニ感佩涕泣之至右ニ付此前寛永年中御上洛之舊例御制度之次第頗不臣無禮之事共不少只管幕府之威烈を示シ候者之哉ニ傳承誠ニ痛恨流涕長大息之至就而は當今名分著明之時といひかた〳〵以此節御上洛ニ

付而は屹と典禮を正シ大樹公は大樹公丈ケ之禮譲を被爲盡只管御誠敬を被爲貫候樣有御座度無左候而は萬一不臣之御振舞等於有之而は迚も人心之居合不相付耳ならす大ニ動搖之端を引出したまゝ御取起し相成候大禮水之泡と罷成却而其詮有御座間敷熟レ之筋得と御吟味之上舊例都而御改革返すくも名分相當衆情居合候樣之御處置有之度其禮儀制度之如きハ宜敷名分大義ニ明白禮儀熟練之人物を撰募御委任被遊候ハヽ遺漏遺憾之廉も無之其禮儀制度必大に見るへき事ニ可罷成於無左而は誠ニ大事之境界精ミ御廟議を被爲盡迅速御改革之道被相行候樣御盡力被遊度御事ニ奉存候

右數件之趣尊　王第一之事實急務即今是非共不被相行候而は人心不服之基全是等之事より生するゆへんなれハ願くハ得と御熟評之上逐一御施行被遊下度其施行之先後緩急之如きハ至當之論ニ被爲任度尤右之惡弊是迄不被知召候得は詮方も無之候得共既ニ其病根御洞察之上は是非共

舊弊御一洗之御處置無之候而は閣下御奉職之甲斐も無之乍恐不臣之罪御遁被遊間敷御事之樣奉存候尤卑賤之私追〻御前へも罷出恐多も獻芹之事ニ相及候儀何共過分至極幾重ニも奉恐入候就而ハ閣下を古へ之明君賢將かニ奉仰平常至難至大之事を以奉責萬一之報恩ニ相備度心得罷在此節之大事建議ニも相及候事ニ付狂愚豪偏之僻說御包含被下反復御熟考君臣之大義屹度相立人心感服物議不相起樣之御處置被遊下度偏ニ奉至願候恐惶謹言

水戸殿江戸定居ヲ希望セラル

○同日水戸中納言殿ゟ書翰を遣はさる此程水戸殿より從前の如く江戸定居を願いれしか幕議其願を聞屆けられさりしかは水戸殿殊の外迷惑のよしにて到底水戸に赴く事いなりかたし此上い隱居を願ひてなりとも此地に留るを得る樣の周旋を請ひたしとの事なりき參政內狀

○是月（日欠）坊城大納言殿の書翰內閣に達す左の如し白木秘筐

彌御安全珍重存候然は去八月廿五日以書狀申入候尾張前中納言慶勝卿

先年以來國家之御爲被盡忠誠候段厚　叡慮ニ付大納言御推任敍之議被仰進候處其節は依重忌中忌解後可被仰出之趣先達而被申越則此頃姓名書老中方奉書等被差越及披露　御滿悅被遊候將又猶慶勝卿も兼ゝ之叡慮徹底之樣可被周旋方今時勢非常之儀も難計ニ付向後自國政務をも掌り益武備充實畿內　神宮等御守衞厚被心懸　皇國御爲筋可有盡力樣被遊度旨慶勝卿へ御達有之候樣御沙汰之旨申入候處其後右御返答未被申越候樣存候此儀は御達ニ相成候事哉御左右被　聞食度　思召候旨可申入關白殿被命候且來二月大樹公御上洛ニも候得は慶勝卿ニも必御上京被有之候樣被遊度由　御沙汰候間此趣も宜御取計早ゝ御達有之候樣可申進旨同被命候事

同月十七日書翰ニ而申入候島津三郎實子修理大夫へ父三郎爲賞讓御推任敍被仰出度　思食候旨御達申入候處右御返事も未被申越候ニ付是亦御左右早ゝ被聞食度　思召候趣宜申入同被命候仍申進候事

坊城大納言

十月三日

徳川刑部卿殿

松平春嶽殿

松平豊前守殿

水野和泉守殿

板倉周防守殿

○十日例刻登營薄暮過歸館せらる此日譜代之諸侯方を營中に召され領内の施政方及文武の奬勵方を油斷すへからす云ゝ台諭あり畢て吹上の内庭を縦覽せしめらる過日吹上内庭ニ於て三家の方ゝを始め諸侯を饗せられし時尾張大納言殿松平阿波守殿不參せられし故本日更に饗せられしか尾張殿歌あり左の如し参政内狀

かきりなき君か惠の風うけてこゝろも空に吹上の苑

○十一日例刻登營退出より松平容堂殿の許に到らせらる歸館ハ夜五ッ時

過なり本日松平肥後守殿營中に於て幕府の　勅使を敬待せらるへき事目を注起する書面を差出されさて此書面ハ京師に於て拙者の家臣某を三條家へ呼寄せられ今度　勅使として東下の節幕府に於てハ從前の例規に拘ハらす相當の禮遇を盡さるゝ樣あらまほしと申されし故相當の禮遇とハ如何なる廉〻なりやと伺ひしかハ關白殿下に伺ひし上とありて其後下附せられたるものゝよしなるか公然たる御達書ならねと書中の事目を幕府に於て履行せらるへきや否やハ　勅使の途中まて報すへし若履行せられすとならハ東着の上　勅使より直〻に閣老衆へ御相談あるへしと申含められしよしなり　勅使を敬禮せらるゝハ素より君臣の大義に適へる事故拙者ハ履行せられん事を希望すと申されしに板倉周防守殿殊の外不興の躰にて　勅使の待遇方ハ東照宮以來定例のあるありて猥りに變更すへからす近來浮浪輩の申立つる事を　朝廷ハ輕〻しく聞上られ樣〻の事を仰出さるかくてハ際限あるへからず殊に此書面ハ肥後守殿の御家臣か三條家

勅使ノ敬待ニ關スル板倉閣老ノ異見

汰は何事ことよらす傳奏より所司代へ達せらるへきなり然るを藩士なとへ直〻に書面を下附せらるゝ事は　朝廷の御扱ひ振も筋違ひなるか藩士の身を以て是を受取りしも不都合又肥後守殿かさる不都合を不都合とせられす其儘内閣へ指出さるゝも如何なる御心得なりや了解しかたしと散〻に論難せられけれは肥後守殿更に其筋を經すして此書面を下附せられしは幕府の御注意にて禮遇を盡さるゝ事となりなは　朝幕御双方とも圭角なくて宜しかるへしとの意にて斯くは内〻の御扱ひになれるなるへしされは　朝廷は幕府に對して實は御懇篤の筋なるへしと申解かれけれと周防守殿聞とめんともせて頻りに前議を繰返されし故公周守殿の　朝廷を遵奉するに意なきに驚かれ意見を述ふへしと思はれしかと一橋殿にも彼書面には異議を懷かるゝ體なりし故此席にて愁ひに理非を辨する時は却而意外の珍事を惹き起すに至らんかとて態〻何事をも申されす不平を忍

ひて退營せられたりとそ肥後守殿の內閣へ差出されし書面左の如し參政內狀

白木秘筐

勅使下向登城

一是迄中雀門外ニ而下乘有之候　以來書院大門玄冠前之門內玄冠下座敷前ニ而下乘事

一是迄馳走大名計式臺迄出迎有之候　以來老中以下各式臺迄出迎可有之事

一是迄於殿上間授御目錄等之節　勅使老中一時ニ昇上段候　以來　勅使直ニ坐于上段老中ヽ段ニ而一禮請目　勅使目許之後老中可昇于上段勿論對坐有之間敷事

一對顏之節大樹公被坐于上段　勅使昇上段傍ニ坐述　勅命退去之節大樹公見送無之候　以來大樹公出迎被誘引中段ニ被留候　勅使直ニ昇上段氣色之後大樹公昇上段奥端對座可被奉　勅命退去之節大樹公前

行大廣間迄見送り可有之事
一右之後自分對顏之節も奉　勅命候御使身分之儀故前條ニ准し厚取扱可有之事
一公卿聽帶劔候輩は　禁中　御對面之節も帶劔候間大樹公對顏之節も聽帶劔之身分束帶之日は帶劔狩衣之日ハ帶刀可有之事
一能并　勅答御暇等登城之節可准前條事
一今度副使殿上人候得共正使同格取扱可有之事
右登城之節之儀猶亦
一年〻　勅使武家傳奏下向并臨時　勅使等下向之節被付馳走大名候處今度改革ニ付自來年被止旨候專省略國力疲弊を被補候趣意一應は尤之儀候得共元來從昔年格別尊敬之譯柄候間是迄通馳走之儀大名ゟ可被申付但虛飾無益之費等ハ精〻省略可有之事
一旅宿へ城使之節も奉　勅命候御使之儀故是迄之振合可相存事

一御禮等廻勤之事是迄若年寄亭迄廻禮有之候　以來後見政事總裁職老中月番計等亭廻禮自余不行向事

自餘去夏左衞門督下向之節御沙汰之旨申述候通從來君臣名分不相立僣上不敬之廉〻以來改革萬事尊崇之規矩屹度可有之關白殿被命候事

十月

春嶽公辭職ニ内決セラル

○十二日登營せられす公昨日の閣議を痛く非とせられし故頭痛に托して登營を斷はられしなりさて本日午後執政參政及横井小楠を召し昨日のありし次第を物語られ幕府在職の輩　朝廷を遵奉するに意なき事斯の如し故に此上尙飽まて論破すへきかとも思へと多數の諸有司をして悉く反正せしむるは容易ならすされはとて此まゝ見すこす事は素より本意にあらす依ては此際斷然當職を辭せんと思ふは如何とありけれは一同さる次第にては兼て君臣の分を明らかにし尊奉の實を擧んとせらるゝ公の御素志を遂けらるへきにあらされは仰のことく御辭職の外あるへからすと答へ

遂に辭職せらるゝ事に決せられたり参政内狀
○同日中根靫負松平長門守殿の邸に參候す其招きに應せしなり長門守殿對面ありて過日來幕府へ申立られたる次第を春嶽公厚く周旋せられ深く辱く思はるゝ旨懇篤なる謝辭を述へられし上白鞘の刀備前元重一振を贈與せられ又別席に於て盛饌を以て饗應せられたり此時執政三人名を欠く參政二人是も名を欠く外に小幡彥七周布政之助等出席し長門守殿の座前にてハ攘夷に關する御談話に及はれ別席にてハ專ら開國に關する談話なりしとそ中根歌二首を詠して長門守殿に奉呈せり左の如し参政内狀

うつたから賜ハりしよりも劔太刀身にあまりたる光りとそ仰く

御惠にいかて報ひん我いのちふたつなきこそ恨みなりけれ

○十三日登營せられす今朝も執政參政及横井小楠を召し意見を尋ねられし上いよ／＼神思憂鬱の病名を以て辭職せらるゝ事に決せられき此時廟堂へ差出されし書面左の如し樞密備忘慶永公建白書類

春嶽公退職ヲ請ハレシ書面

覺

當秋以　叡慮被仰遣候ニ付政事總裁職被命候以來小子日夜存詰候處ニ而は於幕府品〻御混雜御不正之筋も不少候得共何分第一ニは君臣之大義を明らかにし御祖宗以來之御規則も有之候得共都而天下之御政道叡旨御遵奉有之従幕府は臣道を以何事も御遵奉被爲在諸事無御隔意天下重大之事柄は其節〻以御使　叡慮御伺有之又は大樹公御直ニ御上洛御伺等之儀も被爲在日本大小諸侯へも議を下し天下一致萬人一心之御政治ニ無之候半而は內不能治日本外不能接外國と存詰此議方今　廟堂之國是と奉存候事

右ニ付而も是迄幕府御政事之御模樣二百年來昇平之因循ニ馴致之儀ニ候哉京師を度外にし諸侯を輕んし覇府之御私意を以御取計有之候舊染之汚習有之ニ付而は何分不相濟儀と存付候故只〻諸端幕府之私を除却させられ候而天下公共之道理ニ御本つき無之候半而は難相成段已ニ總

裁職被命候當日閣老へも委曲申聞候處何れも同意之由申聞候故左候ハヽ不肖之小生重任を蒙り何分乍不及盡心力可申旨相答へ無異議當任及御請候事

大原卿歸京後於　京師も品〻御評議被爲在薩州長州土州其外浪人共滯京有之兎角人心治り難く混雜之摸樣ニ付　主上ニも御疑惑被爲在候御樣子ニも相伺ひ奉り實ニ恐入候次第ニ付大樹公早〻御上洛之上是迄外國御取扱其他欺罔之御處置も不少重疊御不都合之御次第共御悔謝被仰上尚叡慮をも深く御伺ひ天下之國是を被定度台旨ニは被爲在候得共何分將軍家之上洛と申てハ鹵簿急速ニ難相整ニ付右等之事件ニ付御名代旁刑部卿殿早〻上京被有之候樣被仰出候ニ付而は實ニ今度之一擧ハ　官武離合之機會天下治亂之分判至重之一大事と奉存候故日夜及愚考候處幕府從來因循苟且之御處置振被爲行候原因は私政を去つて天理公共之道ニ御本つき無之故ニ而候依之畏强壓弱之手段之外は乍恐不被爲在外國御

處置も偷安ニ出て第一たる　天朝御遵奉君臣之大義を明らかにする事も不被爲出來諸侯を鎭服する事も不相叶候得共日〻尙舊染之氣習ニ流れ日本國內之事ニ就而は御氣儘之儀而已多く　天朝は幕府あるに依て相立候との御私心兎角消却致兼候故日本國中人心不平憤激を生し幕府之御大政を不受ゆゑん此處ニ在と奉存候今度は幕府舊來之因循を一洗し只管　叡慮御遵奉ニ而刑部卿殿御登京之上は是迄幕府不都合之罪を被謝癸丑以來外國と結約之章程を破却し改而　天意御伺之上國中大小之侯伯と議し改而外國と和交相成候ハヽ戊午以來違　詔之罪過を悔候確定之證も相見へ尙外國ニハ右等之事情詳細ニ滯在之公使へ申聞全權之使節海外五箇之政府へ遣し其段申聞且及相談候ハヽ天下之政道都而奉　叡勅次ニは大小諸侯と謀議を遂け全國一致ニして必幕府一己之私政ニハ無之是國是之第一と心付候故刑部卿殿幷老中へも於御用部屋申聞候事尤其節は肥後守ゟも差出候同趣之書付も有之候得共執政之內ニ

は不同意之趣も相見へ何分方今之時世開國ニ無之而は迚も難被行京師之御都合ハいか樣可然候得共外國承引無覺束と肥後守と論談に有之候事

其後刑部卿殿登城之節段〻御存寄相伺候處畢竟今般之一條は開鎖を議する之主意ニは無之刑公御上京之上第一　主上へ奏聞公卿百官へ應接之心組は春嶽殿御存寄とハ相違致し候事ニ而私存候ニは元來是迄ヶ樣不都合成行候次第と申は掃部頭幷久世安藤計り之罪とも不被存段〻遡り見候得は抑癸丑夏米利堅使節彼理到來之節兵威に畏縮して許和交候阿部伊勢守以來之儀と奉存候左すれハ伊勢守始其罪ニ相當り候事ニ而必しも掃部頭久世安藤のみに候ハす其後種〻之欺罔を結搆して第一天朝を輕侮し甚しきハ承久元弘之先蹤を繼んとす此確的之説も昭〻として承知致居申候是等是迄行違ひ不都合欺罔之罪は飽迄奉謝候心得ニ而有之候乍去方今萬國之形勢を視察する處信義を本とし條理ニ本つき

天理ニ從ひ候政治ニ而古昔水草を逐ふて移る夷狄之比ニハあらす又日本ハ環海之國柄にて迚も獨立致候事ハ難叶況や彼蒸氣船發明以來は就中之事ニ而隣里ニ行くも同樣ニ而陸地之如く相心得候へは古昔之環海之天險を恃み一旦掃攘ニ及ひ候得は再渡來不致樣之儀ニは無之其上萬國同盟ニ候得は一同申合せ大擧して及攻擊候時ハ假令一度二度之勝ちハあるとも百戰百勝之覺へハ毛頭無之一敗塗地は眼前ニ而中〻以弘安蒙古之比ニあらす夫故日本獨立之勢を成し候事於天理難出來此儀昭〻乎たる事ニ候へは假令　天慮ニもあれ只今攘夷なと　降勅有之候而も御請難相成候得は何分此上は刑部卿殿ニ被爲置候而も右之條理分明ニ天朝へ被仰上公卿百官へも一〻辨駁致し薩長を始右等ニ不審之者ニは誰れても罷出可申上其節は一〻御說得被爲在候思召ニ而有之彌攘夷之天慮御脫却開國之　叡念と被爲打替候節ハ是迄因循苟且にして欺彼罔我之念を一轉して大に日本國をして興起せしめ益武備充實ニ致度眞之

尊　王にして必しも是迄通り京都を壓付候而開國之論致候存ニは無之日本之御不爲と乍知　叡慮と申而攘夷を御請ニ及候而は第一天理ニ背違して將軍家之御職掌且は後見之大任を蒙候詮も無之と奉存候固より京師を尊奉せすして幕府の私政を押通し候心得ニ而は無之此處貴君ニも能ミ御合點有之思召被回候樣致度候との御議論ニ而小生重疊敬服御尤之趣申上候事其後於此表　勅使御引受と相成候ニ付尚又刑部君へ申上候趣は今般之　天使ハ乍恐德川家之興廢幕府之存込大ニ　皇國之盛衰ニ關係致し候事ニ而實ニ未曾有之一大難事と奉存候得は何分是迄之幕府之私を御除却被遊充分京師御尊奉之御誠意相貫き候處よりして御應接ニ不相成候半而は迚も御六ケ敷と奉存候假令　叡慮なれハとて　皇國之御不爲と思召候儀を將軍家之御職掌ニ於而御請被遊兼候御譯合を懇ミ切ミ兼而貴君先日相伺候御持論之通被仰上德川家之浮沈を暫く扨置第一卽今之攘夷と申樣ニ相成候而は　皇國之御爲不相成候のみなら

す遂ニ眞ニ難被安　宸衷相成可申哉今日迄政權御委任相成候幕府ニ而
皇國之御爲を存候へハ鎖攘之御請被遊兼候段泣血漣ゝ被仰上候而も
天使御聞入無之於當今拒絶攘夷に無之候而は難相叶段遮而被仰出候ハ
ヽ其節は實ニ無是非御次第ニ而最早被成方無之候得は　東照宮以來二
百餘年關東へ御委任相成候政權を京師へ御指上ニ相成　皇國之安危を
天意ニ被任德川之御家は一諸侯と被爲成候上ニ而掃攘之　叡慮御遵奉
有之列侯と共ニ御忠勤を可被勵左樣ニも無之幕府之職任ニ在て無謀ニ
二百餘年太平之化を損ひ生靈を塗炭ニ陷候儀は天理ニ違ひ候事故御請
ニ被及兼候と御決心無之而は難相成儀と奉存候尤大權御返上之儀は上
奉始將軍家下閣老其外迄聊たり共擁して遂事ニ意味有之候而は不相濟
儀と奉存候此儀御同意ニ候ハヽ早ゝ閣老へも被仰談御用部屋丈ケハ御
一致ニ相成候上上へも其段申上於上而も無御遺憾樣被遊御決心候半而
は難相濟段申上候處至極尤之筋ニ付篤と勘辨之上尚又御相談可致旨刑

君被仰聞候事
其後刑部卿殿へ先日申上候儀御勘考如何と相伺候處何分如貴示今度之
天使は實ニ不容易一應や二應で歸洛は致間敷候得は何分鎖攘は難相成
候間開國ニ而どこ迄も申上其上ニ而刑君　天使を御同道ニ而御登京之
御見込ニ而今更大權を奉返上候と申場合ニは有之間敷已ニ或執政ニは
主上も眞之思召ニ候ハヽ如何樣御不尤ニ候共盡條理申上候得は可然候
得とも畢竟今度之　天使と申ても實ゝ　叡慮ゟ出候儀ニ而は無之薩長
を始浪人輩之思召ニ而有之彼等之爲ニ二百年來之大權を返上候事甚以
不可然との事と被申迚も幕府を捨　叡慮遵奉之念頭は毫も無之樣子ニ
有之候
其後肥後守從京師內ゝ家來持下り候轉法輪ゟ之書付御用部屋へ持參し
段ゝ之主意相噺候處或執政申候は斯る重大之事件を肥後守殿御家來轉
法輪ゟ受取候事甚以失躰之至且は其家來肥後守殿へ差出候迚御請取ニ

相成御用部屋へ御持出し被成候事甚以御輕忽之至此等之儀は從京師所司代か御附へ御内〻御渡相成候共可然事ニ候を肥後守殿ニ被渡剩へ周旋被致候樣被命候ハ甚以京師之御不都合且は御遵奉筋は是迄祖宗以來充分之儀ニ今更御改正ニも不及と飽言交りニ發怒被申聞候人も有之小生承り候而も實ニ不忍聞赧汗之次第ニ而是を及論究候得は却而御爲ニも不相成と奉存候故其儘默然罷在候事

兼而總裁職被命候時より之愚衷は何分日本之國是ハ　天意を遵奉して全國一致之上ニ無之候而は内修外攘迚も難出來次第と心得居候處昨今廟堂之形勢矢張舊來之私を主張し　叡慮遵奉之念は毫も無之夫故開國も此儘之開國ニ致し京師は兎も角も押付ヶ諸侯をも壓服せしめ只管ニ外國を畏懼して彼の所願ニ任せ度との念慮十分有之候故百事因循ニ陷り候外無之京師之御見込ニ而ハ於關東全く外夷を畏懼する念頭ゟ彼之無飽貪婪ニ被任候御處置而已成行候而征夷之職掌は度外ニ被付候儀と

深く御洞觀御激怒被爲在候より何卒幕府之御威權再ひ滿天下ニ輝候樣被遊度との深重之　叡念より攘夷之名目を以幕府を御督責被遊候御事感泣之次第難有儀ニ臣慶永ニ於而も深く　宸慮を奉伺候得は德川氏を御惡ミ被遊候ニは毛頭無之只ゝ御憐恤之御愛情と奉恐察候然るに刑部君ニは最初之思召は全く　叡慮御遵奉十分有之候上ニ而開國之儀　皇國之御爲ニ被仰上候御心筭之樣奉伺候處只今と相成候而は矢張閣老同樣之開國ニ而京師御遵奉之御念は傍ニ相成候樣ニ被相伺申候是即因循之開國にして深重攘夷之　叡慮御汲取は不被爲在儀ニ奉存候此處ニ至り刑君之御趣意先日之御賢慮とい氷炭致候樣被存候畢竟只今と相成候而は開鎖之論判ニは無之只管　叡慮御遵奉之一途ニ止り候事ニ候得は今般　天使御參向之上は是迄之罪過を被奉謝　勅命之趣速ニ御遵奉之御請ニ相成候儀君臣之分ニ於而義理之至當と奉存候且は先日肥後守殿ゟ差出候ケ條之外ニも是迄御名分不正之廉ゝ被對　天朝僭越之御儀共

ハ悉く御改正ニ相成全く御遵奉一筋ゟ御應接相成候樣致度と不堪日夜之至願候小生常〻薄弱之躰質を以總裁之大任を蒙り候以來日夜之憂苦積累之餘り不食ニ至り心疾相發し應接ニ慵く終日默然危坐而已送光陰候次第ニ而別而當今累卵之御時節柄長く登城不仕儀心之外ニ而深重恐入候得共何分前條之次第ニ而勤續無覺束候得は於廟堂深く御憐察御亮恕被成下度事ニ候夫故愚衷之趣不殘心底充分及吐露候以上

松平春嶽

勅使待遇ニ關スル大久保越中守ノ意見

○同日横井小楠大久保越中守を訪問す大久保書面を以て來宅を乞ひし故なり此時大久保公の容躰を尋ねし故横井近來氣欝にて不出來なりと答へさて横井豫ねてより大久保を幕府習氣の巨臂なるへしと思ひし故一昨十一日の廟議即ち　勅使の待遇に係る云〻の次第を申出大に幕府の私論ニ渉れるを論難せんとせしに大久保さる廟議ありし事ハ一切しらす攘夷にもあれ其他の事にもあれ　叡慮を以て仰出されし事を遵奉せられすてハ

開國も眞の開國に至らさるへし防州元來俗膓を脱せさるハ勿論なれと橋公迄を俗論に引入れ　勅使待遇の如き瑣細の事をさへ彼是申さるゝとハ扱ミ驚き入りたる次第なり廟堂の議さる次第にてハ到底　公武の御一和ハ望むへからす天下の衰運已に極まれりといふへしとて眼を瞋らして憤りしかし明日ハ尚力を盡して廟堂の私論を打破すへしと申しゝ故小楠案外の正論に驚き俄ニ論難を止め共に歎息して引分れたりとそ参政内状

長藩周布政之助大久保越中守ノ人トナリニ驚ク

〇十四日今日も登營せられす此日長藩周布政之助來る中根靫負に面會して此節廟議の因循に渉るハ芙蓉の間有司中に五名許の俗論開國家ありて大久保越中守の氣力を借り橋公を初諸有司を壓する故なりと聞き過日來大久保を説き伏せんと欲しけれと役柄なれハとて面會を斷ハりし故止を得す板倉閣老の聲掛りを請ひけれと是も長藩より建議せられたる主意ハ大久保素より承知なれハ他人に面會するを得さる職柄の者に强て面會するにハ及はさるへしとありて承諾せられす甚殘念なり此上ハ貴藩の御聲

掛りを以て面會する外致し方なし就てハ何とか御取計ひを願ひたしと申しゝ故中根大久保ハ俗論家に力を添ふる如き人物にあらす已に昨夜も横井小楠面談せしか小楠甚感心せりとて應答の次第を物語りしかハ周布驚きて這は案外なりいよ〳〵さる意見ならハ最早面會するに及はすさて〳〵臆察の人言ハ輕〻しく信すへきにあらすとて立歸りき參政内狀

○十五日登營御斷前日の如し午後松平容堂殿來邸せらる此時容堂殿昨日ハ一橋殿を其邸に訪ひ　勅使待遇の件を議論し尚今日ハ登營して閣老にも其件を嚴談せりと物語られき參政内狀

○十六日登營御斷前日に同し大樹公より城醫石川鷗所を遣はさる公の不快を尋ねしめられしなり藩醫半井仲庵出て容躰を物語りしか診察ハせさりき參政内狀

○十七日登營御斷前日に同し參政内狀

○是月日欠京便内閣に達して坊城大納言殿の書翰及ひ所司代の書翰來る左

松平故薩摩守殿ニ贈官位ノ御沙汰及傳奏ノ誓狀停止

の如し（白木秘筐）

坊城殿の書翰

松平故薩摩守儀存生中國難を憂抽丹誠種〻勘考苦心病末ニ及弟三郎等へ奉爲國家遺訓之儀共達　叡聞御感不斜候先代家久雖存命中權中納言宣下之家例も有之候間以格別之　叡慮贈權中納言從三位可被　宣下思食候右之趣早〻御執計有之候樣宜申入關白殿被命候仍申進候事

十月十日　坊城大納言

徳川刑部卿殿
松平春嶽殿
松平豐前守殿
水野和泉守殿
板倉周防守殿

所司代の書翰

向寒之節御座候得共各樣愈御安泰奉賀候然は今日傳奏被行向別紙之趣各〻樣迄早〻可申上旨被申聞則別紙添差上候御一覽早〻御評議可被仰下候以上

十月十一日　牧野備前守

松平豐前守樣

水野和泉守樣

板倉周防守樣

別紙

是迄傳奏御役被　仰付候節誓狀有之候今度御改革彌　公武御一和ニ就而は誓狀ニも及間敷候間以後可被停止　御沙汰候右之趣老中方へ宜被申入旨關白殿被命候仍而申入候事

十月十日

〇十八日今日も登營せられす暮時に至り岡部駿河守來る公對面せられし

岡部駿河守春嶽公ニ登營ヲ促ガス

に岡部今朝容堂殿の許に到りしに今度の　勅使ハ攘夷の　叡旨を傳へらるへしとの事なるか來着も最早程近かるへし廟堂ハ異議なく攘夷を奉承せらるへしやと尋ねられし故いまた一決せすと答へしかは今度ハ過般大原卿の下られし時に同しからす萬一開國の趣意なとを申出られなハ　勅使ハ議論に及はす其まゝ歸京せられさて其まゝ歸京せらるれハ關西ハ忽ち大亂に至るへき形勢のよしなりされハ廟議奉承せられさるかたなれハ豫しめ其覺悟なかるへからすと申されし故攘夷にも攘夷あり如何なる攘夷の　叡旨なるへしやと尋ねしに天保度以前に黑船と見受けなハ二念なく打拂ふへしとありし如き無謀の攘夷にハあらさるへけれと元來此攘夷なるものハ征夷府當然の職掌故若奉承せられすハ攘夷よりも攘將軍の議に及はるへきやも測られす容易ならさる時勢なれハ深く考察して尚閣老衆初へも相談する樣にとありし故夫より登城して閣老衆へ容堂殿の申聞られたる次第を陳述せしに甚當惑せられ兎も角も　叡旨ハ奉承せられさ

るへからすとて其趣を橋公へ申上られしかは橋公も同しく當惑せられ矢張奉承せらるゝ外あるへからすとハ申されけれと公御不參中故いまた決定に至らす然るに來る廿一日ハ大樹公浦賀迄瀛船の御乘試しあるへく廿二日後にてハ　勅使の下着いよ／＼切迫すへし故に明十九日明後廿日の兩日中にハ是非とも此件の廟議を決せられさるを得さる場合なりされハ明日は暫時なりとも御登營ある樣にと申しゝか公切迫の場合なれハ引籠り居るも本意ならねと兎角日〻指引ありて未た全く快癒に至らされハ明朝に至らされハ必す登營すへしとハ約しかたしと答へられきかくて岡部扣所に於て島田近江に面會し呉〻も明朝ハ登營ある事を希望すれは尙よきに執りなさるゝ樣にと依賴して退出せり參政內狀

○同日松平肥後守殿より去る十二日　朝廷より內〻御沙汰ありしよしの書面を遣はさる此書面ハ三條殿より會津殿へ達せられしなりとそ左の如し白木秘篋

此度　勅使下向ニ付而は　叡慮御貫徹之樣於肥後守殿も於關東抽丹誠周旋有之候樣兼ミ御沙汰も被爲在候然る處近ミ御發途之趣相聞候自然發足ニ相成候共歸府被致何れニも盡力有之候樣更　御内沙汰被爲在候間此旨内ミ申入候也

十月十二日

〇十九日中根靭負を一橋殿の許に遣はさる昨日岡部駿州來りて公に登營を勸めけれと公いまた登營すへしとハ思はれさりし故中根をして病氣日ミ出來不出來ありて登營し得す橋公にも此頃御不參のよしなれと急に決定を要する廟議あるよしなれは尊勞なから充分御擔當ありて速に一決せらるゝ樣にとの意を申さしめられしなり參政内狀

〇同日薄暮松平容堂殿來邸せらる公に登營を勸告すへしとて來られたるなりさて最初の程ハ頻りに其意を陳へられしかと公從來の持論を殘る隈なく物語り且橋公を始滿廷の有志等聊も　朝旨を遵奉するの意なし故に

登營しても其詮なきのみならす却て大葛藤を釀成すへき勢なり云〻告げられけれハ容堂殿殊の外驚かれ大に公の登營せられさる方に同意を表せられき此時開鎖の得失をも議せられしか結局大開國ならされハ富强の實ハ擧けかたし然るに此節攘夷の　叡旨遵奉云〻申せるハ實ハ一時人心を鎭靜せしむる爲の策に外ならすと申されき參政内狀

○同日夜に入て一橋殿より書翰を遣はさる左の如し一橋公書翰

追日寒冷相成候處御安靜被成御起居恐賀之至ニ奉存候然は別　勅攘夷之議愚論は兼而御承知之通御座候得共過日容堂ゟ申聞之趣等篤と相考候得は何樣御請相成候方御都合可然とも奏存候得とも貴慮如何ニ候哉今日御登營候ハヽ御相談可申存候處御不參故鳥渡以愚筆奉伺候無御腹臟被仰越候樣仕度御座候右次第ニ而一決も可仕明日容堂登城之由ニ候得は又候よき程之答も難出來ニ付御高論致承知度此段申上候不備

十月十九日夜認　　刑部卿

春嶽　樣玉机下

○同日松平容堂殿より今度　勅使の持下らるゝ御沙汰書寫二通（此二通ハ勅使入城の條下に掲記すへけれハ爰には省くことゝせり）外ニ親兵の件を容堂殿申合盡力あるへき旨土佐守殿に仰出されたる御書付の寫一通を遣はさる左の如し（白木秘筐）

別紙可被置親兵之儀以　勅使關東へ可被　仰付候得共土佐守隨從出府ニ付容堂へも申合盡力有之度被　思食候事

十月

横井平四郎大久保越中守ノ卓見ニ驚ク

○廿日登營せられす此日大樹公大久保越中守をして公の病を訪はしめらる內使なりけれと公盛服（麻上下）して對面せられしか大久保厚く保養を加へ一日も早く登營ある樣にとの台旨を述へたり畢て大久保を別室に延きて（此時横井小楠も出席せり）閑談に及はれしに越州此節攘夷の　叡旨を奉承せらるへしといへる議あれと是ハ甚不可なり如何となれハ元來京都より重大の件を御沙汰ある時ハいつも後ゝハ如何樣ともなるへけれハ一應ハ御請あるへ

しと内諭せらるゝ事なるか表面の御沙汰にて御書面あり故に後日まで消滅せされと內諭にハ書面なく口頭のみなれハ後日に至り何の證據ともならす已に先年酒井若州所司代勤中條約の件を仰出されさて例の內諭ありし故若州吳〻內諭の無効なる事例を申述へしかと京都にハ關白傳奏ありて心得をり關東にハ大老閣老ありて心得居る事故決して心配に及はすとありて聽き屆けられす遂に仰出されし儘を奉承せらるゝ事となりしか今度別　勅使を降さるゝ事となれるか卽ち當時の內諭ハ消滅して表面の御書面のみ存在する故なれハ容易く奉承せられなハ更に酒井井伊の覆轍を履まるゝ事となるへけれはなり斯る實例に照して考案すれハ今度ハ何處までも攘夷ハ國家の爲め得策にあらさる旨を仰立られ然る上萬一京都に於て御聞納れなく矢張攘夷を斷行すへき旨仰出されなハ其節ハ斷然政權を　朝廷に奉還せられ德川家ハ神祖の舊領駿遠參の三州を請ひ受けて一諸侯の列に降らるへし尤しか政權を奉還せられたらハ天下ハ如何なり行

くへきや豫しめ測り知られねと徳川家の美名は千歳に傳はり彼の無識の覆轍を履み千歳の笑を招かるゝには萬々勝りぬへしと申しゝか横井深く其卓見に感服して其上の處置はあるへからすと答へたりき参政内狀

○同日一橋より書翰を遣はさる左の如し一橋公書翰

其後御不快如何ニ候哉甚心配仕候御様子委敷承知致度奉存候然は別勅使攘夷之儀御請ニ相成候方可然旨土州ゟ遮而申上貴君ニも御同說之由承知仕候得は小子儀兼而申上置候儀も御座候得共先ツ御請ニ相成候方當今之御都合可然奉存候ニ付容堂之存意ニ從ひ御請ニ相成猶御取扱振も御改正ニ相成候方ニ內々御評決ニ相成候間此段奉申上候就而は御相談申上度儀も有之候得は御快氣次第御登營奉待候此段奉申上度存候不備

十月廿日　　　　　　　　　刑部卿

春嶽様玉案下

尙〻閣老共ゟも宜敷可申上旨申聞候事ニ御座候以上

御不快中之儀御用之儀も無之候ハヽ尊酬御閣筆希候以上

先日被仰下候水府之臣駒邸云〻申遣候猶此後小子ゟ及沙汰候迄は國許へ遣不申旨申越候此段も序故御含迄ニ申上候以上

○廿一日登營せられす今朝中根靱負を松平豐前守殿閣老の許に遣ハさる昨夜も一橋殿より書翰を以て登營を促されけれと公矢張登營すへしとハ思はれさりし故過日來の心疾未た輕快に至らされハ此上とても急ニ出勤する事にハ運はさるへし然るに　勅使御來着已に近〻に迫れる場合なれハ廟堂の事ハ今後此方へ御相談なく御決定ある樣にとの意を申さしめられしなり此時豐前守殿對面せられ折角御保養ありて暫時なりとも日〻御登營を希望すと申され又島田近江を大久保越中守の許に遣はされ前條の趣を申さしめられしか大久保殊の外當惑の躰にて此上ハ刑部卿殿始閣老衆一同越公の邸に赴かれ御登營を促さるゝ外あるへからすと申せりとそ參

政内状

一橋公退職ノ内意ヲ閣老ニ申遣ハサル

○同日一橋刑部卿殿より閣老中へ書翰を遣はさる左の如し白木秘筐

追〻寒冷相成候得共各方無障被致精勤令大賀候然ハ存意書返上御落手可被下候御都合次第容堂へ御見せニ而も不苦候尤持歸り之儀は見合せ候方ニ可有之哉存候昨夜春嶽方へ及文通候處何分ニも不出來に而出勤難致乍然生不平候儀ニ而ハ無之旨申越候間御含迄ニ申上置候會津土州今日罷出をり申候へは　勅使御取扱振幷其餘之儀迄得と御相談有之候樣致度候此段申上候不備

十月廿一日

其二

猶〻兩人へ御相談之上各方より御伺被成御決評ニ相成候樣致度候不具

極密

別啓此度別　勅使御請之儀開國之御見込ニ而御答切ニ相成候は實以不

容易次第御辨解之程心配仕居候處當今諸藩皆攘夷を唱へ候處小子一人一己之愚見を以開國論主張致し申上候而も素〻不材淺智之儀行〻御不都合を生候而は恐入候儀且は開國之儀とても衆口を說破致候儀は微力之及ふ處ニ非す重大之事件衆ニ御從ひ被遊可然と存候處より攘夷御請之儀別ニ異存不申上粗御治定ニ相成候得共定見も無之罷出居候而は恐入候而已ニも無之行〻御不都合を生し候儀有之候而は不容易次第ニ付退役相願候心得ニ候間速ニ御聞屆ニ相成候樣致度存候尤表向願之儀は後刻差出可申候得共先ッ此段內密申上置候間可然御含有之候樣致度存候不備

十月廿一日

再白春嶽肥後守容堂何れも卓見高論候得は是迄ゟも御親しく被遊何事も御打明しニ而御相談被爲在候樣仕度候小子儀此度は是非共退役相願候心得ニ御座候何分不肖之無已處宜敷御憐察可被下候不備

○同日暮時松平容堂殿來邸せらる公對面せられしに容堂殿昨夜岡部駿州

土老侯岡部駿河守ヲ嚴責セラル

を呼寄せ　叡慮奉承及ひ　勅使敬待之件ニ付而ハ過日來逐ヽ申立置たる次第ありしに廟議今以て一決に至らさるよし其優柔不斷實に驚くの外なし此上ハ容堂の周旋にてハ行届かさる旨を京師へ御理ハり申上尚長藩薩藩の諸士へも拙者ハもはや關係を絶ちたりと申聞け早ヽ國許へ引取るへしと例の大聲を發して嚴責せしに駿州大に避易してしか御見捨ありてハ今後天下ハ如何成り行くへきか兎も角も今一度登城せられ閣老衆へ御直談を希ふと申しヽ故今朝登城しけるか一橋殿始閣老等止を得さる事情ありて今日迄は心底を盡さすてありけれといつくまても包ミ藏してあるへきにあらされハ殘らす談話に及ふへしと申聞けさて　叡旨ハ素より奉承の覺悟なり又　勅使の待遇も舊規に拘はらす敬禮を加ふる積りなりと申しヽ故さる御內議ある事ならハ近ヽ　勅使來着の節大樹公自ら出て品川に迎へられ然るへしと申立置たり廟議も今度ハ多分一決すへし拙者か大聲を發せし爲駿州の避易せしハ隨分面白かりしか廟堂の俄に形勢を變す

るに至りたるハ拙といふへし一橋も案外の無氣力にていふにたらすと云〻物語られき參政内狀

一橋公辭職ヲ願出ラル

○廿二日登營せられす此日一橋刑部卿殿辭職の願書を差出さる左の如し

白木秘筐

私儀不肖之身ニ候處以　叡慮重任を可被命候段蒙御内諭候砌再三再四御辭退申上候處遂蒙　大命御大政參謀仕候ニ付乍不及日夜焦心苦慮罷在候處此度別　勅使御請之儀ニ付而は先般愚存を申上候處當今諸藩皆攘夷ニ歸候折柄一己之愚見を以開國論主張致申上候而も素より不才淺智之儀往〻　皇國之御不都合を生候而は奉恐入候殊ニ重大事件故衆志ニ御從ひ被遊候方可然奉存候所より攘夷御請之儀再異存不申上候就而は粗御治定ニ相成候得共小子ニ於而は定見無御座候定見無御座候而は重任ニ當候詮も無御座甚以奉恐入候ニ付速當職御免被成下候樣奉願候此段宜敷御披露願入存候以上

十月廿二日

徳川刑部卿

松平豊前守殿

水野和泉守殿

板倉周防守殿

井上河内守殿

小笠原圖書頭殿

辭職願書に添へられたる書翰一

別紙願之趣は　勅使參向以前御聞屆ニ相成候樣致度存候不具

其二

上京之儀暫時猶豫可致旨先般被仰出候ニ付追而は上京之儀家臣共へ申聞置候處別紙內願之趣差出候ニ付而は最早不及上京旨被仰出候樣仕度御座候然し是ハ御評議次第と奉存候間宜敷御含置ニ致度候以上

其三

內願之趣ニ付而は先頃以來拜借致居候御用之書類二三日之內ニ取調返上致候心得ニ御座候此段も申上置候以上

○廿三日登營せられす今朝横井小楠登館して過般公の引籠らるゝ事に決せられしハ當時の廟議如何にも舊來の幕習を脫せさりし故斯くてハ天下の事爲すへからすと認められたれハなり然るに其後容堂公周旋せられ近日ハ廟議全く一變して更に　朝旨を奉承せらるゝ事になれるよしされハ此上にも登營せすとありてハ容堂公に對し友義に背かるゝの嫌ひあるへく特に近ミ　勅使下着の上萬一幕府に失體あらハ關以西ハ忽ち大亂にも至るへきかさてハ德川家の興廢のミに止まらす天下の安危に關すへきなり故に不德菲材なと常套の謙遜によらす此際一層御憤發ありて衰運挽回の偉業を立られん事を希望すと申しゝかハ公廟議いよ〳〵　朝旨を奉承せらるゝに相違なくハ國步艱難の今日いかて徒らに引籠り居るへきされ

ば尚よく其事實を聞き合いせ然る上何分の決心に及ふへしと申されき参
政内状

○同日夕七ッ時過水野和泉守殿より書翰を遣はさる昨日一橋殿辭表を出され諸老甚當惑せり故に板倉小笠原兩人即日一橋邸に就き吳〻事に從はるゝ樣にと勸誘しけれと一切承引せられす此上は公の御配慮を煩はす外致し方なし幾重にも然るへく御周旋を希ふとありて別に一橋殿の辭表を添へられたり斯くて七ッ半時過松平容堂殿來邸せられしか今日も登城せられ退營より直ちに來られたるなり此時容堂殿廟堂の議最早　叡旨を奉承する事に一決し且閣老等攘夷の眞意をも了解せりと申されし故公時態の切迫せるに窘究してさる次第に運へるものならん決して誠意より出たるにいあらさるへしと申されしかは容堂殿誠意より出たるものなりや否やい知り難けれと　勅使の御引受方は斷然不都合なかるへしと申され尚又今日營中に於て大久保越中に面會せしに越中大開國論を說きしか一〻

感服の外なかりし越中ハ當世第一等の人物なり此程岡部駿州に對してハ大聲を放ちけれと今日越中に對してハ聲ハ次第に細くなれり此節からかゝる人物を四五人得たらハ天下の事ハ憂ふるに足らすと物語られ暮時過退散せられき參政内狀

會津殿來邸春嶽公ニ登營ヲ勸告セラル

○同日暮時前松平肥後守殿來邸せらる容堂殿退散後面會せられしに肥後守殿今日ハ閣老始一同の總名代として參館せりと申されさて過日來公にハ長〻登營せられす人心危懼を懷けるに今又橋公にも引籠られ内閣ハ殆んと暗夜の如し故に閣老始大に當惑し終に從前の非を悟り　叡旨を尊（遵カ）奉し且　勅使をも舊例に拘はらす敬待するに一決せりされハ明日より御登營あらん事を希望す尤御病氣中なれハ御都合により何時にも御退營の御心得にて然るへし云〻反復登營ある事を懇請せられ退散ハ夜五ッ半時なりき參政内狀

○同夜四ッ時頃に至り再ひ水野和泉守殿より書翰を遣はさる其大意ハ大

久保越中守辭職を願ひ出たれハ講武所奉行に轉職してハいかゝ且しか願ひ出たるは在京永井主水正より過日書翰を以て大久保越中岡部駿河小栗豐後關東に於て專ら開國論を唱へ居るよし故　勅使東着の上ハ暗殺すへしとの風聞ありと内報しけるか三人ハ風聞に恐怖して進退する如きハ我輩の本意とする所にあらすとて引續き勤仕しけれと　勅使の下着最早近ゝに迫りし故更に再考して一身の被害ハ兎もあれ角もあれ萬一風聞の如き事あらハ政府の大汚點なれハ辭職せさるを得すとの趣意に決し則駿州は昨廿二日より引籠り越州ハ今日其事を申出たり云ゝなりし斯くて公大久保の事ハ追て出勤の上議すへけれハ姑らく轉職を見合ハせらるへし云ゝ返答書を遣はされき参政内狀

春嶽公一橋公ニ登營ヲ勸告セラル

○廿四日朝五ッ半時出邸一橋刑部卿殿を訪問せらる昨日横井小楠か意見を進めし時公いたつらに籠居すへきにあらすとハ申されけれといまたいよ／＼登營せらるへしとまては決せられさりしか其後一橋殿辭職を願出

られしよし和泉守殿より申遣ハされし故さてハ廟堂の困難容易ならさるへしとて両三日中ニハ登營せらるへきに決せられ且一橋殿にも同しく登營ある樣に勸告すへしとて俄に訪問せられしなり此時一橋邸にて恰も水野和泉守殿の退出せらるゝに會せられしか泉州先刻より頻りに登營ある樣にと申上けれと橋公一切承諾せられす故に止を得す退出する場合なるか此節から登營せられすてハ廟堂ハ如何ともすへ爲からさる景狀なれは尙公よりも御嚴談を希ふと申されたりとそ斯くて公一橋殿に對面せられ廟議其後は攘夷の　朝旨を奉承せらるゝ事に決し尊卿にも已に其議に御同意ありしよし然るに此節更に職を退かんとせらるゝハ如何なる理由ありてにやと尋ねられしかは一橋殿兼て御相談に及ひ居りし開國說ハ最早申出かたき形勢に推移りし故止を得す攘夷の議に同意しけれと素より其實を擧くへき方案あるにあらされハ天下を誤るへきかと恐懼に堪へす退職を願ふ事に決せしなりと答へられし故職を退かは樂地を得へしと思は

るゝなるへけれと幕府いよ〱天下を誤られなハ尊卿獨樂地に居らるゝ事ハ難かるへしされハ矢張御登營ありて此上の方案を御討究あるか相當なるへしと申されしかと一橋殿固く執て動かれす頗る難議なりしか公も固く前議を執て反復勸告せられ夫か爲め大に時刻を移し午時を過しかは一橋殿大に倦厭せられたる躰にて此上いつ迄御勸めありても小拙の決心は動かさるへし春嶽殿にハ御不快中なれハ御保養か專一なり最早今日は御歸邸ありて然るへしと申されしか公今日の議ハ天下の爲めなれハ不快の如きハ厭ふ所にあらす假令日を暮しても夜を明かしても拙者の申す所を容れられすハ歸邸ハせさるへしと答へられさて急に使を容堂殿の許に遣はし來會を請ハれしに容堂殿程なく來られし故大に力を得夫よりして兩公相共に誠を推し理を盡して勸告せられけれと矢張承引せられさりしかハ容堂殿大に憤激せられ今日の事ハ天下の重事に係れハこそ兩人も押て御相談に及へるなれ然るに尙これを拒まるゝハ眞に物の輕重黑白をも

辨へられさるなりと申放ちて立歸られき斯くて公尙居殘りて尊卿の後見職も拙生の總裁職も元來　叡慮を以て仰出されたるものにて幕府限りの命にあらす故に尊卿退かるれハ拙生も退かさるを得す兩人一時に退かは廟堂ハ如何なり行くへきか深く御勘考あるへしと言を殘して退散せられしハ夜六ッ半時なりき參政內狀

○廿五日登營せられす公今朝尙又書翰を以て一橋殿に登營ある樣にと申遣はされたり此書翰今見當らす一橋殿の返書ハ左の如し一橋公書翰

貴翰拜誦昨日は得拜顏大慶無此上奉存候段〻高論之趣御尤ニは候得共然し右は小子を賢人と御覽之上之御說於小子は見込も無之ニ付而之論兎角剛情ニ被思召候段は甚以心配不少候得共登營之儀は何分ニも御免相願候尤今日病氣ニ付恐入候得共當職御免願差出候間是又御心得ニ申上候容堂へ對し候而も甚以氣之毒ニ御座候不敬之段ハ御序之節宜敷被仰遣可被下候此段布答草〻頓首

即時　　　　　　　　　　　　　刑部卿

春嶽様　貴酬

○廿六日夕八ッ時過出門一橋殿を訪問し夫より登營せらる今日も一橋殿登營せらるへき氣色なかりし故公にも登營せられさりしか午後に至り板倉周防守殿より書翰を以て今朝大久保越中守同道一橋殿の許に至り御登營ある樣にと反覆御勸め申けれと矢張承引せられさる故止を得す只今引取る事とせり就而ハ公にハ一橋殿の登營有無に拘はらす速に登營ある樣にと申遣はされし故俄に出門せられしか猶今一應一橋公に勸告する處あるへしとて途を枉けて一橋殿を訪問せられさて今朝周防守越中守參上せしよし兩人ハ何と申上しやと尋ねられしに橋公例の登營の事を頻りに申聞けゝれと兎角心底に應せさりし故とこ迄も登營しかたしと答へたりと申されし故公危急の場合なれハこそ拙生容堂をはしめ閣老にも呉々御勸告に及へるなれしかるに猶聞き納れられすとならハもはや御登營ハ御勸

め申すまし過日も申上し如く尊卿の御職掌ハ　叡慮を以て仰出されたる上台命を下されし事なるを御一身の御都合のミを以て強く登城せられされは詰る處　勅旨を蔑如し台命を忽緒せらるゝ筋にあたり其儘にハ指置れかたき故定めて台慮の次第あるへしと申されしかハ橋公礑と當惑せられし躰にて良久しく言を發せられさりしか更に容を改められ御申聞の趣一ゝ御尤の至り何とも恐入れり此上ハ命に從ひ登營すへけれハ是迄の不都合ハ御取消しを乞ふとありし故公しからハ只今御同道にて登營すへしと申されしに橋公明朝よりと申されけれと公明日ハ　勅使下着の筈にて寸分の時間を爭ふ今日なれハ是非とも御同道あるへしと申されしに橋公さらハ直ちに供揃を命すへしとありし故公しか御悔悟の上ハ拙者も此程來不敬過言に及ひし次第ハ御宥恕を希ふと申されさて片時も登營を急けはとて直ちに引分れ平川口より登營せられ閣老始に一橋殿の程なく登營せらるへきよしを告けられしかハ一同大悦せられ大樹公へも其旨を言上

せられしに深く御滿悅にて不快ならすハ特に春嶽に對面して其勞を慰すへきものをと仰出されしとそ斯くて一橋殿登營ありし故閣中に於て更に勅使の待遇に係る議事を開かれ主として君臣の分を明らかにし百年舊套に拘はらさる事に決し指當り明日着府の際公自ら品川の旅館に伺候せらるゝ事に定まりき此日公又容堂殿に日〻登營且登營の際御用部屋に入らるゝ樣命せらるへしとの議を發せられしか是もしか命せらるゝ事に決したりき參政内狀

○廿七日例刻登營せらる八ッ時前營中より直ちに品川驛に赴かれ東海寺に館して　勅使の御都合を聞合いせ暮時に至り三條殿姉小路殿の旅館を訪問せられ夜五ッ半時歸館せられき此日松平豐前守殿にハ大樹公の御使として兩　勅使の旅館に赴かれ檜重を進せられたりとそ參政内狀

○廿八日例刻登營退出より傳奏屋敷に赴かれ暮時歸館せらる此日營中に於て　勅使を敬待せらるへき節目の議ありしか過般會津侯より差出され

し御内沙汰もあれと尚兩　勅使の內意を聞合いせ其意に基き待遇あるへきに決せらる此後三條中納言殿より其節目を掲記せる書面を出されき左の如し參政內狀白木秘筐

一勅使入城之節玄冠横着之事

一同前之節大樹公玄冠ニ而可被奉迎　勅使總裁老中高家等式臺下座敷等へ可被出迎事

一大樹へ賜物　和宮へ被進物天璋院へ賜物等目錄相添當日入城前於旅館被招高家被相渡事

一勅使副使對顏之次第大樹公奉迎直ニ前行　勅使副使捧　勅書進而上段ニ着座大樹公中段被留座總裁以下役々便宜所ニ伺公　勅使氣色之後大樹公　勅使坐前ニ參進勅使被授　勅書大樹公頂戴之元坐ニ退去可有謝恩之禮其後　勅使起座退出之節奉送之禮准初之事

但當日　勅使副使等私之對顏無之

一勅使入城之節從前狩衣躰之仕來ニ候處對御用柄不敬ニ相當候ニ付今
度衣冠被着之事
但於大樹公も同樣ニ付衣冠勿論之事
一兩使私之對顏後日可有之事尤私禮は幕府ニ而可被進退事
但是迄大樹公へ進上物之儀高家を以相願候如以來不及申願御請於
有之而は可進上事
一御禮と稱し回勤之事就 御用登城ニおいてハ一切不被及其儀尤私之
對顏相濟候節ハ老中月番へ使者可被差向之事
一右登城之節之外總而役〻にハ使者音信等 御用相濟候迄ハ一切不被及
其儀 御用濟之上夫〻へ可被差出事
一右之外ケ條は先月五日於京都會津へ御內達之通事〻 君臣之名分可
被正事
○同日松平容堂殿登營本日より內閣に入りて閣議に加ハらる昨日容堂殿

へ以來日ゝ登營あるへく且登營の節ハ御用部屋に入らるへき旨仰せ出されしなり參政內狀

薩藩小松帶刀高崎猪太郎來リテ近衞關白青蓮院宮ノ御內意ヲ陳述ス

○同日薩藩小松帶刀高崎猪太郎來る公對面せられしに小松過日東下の途次京師に入り近衞殿に伺候せしに目下京師にてハ關東の內情に疎く關東にても京師の事情に通せさるより時ゝ　叡慮を惱まさるゝなりされハ東着の上ハ委はしく彼地の內情を承ハり合ハせ歸途再ひ京都に來りて申聞くる樣にとの內命を被ふりしか明日此地を出立する筈なれハ御主意の在る所を伺ひたしと申立高崎ハ一昨日京師より着せしか在京中近衞殿及ひ青蓮院宮に參候して公を始容堂公の國家の爲め御盡力在らせらるゝ事實を申上しかは殿下及宮より　叡聞に達せられしよしにて大に　宸襟を安んせられしか盡力の場合へ今度　勅使を發して攘夷の命を降せるハいかにも氣の毒なりしかし是ハ止を得さる事情ありてさる事に至れるなれハ必心配せさる樣申傳へよとの御事なりと申述へし故公御傳への趣を拜承

せられし上拙者ハ此際從前の幕私を去り第一に君臣の名分を明らかにして專ら　朝廷を尊奉し次に　公武御一和の上國是を定め諸侯と共に國勢を振起するを以て目的とするなり云〻物語られけれハ兩人殊の外敬服のよしにて小松ハ上京の上御目的の在る所を速に近衞殿へ申上へし殿下御聞あらハ定めて御安心なるへく薩にても修理大夫三郎ハ申すまてもなく故薩摩守にも地下に於て必す安心すへしと答へたり此時高崎猪太郎より差出せる書面左のことし參政內狀白木秘筐

京都關東之事情不貫徹物議洶〻依之此節　勅使御差下ニ付別而　御痛心被　遊候折柄高崎猪太郎上京越土兩老格別尊　王攘夷之誠意相貫候段言上之趣被　聞召上是迄之御疑惑逐一　御氷解被　遊御安心候就而者卽今幕政大變革之央攘夷之　勅諚遲速緩急之次第如何ト被存候廉モ可有之儀トハ粗及洞察候得共忠誠必死之衆論難被默止且者不可言之內情モ有之此度　勅使御下向之都合ニ成立候ニ付此上者只管奉行之實被相

行　叡意貫徹候樣春嶽殿容堂殿へ偏ニ周旋賴　思召候趣私ヨリ申上候

樣　殿下幷靑門樣より御直ニ御內諭有之候事

　戌十月

樞密備忘

○廿九日朝四ッ時出門田安殿を訪問し夫より登營暮六ッ半時歸館せらる

○十一月朔日朝四ッ半時登營閣中の協議を以て昨日より正午頃まてに登營せらるゝ事となれるなり退出より松平容堂殿の許を訪問せらる歸館ハ夜五ッ半時なりき參政內狀

幕議攘夷ノ勅旨ヲ奉承セラルヽニ決ス

○二日例刻登營暮時歸館せらる本日營中に於ていよ〳〵攘夷の　勅旨を奉承せらるゝ事に決せられしか其要旨ハ攘夷と開國とハその目的相反するものゝ如くなれと戰を開らくにハ彼を知り己を知るか肝要なれハ到底開國ならされハ攘夷の實行し得へからさるハ勿論なり故に目下强て開國說を主張せすともおのつから其說の行はるゝ時機あるへしとの事なりしとそ參政內狀

一橋公大久保越中守ヲ他職ニ轉ゼシメントセラレシ内議

○三日例刻登營暮時歸館せらる此日營中に於て一橋殿過日來大久保越中か俗論家の爲に忌嫌せらるゝよし聞居りしか此節ハ一層甚しく已に登城の途中を要して擊ち斃すへしなと密ゝ議するものあるよしなれハ其勢焔の少しく隣くまて一時他職に轉任を命せられてハ如何と申出られしか公俗論家の爲に忌嫌せらるゝか越中の越中たる所にて得かたき人物なれは今日君側を遠さけらるゝ事ハ然るへからす風說の如きハ素より取るに足らすと申されしに一橋殿承引せられす推して其議を主張せられし故公も反覆其然るへからさる所以を述へ同意せられさりしかは一橋殿止を得す其議に從はれ此日ハ先其儘に指置かるゝ事になりしとそ參政内狀

○同日加藤藤左衛門青山小三郞江戶に着す去月廿二日京都を發せしなり

樞密備忘

幕議大久保越中守ヲ他職ニ轉ズルニ決ス

○四日例刻登營暮時歸館せらる今日も一橋殿大久保越中守の事を申出られ此節春嶽殿の越中を最負せらるゝに不平を懷き彼是議する所あるよし

彼れ一人の爲め多數諸有司かしか不平にてハ何事も行ハれされハ惜しき人物にもあるへけれと一時轉職せしむへしとありし故公大に憤ふられ拙者ハ越中を最負するに相違なし天下の重寄に當る身分正人端士を最負せすて將た如何なる人を最負すへきや百事私を去て公に從はんとする今日なれハ廣く天下の正人端士を擧用すへきなりしかるに一人の越中をさへ俗士の言の爲めに轉職せんとせらるゝハ拙者の取らさる所なりと申され更に板倉周防守殿を顧みて周防殿ハいかゝと尋ねられしに板倉殿御兩說とも御尤なれハいつれをいつれとも申出へき樣なしと答へられしか公ハ尙も其不可なる旨を陳へられけれと一橋殿と閣老とハ豫しめ密ゝ示談せられたるものにや此時講武所奉行に轉職すへき案記已に成りて台慮を伺ふのミの一段に運ひ居れりとの事なりし故公しかる上ハ御相談にも及はさる事なりと申放たれしか遂に轉職せられたり參政內狀

○五日例刻登營暮時前歸館せらる本日一橋殿ハ風邪ニ感せられ松平容堂

殿ハ毛利家に赴かれ兩侯とも登營せられさりし參政内狀
○同日松平相摸守殿來邸せらる相摸守殿過日入京せられしに　朝廷より
内旨を蒙ふられし故道を急き今日江戸に著せられしなり此時相摸守殿ハ
京都の事情を物語られ公ハ關東の事情を談話せられさて此節廟堂中土州
侯會津侯及公ハ同論なりしか橋公ハ稍幕府の舊習に泥まるゝ所ありし故
公其趣を告け橋公と相摸殿とハ御近親の事故此際橋公の全く幕習を脫せ
らるゝ事に御盡力あらまほしと申されしかハ相摸守殿大に同意せられあ
くまて盡力すへしと申され夜四ッ時過退散せられき參政内狀
○六日例刻登營暮六ッ時過歸館せらる參政内狀
○七日例刻登營暮時歸館せらる今朝彥根藩士加藤吉太夫閣老井上河内守
殿の邸に於て自殺す加藤玄冠に赴き封書を出しゝ故取次の士受取奥の方
へ持行し跡にて屠腹せしなり封書の趣ハ過日彥根藩の京都守護職を解か
れ且領知の内村替へとなりたるを遺憾として其復舊を歎願せるものなる

彥根藩士加藤吉太夫井上閣老ノ邸ニテ自殺ス

か事瑣末に涉れとも該藩當時の情狀を知るの便ともなるへけれハ今これを左に附記す参政内狀建白書類編

以書附御歎願奉申上候

井伊掃部頭儀此度京都御守護御免且又領地之内蒲生神崎二郡御用ニ付上知被仰渡誠以家中一同驚入候事ニ御座候就而は右樣被仰付候子細柄且御歎願之筋等弊藩重役迄段ゝ申出候得共公命之儀は難易ニ不拘決而違背仕間敷旨先祖直孝以來遺言も有之且此御變革之折柄右樣被仰付候儀は深き御子細も可有之儀と被存候得は決而動搖不相成儀種ゝ理解申聞拙者共申立候事共一切取上不申候元來掃部頭家之儀は御譜代席中過分之大祿を頂戴仕京都近くニ被指置候儀は權現樣深き思召被爲在御深密之御用被仰付置候儀ニ付二百年來非常之節は人數繰出し方手配等兼而用意罷在候事ニ而士分之者ハ百石以下之小祿たり共盡く馬を爲飼足輕小者ニ至る迄京都へ日着仕候者ならてハ召抱不申規則相立置候儀も全く右

御用蒙り居候譯柄ニ御座候且安政度御守護一廉手厚可仕樣被仰出候ニ付夫〻人數差出し置御所司代御指圖次第何等之御用筋ニ而も急度可相勤心得ニ罷在候處卒爾御免ニ相成候仔細柄何共相分り不申且又二郡上知之儀も彼地方續き仙臺領郡山領其外一圓之儀ニも無之掃部頭領內ニ限り候得者是又御用柄一切相分り不申候當掃部頭儀は幼年なから一昨年格別之上意を以遺領無相違被下置其後も每〻御懇之上意を蒙り當年は御大禮之上使も相勤官位等昇進被仰付候折柄前件御守護御免二郡上知之儀は全く先掃部頭在職中勤向不都合之次第柄有之候故之儀ニ可有之哉然るニ先掃部頭在職中勤向之儀は家來共へハ重役を初申談候事一切無之總而御公役方と評議之上夫〻　台命相伺取計候趣ニ而在職中彼是諫言仕候家來共有之候へは公邊之儀は歷〻御役方御評決之上御處置被爲在候事故決而其方共之案思ニ不及旨申聞候且公方樣ゟ誠忠之二大字御直筆ニ而賜り猶又一昨年三月三日登城之折柄狼藉ニ出逢不慮之怪

我致候節も上使として御若年寄御用御側等御指向被下置天下之動搖ニ相成候而は以之外之儀ニ付一藩中難忍を忍候樣にと御懇之御內沙汰被下置其後も每ミ御懇之上意を蒙り候得は重役共右之御趣意堅く相守り且國司外樣方とも違候家柄ニ候得は弊藩より天下の騷擾を釀候而は如何ニも不相濟段堅く申聞候ニ付君臣之大義を忘れ腰拔共之世評も承り傳候得共是迄妄擧不仕辛抱罷在候儀深く　上意を重し奉り候故之儀ニ御座候其後も前條申上候次第ニ而幼年之主人へ出格之思召を以遺領も直樣被下置上使御用官位昇進等被仰付誠ニ以難有上意之段深く拜戴仕一統彌增　上意を重し罷在候儀ニ御座候然る處今日幼年之掃部頭へ右樣存外之事共被仰付候儀は先掃部頭在職中之御咎ニも可有御座哉と恐察仕愚昧之拙者共一統承服不仕候若又一藩上下腰拔者ニ而御守護無覺束被思召候儀ニ候ハヽ一昨年來　台命を重し深く愼ミ罷在候儀は一統心得違仕り居候儀ニ御座候哉若又當夏薩長二藩京師へ罷出候以後御守

護向不都合ニも被思召候ハヽ只今迄御指揮無御坐候は如何之御儀ニ御座候哉若又御守護向不行屆ニ而　輦下致騷擾候儀を御咎被仰渡候儀ニ御座候ハヽ其騷擾爲致候者共ハ如何御處置可被遊哉右等不分明之儀ニ而存外之事共被仰渡候樣奉存候ニ付有志之者申合重役共へ段〻歎願之筋申出候得共前件之通唯　台命之重きと先祖直孝之遺言を相守り一切取上ケ不申候ニ付拙者共一統存意相違仕候より無據國元立去り不顧恐御役場へ御歎願奉申上候抑六七年來夷人渡來ニ付天下之議論種〻相立候得共打拂之儀は權現樣以來之御定ニ而日本武士之異議なき所ニ御座候然る處一旦交易御許容ニ相成候事は於公邊而も深き思召被爲在一時應變之御處置ニ而行〻は御定法通り打拂可被仰出旨も承知罷在是迄ニも天晴御用向相勤可申と武事相勵罷在候處先掃部頭逝去被致候後姦臣長野主膳宇津木六之丞等重役木俣淸左衞門庵原助右衞門を誑り兎角佞柔諂諛之者を相用ひ忠直武勇之士氣を挫き專ら大平を唱へ追〻國害を相

醸し候ニ付有志之者憤激之餘り其罪を訴出當八月下旬右四人之者を黜罰申付られ候右仕置濟國政一新武備充實專一ニ相心得居候處公邊も大御變革被爲在彌攘夷之御新政被爲仰立候折柄と奉伺候ニ付一藩殊更奮興仕り如何樣御用筋ニ而も急度相勤是迄腰拔等之世評をも一洗仕　權現樣以來之大恩を報ひ奉り直政直孝之遺忠を續き天晴公邊之柱石と復古可仕一統勇ミ立罷在候處存外之被仰渡ニ付一藩上下落膽泣血仕り候次第ニ御座候實以弊藩之儀は二百年來格別之上意を蒙り格別之大祿を戴き格別ニ御用筋相勤申居候處俄ニ家格被召上土地被召上候ハヽ從玆國氣衰弱士心沮喪仕遂ニは御用筋難相勤相成候而は權現樣以來格別ニ思召被下置候御深意も消失可仕哉と歎ヶ敷次第ニ奉存候唇亡ふれハ齒寒く又股を刳て腹ニ充る之譬も御座候得は拙者共願出候存意決而公命を拒ミ候儀ニ無御座厚く公儀を重し奉り候心得ニ御座候尤弊藩重役共前條理解而已申居候而は有志之者共承服不仕行ゝ一藩之騷動ニも可及

歟と甚以心配仕候ニ付則拙者共兩人御歎願申出候何卒愚昧之微衷深く
御賢察被下置御憐愍之御沙汰被仰出被下置候樣偏ニ奉願上候以上
文久二壬戌年十月
井伊掃部頭家來
加藤吉太夫
○同日松平相摸守殿より左に掲くる書面を遣はさる此書面は　朝廷より
相摸守殿に傳へられたる內旨なりとそ白木秘筐
一橋殿正道之中興ニ御改正之樣有之度事
尾張殿水戸殿家來正邪之儀御申入之事
勅使下向候ハヽ三家三卿大小名等　天朝御機嫌伺馳走所ニ參候樣有之
度事
勅使後見總裁閣老月番等廻禮之儀從關東御辭退之事
登城之登字被改度事
御暇と申儀可被止事
關白職以下任職傳奏ニ至る迄御相談從關東御辭退職任後御沙汰可被仰

下候事
勅諚有之候赦令之儀速ニ被行候樣有之度事
六門外彥藩小濱藩番士被相止會藩へ被命度事
勅使御取扱振之儀過日會藩へ以書取申入候儀被行候樣有之度事
右役掛り談事之ヶ條
○八日登營せられす歯痛のためなり此日長藩周布政之助來る中根靱負面會せしに周布一昨日長藩士一名京師ゟ此地に着し承申聞しハ去月廿八日岡藩主中川修理大夫殿參府すへしとて大坂に着せられしに薩長土三藩の士憤ふる所ありて伏見に要擊すへしとの議を發し容易ならさる形勢なりし故桂小五郎佐〻木男也等大坂に赴き一時伏見に入られさる樣にと周旋せしよしなれと此周旋にて中川矦其儘大坂に滯留せらるへしや否や測られす萬一强て大坂を發せらるれハ必す一珍事を惹き起すへしとなりされハ此際幕府より公然參府に及はさる旨を達せらるゝ事を希望すと申聞け

し故中根三藩の士中川家に憤りしハ何故にやと尋ねしに周布過般岡藩士小河彌右衛門外數名　朝廷の御沙汰書を奉して歸國せしに此輩ハ先に本藩を亡命せし者なるを以て直ちに捕へて禁獄せしめられし爲めなりと答へたり參政內狀

○九日例刻登營退出より一橋殿とゝもに　勅使の旅館に赴かれ歸館ハ暮六ッ時なりき參政內狀

○十日例刻登營夕七ッ半時歸館せらる本日一橋殿にハ風邪に感せられたりとの事にて登營せられす參政內狀

○十一日例刻登營暮時歸館せらる此日一橋刑部卿殿を中納言に任せられ以後一橋中納言殿と稱すへき旨達せらる樞密備忘 壬戌漫錄九下

○同日京便內閣に達して坊城大納言殿ゟ發せられし一橋殿及ひ公登營せられさるよし　叡聞に達し云ゝの御沙汰書來る左の如し參政內狀 白木秘筐

追日寒威增加之處彌御安全珍重存候然は別紙之趣被　仰出候ニ付早ゝ

御達可申入之旨關白殿被命候仍申進候事

十一月五日　坊城大納言

德川刑部卿殿

松平春岳殿

別紙

刑部卿幷春嶽共所勞籠居之由風説被及　聞食候　勅使無恙過日着府專對談可有之折柄出仕無之而は事件因循可及延日哉且事〻差縺動は異端を開候次第ニ及候も難計日夜被惱　宸衷候刑部卿春岳儀は去夏以　叡慮登用可有之御沙汰之處大樹速ニ御請被申上其後追〻精勤　御滿足彌御依賴之事候如風説所勞候ハヽ不及是非候得共精〻加保養一刻片時ゟ早出仕爲國家彌盡忠熟談等可有之被遊度　御沙汰候事

十一月五日

○同日歸館後薩藩高崎猪太郎來る公對面せられしに高崎目下府下に滯在

壮士板倉閣老ヲ刺サントスルヨシ高崎猪太郎ノ密告及ヒ其ノ意見書

する壮士等密に議して板倉閣老を刺さんとするよし聞及ひし故今朝容堂殿に謁して内啓に及ひしか尙尊公へも申上る樣にとありし故更に參上せりさて壮士等のさる議を發するに而りしハ　勅使已に下着せられたる今日なれハ幕府の　勅旨を奉せらるゝと奉せられさるとハ聽て治亂安危の界なり然るに橋公尙越土兩侯の　勅旨を奉せらるへしとある建議を容れられさるは畢竟板倉閣老愚説を立て橋公を惑ßさるゝ故なるよし全躰閣老の　皇室を尊ふに意なきハ當夏大原卿東下の時旅館に於て脇坂板倉兩閣老に一橋公を後見職に命せらるへしとありしを固く拒まれしか此日三名の薩士三の間に扣へて閣老若御請に及はれす對談其局を結はすハ直に其席に跳り出て一撃の下に両閣老を斃すへしと申居りし故卿しか强て拒まるゝに於てハ禍の害忽ち座間に發すへしと申されしかハ此一言に驚き始て奉承すへしと申されしにても明らかなり板倉殿の人となり已に斯の如くなる上は假令今回ハ一旦　勅旨を奉せらるゝも決して信を後來に措き

かたし故に斷然剌擊して天下の害物を除き倂ハせて因循家の眠を覺まさすへしといふにあるよし云〻申立たりき斯て今高崎か申立たる趣ハ今朝營中に於て容堂殿より聞かれし故岡部駿州竹本隼人正を呼び寄せ置かれしか岡部にハ一橋殿の許に行きて內啓せしめ竹本にハ板倉殿の許に行きて內啓し且明朝の登營は見合ハせらるゝ樣にと申入れさせられき此時高崎又一通の意見書を差出せり左之如し參政內狀建白書類編

乍恐言上仕候

方今切迫之世態とハ乍申是迄之事は富國强兵武備充實之御處置ニ而重大之事件中先邦內之事ニ候處此節　勅使御下向攘夷決定之御大策被仰遣候哉ニ傳承就而ハ只今通之御處置振とハ大小輕重雲泥之相違は勿論是ニ付而は時機之當否策略之緩急大ニ其至當を得されハ少敷初ニ處置を失すれハ所謂毫厘千里之謬ニ罷成誠ニ古今未曾有之御大變御大事之場合普く天下之衆論を大集し御謀議を熟定し給はされハ實ニ　皇國安

危興廢之境界何共可恐時勢時機ニ御座候左樣ニ申せハ迚亦一日も遲緩猶豫すへきニあらす義理之至當時機之當否其處置を得飽迄謀議を熟定して一定不易之長策を御建議百折千挫すといへ共遂に成功に歸着する御着眼無遺憾御廟算を被爲盡候上之御處置ならてハ一擧大興廢ニ關係尤可愼之第一ニ御座候右通其處置別而難題之事ニは候得共いつれ成迅速天下を必死之地ニ置之英略雄斷は無御座候而は如何樣武備充實之命令有之候共中ゝ充實之期も無之必死ニ入之時節も有之間敷天下一同偷安姑息苦を避け安ニ就は古今之通患是をして進退究り脫路なからしむるは主將之方寸斷と不斷とにあるのみ然處即今　天朝ニは名公卿被爲並出於幕府而も夫ゝ之名賢侯御奉職　神洲無此上御盛事　御廟議御遺漏闕失は無之儀と內心解躰も乍仕如何と奉案煩候は臣子之至情且亦二三之名侯ありとはいへ共其他擧　朝群小耳と申勢先ゝ正義御手薄之姿と粗推考仕居候依之嫌疑を忘れ私意を捨方今　皇國之御爲一策を計畫

するニ頗る英傑之名望ある者ハ壹人之無遺漏廟堂ニ御大集御熟論無之候而は不相濟場合ニ候得は右名侯之御末席ニ乍不肖寡君實父三郎儀を御召加有之候而は如何可有御座哉御案内通無位無官之事ニは候得共先君深遺託之譯も有之勤　王憂國之至念難止天下之事滔〻日降之勢不堪傍觀成否を天ニ任シ遂ニ上京必死盡力ニも相及候次第僭踰之罪難遁候得共切迫之世態區〻之小禮不暇顧不得止之一擧實ニ重罪至極ニ奉存候右ニ付恐多も三郎事　天朝至極之御殊遇出格非常之　聖斷を以參　內被仰付其上格別之蒙　褒勅只管御依賴被　思召是非共滯京仕候樣再三之御內諭をも蒙候得共國內之事未定未熟之廉歎願乍暫時御暇被仰付歸國ニ及舊弊變革最中之處ニ亦〻　勅諚を以被爲召候由左候得は不遠上京之場合ニも可罷成尤三郎全躰之趣意は既ニ一越兩賢公御奉職相成候上は無位之賤臣押出シ盡力ニ不及共可然此前之上京は不得止之一擧最早於　朝廷而も全兩公へ御委任御靜觀至當之段言上仕置候段傳承左候得

は假令御召相成候共頻ニ遜謙可仕儀必然之勢ニ候得共是非共御召有之二三名候之末席ニ被遊御召加之攘夷拒絶之期限策略之緩急御論建ニ付而も　朝廷向之御都合振も宜敷頗る御有益も有之候半歟其上　天朝之御寵遇を蒙居候得は　公武之間ニ周旋御一和之道御委任被爲在候はゝ情意間隔之憂も無之眞實御親睦之道相立君臣之大義も振擧仕候半歟何分御熟考之上彌可然旨御賢慮被遊候ハヽ迅速其段大樹公へ被仰上何分被仰渡候樣仕度乍恐奉存候右之論建子として父を譽妻として夫を譽候同樣ニ而凡情を以論すれハ譬へ他藩より左樣之論建有之候共只管遜謙すへき事ニ乍去眞實　皇國之御爲を思へは全毀譽榮辱ニ拘ハらす大公至平を本として區〻之遜謙或は私情を論し或ハ嫌疑を避る之時ニあらす依之此一論可聞入にあらされハ容易に發覺難仕建議ニ御座候何卒右等之情合は宜敷御包含返す〳〵も私意之論建とは思召被下間敷此段草莽之卑臣時處位之不暇辨別一途ニ　皇國之御爲とのみ存込愚存之趣言上

仕候仰願ハ拙志之萬一をも御亮察被遊下候程偏ニ奉至願候恐惶頓首

戌十一月十一日　高崎猪太郎

○十二日朝四ッ時出門一橋殿を訪問し夫ゟ登營暮時過歸館せらる一橋殿の許にて公板倉閣老の進退如何計らひて然るへきやと尋ねられしに一橋殿方今欠くへからさる人物なれは尚熟考を加ハへ近日登營の上何分の御相談に及ふへしと答へられたりとそ参政内情

○同日夜五ッ時過松平容堂殿卒かに來邸せらるさて申されしハ先刻薩藩高崎猪太郎來りて長の高杉晋作日下玄瑞を初十一人申合はせ近日横濱に闌入して外國人を殺害せんとするよし聞し故直ちニ面會して説得に及ひ彼等稍承服の躰には見へけれと尚拙者にも一應説得を試むへしと申聞たりいよ〳〵さる擧動に及ひてハ容易ならさる國難を釀しなすへき事故拙者承諾致し明朝彼輩を呼ひ寄せ精誠説得すへき積なるか承服すへきや否や測られす萬一承服せされは御内報に及ふへけれと横濱取締方ハ豫しめ

御着手ある方然るへしとの事なりき參政內狀

○同日故松平薩摩守殿に中納言從三位を追贈せらる左の如し壬戌漫錄九下

松平修理大夫

先代薩摩守儀存生中爲國家抽丹誠病末ニ及ひ弟三郎等へ遺訓之儀共達叡聞御感不斜候先代家久雖存生中權中納言　宣下之家例も有之候間格別之　叡慮を以贈權中納言從三位可被　宣下旨京都ゟ被仰進候故薩摩守存生中彼是抽丹誠候趣も有之候ニ付　叡慮之通被追贈權中納言從三位旨被仰出之

○十三日例刻登營暮時歸館せらる此日板倉閣老より人心激昂のため一時引籠りたるは據なき事なれと此儘退職してハ正さしく　朝旨を遵奉するに意なきため退黜せられたる筋に當り天下萬世の汚辱なれハ今一度登城して此寃を雪き然る上兎も角もする事に致したしとの意を內閣へ申立られしか公板倉の登營を見合ハす事となりしハ一時の危難を避くる爲めに

て　朝旨を遵奉するに意ありやなしやの爲ならねは登營しても其寃を雪くへきにあらす故にしか危難を冐して登營するよりも壯士等に說得して誠意の在る所を知らしむるか第一の捷徑なるへしと申されしか閣議ハ尙決定に至らさりしとそ參政內狀

長藩ノ壯士橫濱ニ闖入シテミニストルヲ斬ラントス及ヒ長藩士トノ紛紜

○同日松平容堂殿登營して此節長藩の壯士等外國人に暴行を加ハへんとするよしは聞かまゝを昨夜春岳殿へ內啓に及ひ置しか今朝高崎猪太郎又〻來りて彼輩同夜已に亡命して橫濱に赴きたり其主意ハ廟堂の舊に依りて因循なるハ畢竟世子始め重臣等の周旋緩慢なれハなり此上は我〻より事を起す外に術あるへからすされハ來る十四日の日曜に外國人等の遊歩するを窺ひミニストルを一擊に打斃し首を世子の面前に出して因循の眼に一驚を與ふへしといふにあるよしなりと告け尙又此上なから猪太郎ハ即刻より神奈川に赴きなるへき限り暴行を思ひ止まる樣彼輩に申入へし政府より若外國奉行なと遣はさるゝ事ならハ彼地に於て尙事情を告知す

へしと申せり云〻申出られしかい諸有司一同大に驚き急に外國奉行竹本隼人正御目付澤勘七郎に出張を命せられたり此日容堂殿登營前別使を以て松平長門守殿の許へ彼の高崎より聞かれし趣を内報せられ又　勅使兩卿も此事を傳聞せられ急使を以て長門守殿に暴行を停めらるゝ樣にと申遣いされたりしか當時長門守殿いまたさる事のありしを一切知られさりしよしにて殊の外驚かれ直ちに藩士數名を發して追捕せしめ引續き長門守殿にも出馬せられしか壯士等今朝神奈川に至り横濱の實況を聞合いせしに嚴重の手配りありて容易に立入るを得すとの事なりし故一先近村に潜伏し更に時機を見て發する事に一決し一同川崎宿の方へ引返せる途中追捕の爲長門守殿か差出されたる藩士等行逢ひ世子公踈暴の擧に及はんとする事を殊の外御憂慮ありて急に出馬せらるへしとの事なりしされは程なく此地に來らるへし兎角一刻も早く引戻すへし云〻説諭の上彼十一人を伴ひて歸り來りしに六郷川に近き處にて長門守殿にも行逢はれ夫ゟ蒲

田村梅屋敷にて亡命者に説諭を加へられしかは一同大に恐縮して其罪を謝したりとそ又此時容堂殿より長門守殿の配慮を慰せらるゝため藩士數名（四名名を欠く）を內使として出馬先へ遣はされ彼梅屋敷にて周布政之助を始め亡命十一人の輩と共に一室に憩ひ居りしか長藩士はいつれも酒氣を祓ふり言論稍過激に涉り其中周布十一人に向ひ各は此節容堂君は日〻登城せらるれとも才氣に任せて一時を彌縫せらるゝのみにて攘夷の事にも遵奉の事にも未實効なし實は隱居の身にて要なき事に手を出さるゝものなりなと誹謗すれと此節から此君なくては到底目的を達する事能はす云〻申しゝを土藩四名の士傍にて如何なる趣意に聞過りけむ勃然として怒り主人を惡口せられては聞き流しかたしいさ勝負をと直ちに腰刀を執て立上りしかは十一人の士周布と土藩士との間に立塞かりさて高杉日下の兩人土藩士に向ひ御憤りはさる事なれと此席にて諸君の手にかけんとせらるれは拙者共は却て周布を保護せさるを得す故に今日の所は拙者共に任せ

らるへし尤任せられし上ハ拙者共周布を討ちて明朝その首級を貴藩の御邸に持參すへしと申しゝ故土藩士しからハ御兩人ニ御任せ申すへしと答へ一時混雜は鎭りしか夫か爲め大に時を移し長門守殿を始一行の歸邸せしは翌曉鷄鳴に達しけりとそ參政内狀

○十四日午九ツ時出門一橋殿を訪問し夫より登營せられ退營の際更に松平容堂殿を訪問し夜五ツ半時歸館せらる今朝薩藩岩下佐次右衛門吉井中介來る公對面せられしに兩人一昨日前藩主薩摩守ヘ官位御追贈仰出されたれハ國元へ急報する爲め且は此程横井小楠の議を承ハりしに一ヽ敬服の至り故修理大夫父子に上京を促す爲め近日吉井中介國許に出發する筈なるか三郎は當夏出府後專ら謙遜を主とし最早國外にハ出さるへしと申居るよしなれハ尊公より是非速に上京する樣にとの御一言を請ひたしと申立しか公素より兩侯の上京を希望せられし故是非御會同ある樣拙者希望する旨を申上へしと答へられたりき參政内狀

○同日松平美濃守殿來邸せらる參政内狀

春嶽公容堂公勅使ニ面會セラル

○十五日例刻登營退營より松平容堂殿同道　勅使兩卿の旅館に赴かる歸館は夜四ッ時なり此日公兩卿に對面せられし時今日ハ總裁職を離れ越前隱居の資格を以て參館せりと申されしに兩卿さらハとて脱帽の上酒肴を出され種〻打解けたる御物語りありしか公今後方向を攘夷に一決せらるれハ第一横濱始め居留の外國人を追ひ拂ふへきは勿論なれと是は隨分むつかしく事に寄りては大騷動にも至るへし故に其覺悟なかるへからすと申されしかは兩卿攘夷に一決せらるれはとて直に拒絶にも及はさるへし宜しく其方略を盡し然る上の事なるへしと答へられ兼て過激の議論を主張せらるゝよしとの風聞には似さりしとそ參政内狀

一橋公後見職ヲ辭セラル

○同日一橋中納言殿辭職願書を指出さる左の如し白木秘筐樞密備忘

御後見之儀は追〻御年頃ニ被爲成候ニ付先達而田安殿御免被仰出候處尚又　叡慮を以被仰進候ニ付御後見相勤候樣蒙御内命候砌數度御辭退

奉申上候處再應　御沙汰も被爲在候ニ付乍不肖御請相勤罷在候得共最早御自身御政事被爲聞召候御儀且は當今不容易御時節柄御大政參謀罷在候而も素より不肖之身柱〻　皇國之御不都合ニ相成候てハ奉恐入候ニ付旁御後見御免被成下度候樣奉願候此段宜御披露賴入存候以上

十一月十五日　　一橋中納言

松平豐前守殿

水野和泉守殿

板倉周防守殿

井上河內守殿

小笠原圖書頭殿

○十六日例刻登營暮時歸館せらる此日京便內閣に着して傳奏衆の達書來る左の如し白木秘筺

別紙之通可申進關白殿被命候仍申入候早〻御答承度候事

十一月八日　野宮宰相中將
坊城大納言

德川刑部卿殿
松平春岳殿
松平豐前守殿
水野和泉守殿
板倉周防守殿
井上河内守殿

別紙

彌御安全珍重存候然は宰相典侍より三頭局へ被申越候以書中寫去九月
廿四日申進候　和宮來秋御上洛之儀必御調ニ相成候樣被遊度思召候間宜
御取計有之候樣貴殿へ宜申入旨關白殿被命申進候處未被仰出も無之趣
又候宰相典侍より被申越候ニ付何卒早〻御取計有之候樣被遊度　思食

候且右御答早〻承度仍申入候事

十一月八日

野宮宰相中將

坊城大納言

松平春嶽殿

長藩來島又兵衛來リ春嶽公ニ依賴シテ土藩士ノ憤リヲ解カントス

○同日長藩來島又兵衛來る中根靱負面接せしに來島去る十三日蒲田村梅屋敷にて土藩四名の士と長藩周布政之助との間にありし紛紜の事實を物語りさて此事に就き其翌十四日土藩より小南五郎右衛門長藩邸に來り昨夜以來本藩にて事に關係せる四名を始め壯年の諸士大に憤り種〻激論の旨ありしか結局今一應四名の士より周布氏に對談する事に決せしよしなれハ程なく參邸すへし故に豫しめ御案內に及はんとて來れりと申聞けゝれと小拙ハ其節前夜蒲田ニさる事ありとも知らてありし故實ハ甚驚き直ちに周布に問ひ合ハせしに周布醉中の事故確かと記臆せされと元來容堂公ハ我〻共の深く依賴し居る御方なれは假令醉中たりとも誹謗に涉る言語

ハ發せさる筈なれと只今承ハれハ土藩四名の士のミならす高杉日下の二士まてか誹謗の語ありたりと申せる上ハ最早恐れ入たりと申外なしと答へいまた小南へハ何の返答にも及はさりし程に四名の士來りて周布に對談すへしと申聞し故昨夜の事ハ周布恐入りたりと申居れと諸君に對面ハいたさせかたしと申しゝに四名の士我輩ハ已に覺悟を定めて參邸せる事故周布氏に對談するを得さる限りハ御厄介なからいつ迄も引取らさるへしと申しゝ故私事の行違より起りたる事ならんにハ兎も角もすへけれと今度の事ハ容堂君の御身上に關する紛紜にて私事ならす特に貴藩と本藩とハ御緣家の事故一己の了簡にハ計らひかたし是非對談せらるへしとならハ長門守の所存を尋ね然る上にこそと答へさて云〻の次第を長門守に申聞け所存を尋ねしに長門守今更何とすへしや此方自身容堂殿の許に行て其罪を謝し然る上周布を手討にする外あるへからすとありて卽彼四名に對面し所存の趣を告けられしかは四名の士さる御所存に在らせらるゝ上

ハ強ひて對談するに及はすと申立て退散せし故引續き長門守出門容堂君の許に赴き其罪を謝し且周布ハ手討にすへしと申されしに容堂君拙者ハ初めより聊意に介する所なし故に決して御配慮に及はす且周布の事も醉中の失言によりて手討にせらるゝハ甚然るへからす呉〻さる事ハ思ひ止まらるゝ樣にとありし故長門守大に安堵して歸邸し藩中の者も穩便に事濟となりしを歡ひたりしに十五日に至り小南再ひ來りて昨日長門守殿へ御挨拶に及ひし如く容堂にハ聊存寄あらされと藩中壯年の輩ハ古人も君辱しめらるれハ臣死すといへり到底周布の首級を見さる限りハ濟ましかたしとて今以て鎭靜せす甚當惑せりと申聞し故本藩は更に驚き種〻評議に及ひしに八十餘名の壯士寄集り當夜周布の申しゝ語ハ如何ありしや知らされと容堂君を尊信せるハ隱れなき事なれハ必す中心より誹謗せしものにハ非さるへし然るを高杉日下の兩人深くも思はす其席にて周布の首級を遣はすへしなと申しゝハいかにも輕忽の至りなり故に此上ハ兩人の

首級を土藩に遣はし輕忽の罪を謝すへし周布ハ當節藩政を始國事の周旋にも專ら忠誠を盡せる場合なれハ醉中不明瞭の一言を以て土藩の望に任かす事ハ存しも寄らさる事なりと諭し本藩にても甚當惑し止を得す更に毛利登を土藩に遣はし其當惑せる次第を告け示談に及はせけれと土藩の士一切承引せす小南に對して談判の行屆かさるを責讓するなと更に一場の騷動をも惹き起すへき景況なりし故毛利なすへき樣なくて引取りたり斯る行掛りにて此上長藩よりハ土藩の憤りを解くへき方案なく困却を極め居る事なるかされはとて此節から周布をなきものにしてハ長藩ハ暗夜に灯を失へるに異ならすいよ〳〵困却を極むる次第なれハ深く御憐察ありて春岳公より容堂君へ何分の御一言を仰せ入られ事の穩便に歸する樣御取計らひ方ハあらせらるましきや斯る事ハ申出るも恥つへき次第なから萬一事穩便に歸せされハ昨年來國家の爲め周旋せし廉も水泡に屬すへく又近〻長藩より土藩へ入輿の事あるへき場合なるか是らも如何なり行

くへきか夫是容易ならさる痛心の内情ある事故幾重にも御高案を希ふと申聞し故中根春岳の菲才事の成否ハ測りかたけれと容堂君へ穏便に歸する樣申入るゝ事ハ精〻盡力すへしと答へたりき參政内狀

○十七日例刻登營退出より一橋殿の許に赴かる歸館ハ夜五ッ時前なりき此時一橋殿の登營せられさる事を大樹公深く痛心せられ兎も角も出勤ある樣申入るへしと仰ける故其台旨を傳達せられけれと橋公ハ例の御持論にて攘夷の　勅旨を奉承せられてハ浮浪輩の姦計に陷り將來如何とも爲すへからさるに至るへけれハ到底出勤しかたしと答へられしか岡部駿州も公に從ひて一橋殿の許に至り同しく出勤ある樣陳告しけれと終に聞納れられさりしとそ參政内狀

○同日營中に於て公長藩周布政之助の事を容堂殿に示談せられ周布ハ一藩の人材とも聞ゆれは枉けて寛宥の御挨拶ある樣にと申されしかハ容堂殿其事ハ今朝長藩の老臣を呼ひ寄せ自分ハ他人の毀譽に貪着するものに

あらす故に周布ハ何と申せりとも聊も不滿を懷く事なし此上ハ長藩諸士の落意するを旨とし何様にも取計らはるゝ様にと申入れ已に事濟となれりしかし自藩の諸士ハ拙者か政之助の首を望まさる事を殊の外怒り居るよしなりと答へられしとそ參政内狀

○十八日晝九ッ時登營暮時過歸館せらる此日公大樹公の座前へ出られしに板倉周防過日來引籠り居れとも人少の閣老永く不勤にてハ不都合故速に出勤する様にと仰せける故内閣に於て評議に及ハれしか閣老ハ大小監察をして壯士等に說得せしむへしと申され大小監察ハ容堂殿をして說得せしめらるへしと申立いつれとも決定に至らさりしか夜に入て水野和泉守殿より書翰を以て壯士輩の說得は容堂殿に致したし又容堂殿へ此事を依賴する事ハ貴藩の重臣より申入らるゝ様に願ひたしと申遣はされき參政内狀

○十九日晝九ッ時登營暮時前歸館せらる參政内狀

○同日朝中根靱負を松平容堂殿の許に遣はさる昨夜水野閣老より重臣をして板倉閣老のため壯士に説得の事を容堂殿へ依賴せしめられたしと申遣はされし故なり斯て本日營中に於て尙又此件の評議に及はれしか壯士に説得の事ハ容堂殿承諾せられけれと板倉閣老萬一依然因循を脱せす尊奉の誠意なからんにハ矢張事變なきを保しかたし故に試ミに明日より出勤ある樣にとの意を屹度板倉殿へ申入れ置かるゝ事に決し則大樹公へ其旨を言上し板倉殿へハ小笠原圖書頭殿を遣はされたり參政内狀

幕府井伊家已下ニ譴責ヲ命セラル

○廿日正午登營退出より一橋殿の許に赴かる歸館ハ夜五ッ時前なり此日營中に於て故井伊掃部頭殿を始め内藤紀伊守殿間部下總守殿酒井若狹守堀田見山殿久世大和守殿安藤對馬守殿小笠原長門守薬師寺靜山に譴責を命せらるさて此譴責ハ今朝俄に閣老衆を大樹公の座前に召され故井伊掃部頭在職中品〻不屆の處置に及ひ夫か爲め今日　朝廷へ對して申上くへき樣もなき不都合を釀し成せり又其頃の年寄以下にも不束の輩少からされハ

是ら皆譴責を加へさるへからすさて此譴責ハ最急施を要すへきなれハ今日中に取調へ施行すへしとの台諭ありし由なるか午後に至り公登營せられしかは大樹公尚又公を座前に召され故井伊掃部頭云〻前文の趣を仰聞けられたる上斯る譴責を加へさるを得さるに至りしハ當時幼年なりしとハ申なから此方に於ても職掌に對して此まゝ在るへきにあらされハ斷然官位一等を辭すへき決心なりとありし故公深く感激せられ淚を押へて台慮の趣一〻感服せりしかる上ハ一橋へ申談し尚伺ふへしと申上られしに大樹公さらはとて一書を自書せられ此書面を以て一橋に相談すへしと仰られき（此書面は御側御用御取次見習佐野伊豫守をして持參せしめらる）井伊殿以下の譴責案ハ小笠原圖書頭殿の起草なりとそ大樹公の書面及ひ譴責按左の如し（參政内狀白木秘筐）

大樹公の書翰

御直披

一筆申進候彌御多祥大慶存候然ハ京都御遵奉筋之儀篤と相考候處彦根

を始右條ニ携り候ものとものゝ罪を正し候事第一と存候右は彼等取計候事といへ乍申私當職之儀奉對　天朝實以恐入候依而官位一等を御辭退可申上と心付候間早〻取計候樣今日老中ともへ申達候一刻も早き方宜敷兼而御同存之趣老中共ゟ申聞候前以御談しニ不及爲取計申候以上

十一月廿日

譴責案

井伊掃部頭

其方父掃部頭重キ御役相勤　御幼君御輔佐ニ付而は萬事御委任被遊候處奉對京都被惱　宸襟候樣之取計致し　公武御合躰方にも差響き天下人心不居合之基を開き且賞罰黜陟共我意ニ任セ賄賂私謁之儀も不少上之御明德を汚し不慮之死を遂候ニ至り候而も奉欺　上聽候段追〻達御聽重〻不屆ニ被思召候依之急度も可被仰付之處死後之儀ニも有之出

格之御宥宽を以其方高之内十万石被召上之

内藤紀伊守

其方儀加判之列久〻相勤古役之儀ニ候得は萬事心付可申處勤役中同列之中不正之取計共致し候も不心付罷在候段不束之至ニ付急度も可被仰付處格別之　思召を以先年村替被仰付候一万石舊知戻被仰付溜詰格御免帝鑑間席被仰付之

間部下總守

其方儀勤役中外夷取扱之儀ニ付而は品〻奉對　朝廷不正之取計有之重キ方〻へ不相當之仕向致し右は故井伊掃部頭之意を受候とい乍申重大之事件輕易ニ心得　公武之御一和を失ひ天下人心不居合を開候段追〻達　御聽御役柄をも不弁次第不束ニ付急度も可被仰付之處格別之　思

召を以先達而村替被仰付候一万石被召上隱居被仰付急度愼可罷在候

間部安房守

其方父下總守云〻前同文 其方へ爲家督四万石被下之

酒井若狹守

其方養父右京大夫所司代勤役中如何之取計有之先達而隱居被仰付御加增地被召上候處一躰 公武之御間柄ニ付實直ニ可取扱處權謀智術之行ひ有之趣猶達御聽御疎隔之場合ニも相當り如何之事ニ被思召急度も可被 仰付處格別之御宥免を以右京大夫儀蟄居被 仰付之

堀田鴻之丞

其方父見山勤役中外夷取扱之儀ニ付而は品〻 叡慮之趣も被爲在候處

重大之事件輕易ニ心得萬端不行屆之及取計候段追〻達　御聽重キ御役儀不似合之儀共不束之至ニ付急度も可被仰付處格別之　思召を以見山儀蟄居被仰付之

久世謙吉

其方父大和守勤役中不束之筋有之先達而御咎被仰付候處猶追〻達御聽候ハ故井伊掃部頭横死之儀奉欺　上聽候儀御後闇キ取計御政道も不相立次第且京都より被仰進候儀も有之候處因循遲緩之取計致し　朝廷を不重其上重キ御役儀相勤めなから賄賂に汚れ家中不取締之段不埒被思召候依之其方高之內一万石被召上大和守儀永蟄居被仰付之

安藤鏻之助

其方父對馬守勤役中不正之筋有之先達而御咎仰付候處猶追〻達　御聽

候は故井伊掃部頭横死之節奉欺　上聽候儀御後闇き取計御政道も不相立次第且京都ゟ被仰進候儀も有之候處因循遲緩之取計致し　朝廷を不重掃部頭死後も其意を受非義を行ひ外國人應接之節不分明之事共有之由相聞其上重き御役前相勤なから賄賂ニ汚れ家中不取締之段不埒ニ被思召候依之其方高之内二萬石被召上對馬守永蟄居被仰付之

御書院番頭
小笠原長門守

其方儀京都町奉行勤役中事實不分明之儀取計御制度紛亂を生し候段不束ニ付御役御免隱居被仰付之

御小納戸
小笠原織部

其方養父長門守云々（前同文）家督無相違其方へ被下之

中奥御小姓
薬師寺　備中守

其方養父隱居靜山勤役中故井伊掃部頭ニ阿諛致シ不正之取計有之不束ニ被思召候依之其方高之内七百石井靜山隱居料被召上之

○廿一日晝九ッ時登營退出より一橋殿を訪問し夜五ッ半時歸館せらる本日一橋殿久ゝニ而登營せられけれと大樹公に謁せられしのミにて御用席に入らす退營せられし故再ひ大樹公の命を以出勤を勸告せられしなり參政內狀

○廿二日九ッ時登營暮時過歸館せらる板倉周防守殿本日より出勤せらる參政內狀

嶋津三郎殿ニ京都守護職ヲ命セラルベキ議

○同日營中に於て島津三郎殿に京都守護職を命せらるへしや否やの詮議ありしか會津殿殊の外不同意にて決議ニ至らさりしとそ島津殿に守護職を命せらるへしとの事ハ此程　朝廷より御內沙汰ありし故なるか其御沙汰書ハ左の如し參政內狀白木秘筐

松平肥後守儀　京都守護職被申付御警衞筋も行屆　御滿足被　思召候
然る處一藩奉職ニ而は人心居合も如何可有之哉　御懸念被　思召候依
之島津三郎儀今般　公武御一和之基本を致周旋爲　皇國盡忠誠候者ニ
而此末　公武之御爲別而可然被　思召且同人儀家督ニも無之候得は
京師守護も專一ニ可相調候義と被　思召候ニ付右旁別段之　叡慮を以
斷然守護職被　仰出度於大樹家も猶又　叡慮貫徹候樣肥後守申談相勤
候樣被申渡度御沙汰候事

十一月

別紙之通被　仰出候ニ付而は島津三郎儀早〻上京被仰下候間父子一時
發途ニ相成候而ハ難澁ニも可有之候故修理大夫出府之儀暫猶豫有之候
樣被遊度　思召候事

十一月

○廿三日例刻登營退出より田安殿を訪問し夜五ッ時過歸館せらる本日營

大樹公官位一等ヲ辭セラル

中に於て三家家門溜詰の輩へ大樹公官位一等を辭せらるへき台慮の旨を指示さる左の如し參政內狀家譜

先年以來御政事向品〻不宜候事共有之被爲對　天朝恐入被爲　思食御官位御一等御辭退被遊度との上意ニ付中納言殿始一同奉恐入再應申上候得共此程御咎筋等夫〻被仰出候も畢竟御不行屆ゟ之御儀と深被爲省御許容不被爲在候誠以恐入難有　思召ニ候條銘〻厚可相心得候事

○此日田安殿を訪問せられしハ去る廿日井伊家を始安政中執權の輩に譴責を命せられ且大樹公にも深御自反此際官位一等を辭せらるへきに決せられし上ハ田安殿にも其頃後見職なりし故同しく自反せらるへきなりとの議を申入られしなりとそ參政內狀

幕府安政ノ讞獄ニ關係セシ諸有司ヲ譴責セラル

○同日安政中の讞獄に關係し及ひ萬延中井伊大老か横死の際其實を誣ひたる諸有司等を譴責せらる安政中の讞獄ハ最初評定所に於て安島帶刀の類を叱りに橋本左內の類を國許へ指戻し愼に擬して其案を成しすへて輕

罪の見込なりしか井伊大老此成案に附箋して大老の附箋せし案記ハ當時其儘現存せりとそ安島を割腹に橋本を斬に其他もすへて重罪に改められけるを諸有司大老の權威に怖れて敢て爭はす遂に不當の苛刑に處せらるゝ事となりたるもの故各其職掌に對し不束なりとの詮議にて本日夫々譴責せられしなりとそさて此諸有司中久貝遠江守の殊に重く譴責せられしハ始終大老の暴政に與ミせしに因り又松平式部少輔を譴責せられしハ讞獄の事其局を結ひし後大老此事に關し多少の費用を要せりとて竊に金三万両賜あらん事を企圖せられ閣中に於て其事を議せられし時御勘定奉行立田主水正土岐下野守其拜賜を不當なりとして固く拒ミ夫か爲立田ハ屠腹して死し土岐ハ駿府勤番に貶せられしか當時松平も御勘定奉行を勤め居り專ら大老に佞し如何にもして其企圖を成さんとの旨趣にて御手許御用の名義を以て金三万両指出し廉たゝす大老に賜與せらるゝ事に計らひたる故にて讞獄に關せる譴責にはあらさりしとそ其譴責書は左の如し御沙汰書參政内狀

申渡之覺

松平讃岐守

其方養父玄蕃頭儀　思召も有之候ニ付蟄居被　仰付之

松平伯耆守

其方儀寺社奉行勤役中飯泉喜内初筆一件吟味取計方不宜不束ニ被思召候依之急度も可被仰付處格別之御宥恕を以溜詰格御免鴈之間詰被仰付差控可罷在候

松平和泉守

其方儀勤役中飯泉喜内初筆一件吟味取計方之儀ニ付井伊故掃部頭之意を請　御制典を紛亂致し其後同人横死之節奉欺　上聽候段御後闇取計

御政道も不相立次第御役柄不速之至ニ候依之急度も可被仰付處格別之
思召を以先年村替被仰付候一万石舊地戻被仰付且又隱居被仰付之

松平主水正

其方養父和泉守勤役中飯泉喜内初筆一件吟味取計方之儀ニ付井伊故掃
部頭之意を請　御制典を紛亂致し其後同人横死之節奉欺　上聽候段御
後闇取計御政道も不相立次第御役柄不束之至ニ候依之急度も可被仰付
處格別之　思召を以先年村替被仰付候一万石舊地戻被仰付且又隱居被
仰付家督之儀は無相違其方へ被下之

脇坂淡路守

其方養父楫水儀先年勤役中井伊故掃部頭横死之節奉欺　上聽候段御後
闇取計御政道も不相立次第御役柄不束之至ニ候依之急度も可被仰付處

格別之思召を以楫水儀急度愼可罷在旨被仰付之

水野出羽守

其方養父左京大夫儀勤役中井伊故掃部頭ニ阿諛致し勤柄不似合之事ニ候依之左京大夫儀差控被仰付之

神奈川奉行
淺野伊賀守

其方儀御目付勤役中不束之儀有之趣達　御聽候依之差控被仰付之

御留守居
松平出雲守

其方儀御目付勤役中飯泉喜内初筆一件吟味之節立合被仰付候處不束之次第も有之候間急度も可被仰付處格別之御宥恕を以御役御免差控被仰付之

講武所奉行
大久保越中守

其方儀京都町奉行勤役中事實不分明之儀取計御制度紛亂を生し候段不束ニ付御役御免差控被仰付之

御小姓組番頭
松平式部少輔

其方儀御勘定奉行勤役中不正之取計有之趣達御聽候依之御役御免差控被仰付之

同
駒井山城守

其方儀大目付勤役中不束之儀有之趣達御聽候依之御役御免差控被仰付之

同
黑川備中守

其方儀御目付勤役中飯泉喜内初筆一件吟味之節立合被仰付候處不束之次第有之候間御役御免差控被仰付之

西丸御留守居
石谷長門守

其方儀町奉行勤役中飯泉喜内初筆一件吟味取計方不宜不束被思召候依之御役御免隱居被仰付差扣可罷在候

御小姓
石谷鐵之丞

其方父長門守町奉行（前同文）差扣可罷在旨被仰出候家督之儀は無相違其方へ被下之

御鑓奉行
岡部土佐守

其方儀京都町奉行勤役中事實不分明之儀取計御制度紛亂を生し候段不

束ニ付御役御免差扣被仰付之

中奥御小姓
久貝相摸守

其方養父遠江守大目付勤役中飯泉喜内初筆一件吟味之節立合被仰付候處不束之次第有之段達　御聽勤柄別而不似合之事ニ候依之其方高之内貳千石被召上遠江守差扣被仰付之

寄合
池田播磨守

其方儀町奉行勤役中飯泉喜内初筆一件吟味取計方不宜不束ニ被思召候依之急度も可被仰付處格別之御宥恕を以肝煎御免差扣被仰付之

奥御醫師
伊東長春院

思召有之御匙御免差扣被仰付之

○廿四日例刻登營退出より松平容堂殿を訪問し夜四ッ時前歸館せらる此日板倉水野小笠原の諸老一橋殿の許に赴かれ舊の如く日〻登營ある樣にと勸告せられしか一橋殿矢張承諾せられす結局勘考の上明朝まてにいつれにか決すへしと答へられたりとそ參政内狀

○廿五日例刻登營暮六ッ半時歸館せらる本日も小笠原圖書頭殿一橋殿の許に赴き例の登營を勸告せられけれと聞納れられす引つゝき大目付竹本隼人正御目付澤勘七郎御側衆某等參邸して勸告しけれと矢張聞納れらるへくもあらさりし故更に板倉周防守殿にも參邸ありて共〻に登營ある樣にと申立られけれと尙も承諾せられさりしとそ參政内狀

田安殿退隱及官位一等辭退ヲ願ヒ出ラル

○同日田安中納言殿より退隱及ひ官位一等辭退の願書を差出さる左の如し參政内狀白木秘筐

此度公方樣思召立ニ而御官位等之御辭退京師へ被仰立候趣春岳より相伺實以驚悚奉恐入候段〻竭愚考候處掃部頭勤役中御當職中とい乍申未

た　上ニは御幼年被爲在候得は萬事小生御輔翼申上御不都合無御座樣處置不仕候半而は難相成候處一向右等ニも不心付今日ニ至り上惱　宸襟下蒼生之所向を失ひ候樣釀成終ニ公武之御一和ニも相係り何とも不安寢食重〻多罪奉恐入候依之小生儀は退隱加之官位一等御辭退奉申上候間何卒御亮察被成下偏ニ高明之御裁判奉懇願候

田安大納言

○廿六日朝五ッ半時出門一橋中納言殿を訪問し夫より登營暮六ッ半時歸館せらる今朝一橋殿を訪問せられしは例の登營を勸告せらるゝ爲なりしか明廿七日　勅使入城あるへき場合なりし故今度ハ是非とも登營の承諾を得さるへからすとの閣議にて公の勸告中へ別に大樹公より御直の召命を下さるゝ事に豫しめ打合ハせ置かれたるよしさて一橋邸にて對話中御側衆佐野伊豫守大樹公の内命を奉せるよしにて其席に來り指懸り御相談なされたき事あれハ即刻登營あるへき旨仰出されたりと申述へ公も側らよ

りしか御直命ある上ハいよ〳〵速に登營せられさるへからすと言を添へられしかは一橋殿御相談とある上ハ命に從はさるへからすとありてやかて登營ある事に決せられし故公引分れて登營せられしか一橋殿にも續て登營せられたり此時大樹公に謁せられし上ハ直ちに歸館せらるへき內存と察せられし故閣老衆以下諸有司相謀り累りに切迫の事情を述へて勸告に及ひ遂に以後舊のことく日々登營せらるゝ事になれりとそ參政內狀

岡部駿河守營中ニ於テ京都ノ實況ヲ陳述ス

○同日營中に於て岡部駿河守申立けるハ昨夜會津藩外島機兵衛來りしか此者過般來京都に在て彼地の形勢を觀察し大に憂痛する所ありし故永井主水正に謀りしに永井も同感にて此上ハ一橋公を始め重職の方々速に出京ありて周旋せられさるへからすとの意見を申含めし故態々出府せりと申しゝ故形勢の大略を承ハりしに近來關東の勢力日を逐ふて退縮し　朝廷と所司代以下諸有司との間全く隔絶して事情一切貫徹せす是等の職々は殆んとあれともなきにひとしこれに反して外藩の勢力ハ日を逐て隆盛

に赴き微細の事情まても意のことく　朝廷に貫徹し已に此程無位無祿の島津三郎に守護職の御沙汰ありたる如き實に言語に絶したる次第にて長藩も不服堂上にも不服の方ゝあるにも拘ハらず　三郎の守護職ハ　勅命故重く會津の守護職ハ幕命故輕きの觀なきにあらす尤斯る形勢に至りしハ從來關東にてハ　朝旨を尊奉せらるゝの事薄かりし故多年御憤りありしに外藩にてハ專ら懇懃を盡せし故自から御親しみの深くなりたるものと推量せらるゝなりされハ此際橋公を御始重職の御方ゝ御一同速かに御上京あらせられ誠意を以て　朝廷を尊崇せられすハ最早天下の四分五裂に至るも遠きにあらさるへし云ゝなりしと申しゝかハ諸有司或は驚愕し或は憤激してしか外藩人の爲めに意のことくせられては一日も猶豫すへきにあらす速に重職一同上京すへし殊に一橋殿春岳殿會津殿容堂殿は汽船に搭して十日以內にも出發ありて然るへきかなと俄に面目を改めたる評議に及ハれたりとそ參政內狀

〇同日夜に入りて松平容堂殿來邸せらる遠からす上京せらるゝ筈なりし故着京の上時勢に處せらるへき方針を協議せらるゝ爲めなりしか當時横井小楠島津殿御父子に上京を促し關東よりも公及ひ容堂殿會同せられ京師に於て大に天下の大計を議し然る上　公武一致の國是を定めらるゝか今日の要務なりとの意見にて已に薩藩岩下佐次右衞門吉井中介高崎猪太郎等と共に專ら相談に及ひ居る場合なりし故其意見を容堂殿に開陳せしむへしとて其席へ召出されてありしかいまた開陳せさる內松平肥後守殿來邸せられ近日京師より歸り來りたる家臣兩名を隨かへたりと申されし故此兩人外島機兵衞外に一人の名ハ詳ならすをも其席へ呼ひ入れられしに夜五ッ時頃より四ッ半時過くる頃まて繰り返し京師の事情を陳述せしか大意は今朝營中に於て岡部駿河守か申立し所に異ならす其他ハ島津三郎殿に守護職を命せらるへしとありし事を非とするのみなりし故公及ひ容堂殿聞き倦まれ横井も堪らへかね立て別席に出たりき斯て九ッ時過肥後守退散せられし後

勅使入城勅旨ヲ傳ヘラル

横井再ひ其席へ出て意見のある所を開陳したりき参政内狀

○廿七日朝五ッ半登營暮時過歸館せらる本日ハ　勅使兩卿入城せらるゝ筈なりし故出邸の際ハ麻上下を著せられ營中に於てハ衣冠を著せられたりさて　勅使の接待方ハ舊例にかゝはらす崇敬せられしか大略ハ　勅使駕輿のまゝ玄冠まて乘入られ大樹公一橋殿は拭椽に公及ひ溜詰の輩は式臺左の方に閣老若老ハ式臺右の方に出て迎へられ夫より大樹公一橋殿先導にて　勅使大廣間上段に着坐せらる此時大樹公一橋殿ハ中段に扣へられ公及閣老以下ハ二の間に譜代諸侯諸御役人ハ椽頰に列坐せられたり斯て　勅使會釋の上大樹公上段に昇られ　勅書を拜受せらるゝ際一橋殿進んて三方を出さる大樹公　勅書を三方の上に置拜讀せられし上　勅使に對し　勅書なし下され有かたき仕合御請の儀ハ追而申上奉るへしと仰せ上られ畢て　勅使歸館の際大樹公始御見送りは御迎の儀に同し此時の勅書及ひ入城の次第書ハ左の如くなりしとそ参政内狀壬戌漫錄白木秘筐

勅書寫

攘夷之儀先年來之　叡慮至方今更御變動不被爲在候於柳營追〻變革新政を施行し　叡慮尊奉相成候段不斜　叡感被爲在候然るに天下之人民攘夷一定無之候而は人心一致ニも難至且國亂之程も如何と被惱　叡慮候間於柳營彌攘夷決定有之速ニ諸大名へ布告有之候樣被　思召候尤策略之次第は武將之職掌ニ候間早速被盡衆議候而至當之公論決定有之醜夷拒絶之期限をも　奏聞候樣御沙汰之事

今般攘夷之儀決定有之天下へ布告ニも相成候上は外夷何時海岸を劫掠し畿內ニ闌入之程も難測候間　禁闕之御守衞嚴重被仰付度被思食候然處海國は夫〻防禦向も有之海岸ニ引離候諸藩は救援之手當等有之候事ニ付邊鄙ゟ畿內ニ警衞差出居候而は自然不行屆之筋も可出來且自國之兵備手薄ニ相成國力之疲弊にも可至候間京師守護之儀は御親兵とも可

稱警衛之人數を不被置而は實以　宸襟を不被安候間諸藩ゟ身材强幹忠勇氣節之徒を令撰募時勢ニ從ひ舊典を御斟酌ニ相成御親兵と被遊度被思召候右親兵被爲置候ニ付而は武器食糧等准之候間是又諸藩へ被仰付石高相應貢獻致候樣被遊度候但是等之儀は制度ニ相渡候事ニ付於關東取調諸藩へ傳達有之樣被仰出候最即今之急務ニ候間早速評定可有之御沙汰被爲在候事

勅使入城の次第

一勅使三條中納言副使姉小路少將御對顏ニ付御表出御御衣冠（分注朱書）出門之注進ニ而一同奥へ廻り周防殿御先立席ゝ着座春岳殿外一同ニは御扣所ゟ後ロニ着座出御大廣間御帳臺へ御留座西御椽側通り中納言殿始一同相廻り御同人ニは御下段御板椽ゟ後ロニ着坐春岳殿外一同ハ同斷御次の間へ着坐周防守殿ニハ御先立席へ着坐重而御目付ゟ之注進ニ而周防殿ゟ泊方へ會釋此時中納言殿始一同御玄關へ相越御帳臺ゟ出御

御先立　板倉周防守

御太刀　前田上總介

御刀

一勅使副使登城之節御玄關上拭椽迄被爲成（分注朱書）御先立周防殿は御玄關上左之方へ被披夫ゟ後ノ御先立席へ被着座
勅使副使之前ニ被爲立御誘引（分注朱書）御先立周防殿二之間御敷居際ニ而被披
公方樣ニは大廣間御中段上より一疊目ニ御留座（分注朱書）通御相濟候と春岳殿年寄衆ハ御跡より相越二之間御板椽を後ロニ着座此時和泉殿高家ゟ御三方被請取御閾際へ被扣居
三條姉小路捧　勅書御上段着座　勅使氣色之後公方樣御上段へ御着座此節　勅書御頂戴御上段御塗椽際迄御退座此時年寄共御三方持出一橋中納言殿御請取御前へ被差出　勅書御拜見御一禮有之畢而年寄共　勅書御三方之儘中納言殿ゟ請取御下段ニ持罷在此時御中段元之御席へ御退座　勅使副使退去最前之通御送り

一勅使副使登城之節春岳年寄共一橋中納言殿御玄關御拭椽迄送迎之事御玄關御式臺迄出迎高家其外役〻は下座敷へ出迎退出勅使副使登城之節御玄關横付之事之節も同所迄送之

一禁裏より公方樣和宮樣天璋院樣ゟ之被進物幷御目錄　勅使副使登城以前於傳奏屋敷高家請取之

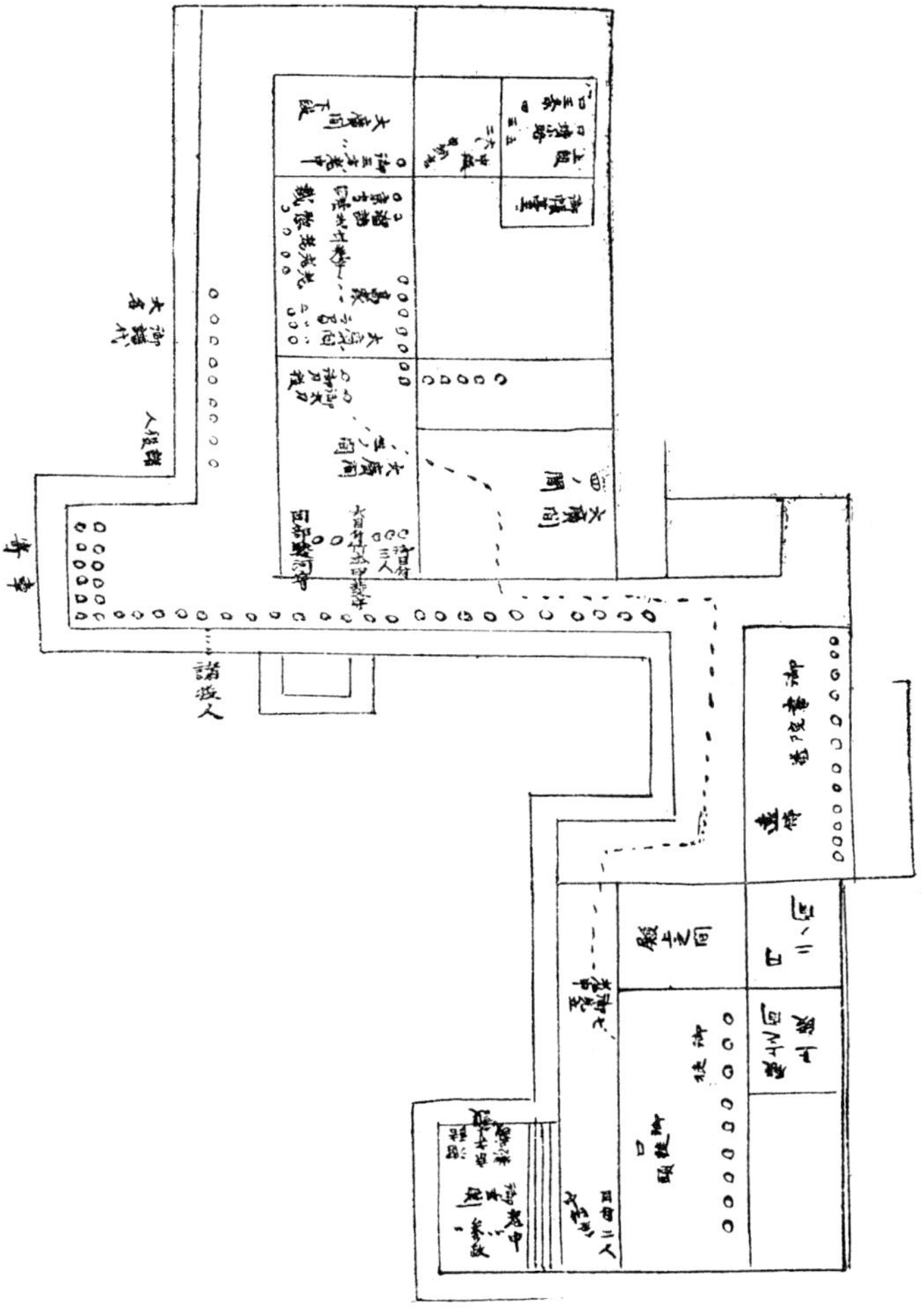

勅使御取扱

一橋公兵ヲ率ヒテ上坂セントセラル

○廿八日登營せられす本日暮六時一橋中納言殿來邸せらる三卿の來邸せらるゝ事ハ當時其例なかりし故供帳供膳の設けに邸中ハ一時殊の外混雜せり　此時一橋殿申されしハ近來京師の形勢いよいよ容易ならさるよし其上佛朗西新聞を閲するに大坂へ軍艦を寄せ京師の應援をなす云〻掲載せりされは幕府に於て其まゝに指置かれなハ今後畿內ハ如何なり行くへきや痛心に堪へす故に拙者此節二萬許の兵を率て大坂に登り一時彼地に駐在して內ハ京師を守護し外は海岸を防禦せんと欲す然る上大樹公にもなるへく速かに御上洛ありて京師を守護せらるゝハ勿論なり此議今日內閣に於て閣老以下の意見を尋ねしに大概同意なるか貴兄の御意見ハ如何とありしか公此時島津三郎殿とゝもに京都に於て國家の大計を立らるへき決心なりし故然るへしとハ思はれさりけれと此決心ハ近日容堂殿へ內談せられしのミにていまた他人にハ開口せられさる場合にもあり且ハ廟堂從前の因循に似すさる事に同意を表せるハ人心振起の端にもあるへきかとて態と御尋の件ハ輕からぬ事なれハ尚熟考の上

にこそと答へられたりき参政内狀

幕府安政ノ讞獄ニ懲レシ諸士ノ罪チ解カル

○同日町奉行淺野備前守役所に於て去る安政六年中處刑せられし安島帶刀外六名の罪を免るし別に諸藩に於て國事に關し處刑せしものあられ姓名申出へき旨を廻達せらる左の如し諸家

申渡書

水戶殿家老安島帶刀親類水戶殿家來
新家半之允

同家來鵜飼吉左衛門同人悴鵜飼幸吉右両人身寄無之ニ付水戶殿家來
川又友三郎

同家來茅根伊豫之介親類水戶殿家來
大內市五郎

御小姓組仙石右近組之節曾我權左衛門家來醫師春堂養父飯泉喜內悴ニ而當時淺草陸尺屋敷義三郎地借町醫
飯泉春堂

松平越前守家來橋本左內弟同家來
橋本琢磨

松平大膳大夫家來杉百合之助へ引渡
蟄居申付置候浪人吉田虎次郎親類松
平大膳大夫家來

幾度一郎次

右安島帶刀鵜飼吉左衞門同幸吉茅根伊豫之介飯泉喜内橋本左内吉田虎次郎儀先達而御仕置被仰付候處京都ゟ被仰出候厚御趣意も有之候ニ付此度御免被仰付候墓石等取建候共不苦候依之其方共へ申渡候間一同難有可奉存候

廻達書

今度京都ゟ厚御趣意を以大赦被仰出候儀も有之候ニ付而は銘〻領分等ニおゐて　皇國之御爲と存込其所行法憲ニ觸候而死罪牢死流罪幽閉等之者有之候はゝ其段委細取調名前等認出候樣可被致候右之趣萬石以上已下之面〻へ可被相達候

十一月

○廿九日例刻登營薄暮退出夫より清水邸に赴かる本日ハ一橋殿の催しに

島津殿御父子ニ上京チ促ガシ、公武一致ノ國是チ定ムル議

て　勅使兩卿を同邸に請待せられしなりさて此席に於て一橋殿攝海守衞の爲め近〻登坂する心得なり貴卿ハ如何思召さるゝやと尋ねられしか兩卿ハ篤と考案の上何分の御挨拶に及ふへき旨を答へられ其他　勅書布告の順序等を相談せられたりとそ公ハ歸途田安殿の許明日ハ故一位公の御忌日故なりに立寄られ夜九ッ時歸館せられき參政内狀

○同日營中に於て公板倉閣老とともに島津殿御父子に上京を促し云〻公武一致の國是を定めらるゝか今日の急務なりとの說を一橋殿及水野小笠原兩閣老に相談せられしかいつれも至極の良策なるへしとありて大に同意せられたりとそ板倉閣老へハ昨夜相談せらるゝ筈にて來邸ある樣にと申入れ置かれけれと俄に一橋殿來邸せらるゝ事となりし爲め來られさりし故今朝中根靱負をして其說を陳述せしめられ板倉殿にハ已に同意ありしなり參政内狀

○晦日例刻登營暮時前歸館せらる本日退營後松平容堂殿水野和泉守殿板

倉周防守殿小笠原圖書頭殿來邸せらる昨日營中に於て相談に及はれし島津殿御父子に上京を促し云〻の件を尙又協議せられしか一座の方〻いよいよ異議なく遂に決議に及ハれたり當時此事決議の上ハ高崎猪太郎急に鹿兒島に赴き三郎殿御父子ニ上京を促し御父子承諾の上ハ來亥年正月廿日頃迄に着京あるへく公及ひ容堂殿ハ正月十日頃に上京せらるへき胸算なりし參政內狀

續再夢紀事卷二終

續再夢紀事卷三 文久二年壬戌十二月中

幕府島津三郎殿ニ上京ヲ促サルヽ事ニ決ス及高崎猪太郎西上

○文久二年壬戌十二月朔日朝五ッ半時登營退出より一橋殿同道　勅使の旅館に赴かる此時旅館清水邸なり（両卿最初ハ傳奏屋敷に滞留せられしか其後清水邸に移轉せられし也）夜五ッ時退散歸途田安邸に立寄四ッ時歸館せらる（參政内狀）

○同日薩藩高崎猪太郎來る過日來島津三郎殿に上京を促し云〻の件幕府に於て内決の上ハ高崎直ちに江戸を發し夫より京師に立寄鹿兒島に赴くへき筈なりしか近日一橋殿以下閣老衆此議に同意せられし故特に呼寄せられしなり公對面して鹿兒島に着せし上ハ速に御上京ありて國家のため盡力せらるゝ事を拙者深く希望する旨三郎殿に申上又此節三郎殿に守護職を命せらるへき旨京都より仰出されたる事ハ承知の如くなるか幕府は聊も異議なけれと尾藩會藩長藩なと殊の外不平のよし故此際强て命せら

れなハ三郎殿却て迷惑せらるへしとて來春大樹公上洛の際まて發表を見合ハせらるゝ事となれゝハ此旨も申上る樣にと申聞けられ又近衛關白殿下靑蓮院宮に捧呈せらるへき書翰及三郎殿に遣ハさるへき書翰を托せられき斯て此時公着用せられし羽織を脫きて高崎に贈與せられ其托せられし書翰左の如し　參政內狀樞密備忘白木秘篋

近衛殿下に捧呈せられし書翰

先達而高崎猪太郎參上仕候節段ゝ御懇厚御內諭被成候趣猪太郎ゟ逐一中達謹而奉拜承候難有仕合奉存候天下危難之秋ニ當り不學無術之小臣重職を汚し罷在奉辱　勅任候儀も可有御座歟と夙夜不堪恐惶候得共切迫之機會陳謝仕居候時ニも無御座候故唯ゝ　皇國之爲メに一身を抛ち誠赤を以奉報　叡旨と存詰候より外何等之術計も無御座候就而は島津三郎儀は國忠拔群之者にも御座候故此度　勅使を以被　仰付候御儀も計議仕度と猪太郎ゟ申含指越候事ニ御座候委細は從同人可達高聽と奉

存候此度　勅使ニ付而者何角御斟酌被爲思召候哉ニも竊ニ奉窺候得共聊被爲懸御念慮御儀無御座幕府一層之奮發を添重疊難有仕合奉存候事ニ御座候尙此上ニも不堪之儀は幾重ニも御警策被成下置候樣奉伏願候右は前日御垂諭之御請迄猪太郞へ托し奉棒一書候他ハ同人之口上ニ讓り併而奉期不遠上京拜候之時候誠恐誠惶頓首〻〻

近衞殿下侍執　　慶永

青蓮院宮に捧呈せられし書翰

先達而高崎猪太郞參上仕候節段〻御懇厚御內諭之趣猪太郞ゟ逐一申達謹而奉拜承難有仕合奉存候素ゟ不肖不才之小臣過當之重任を辱罷在候義憂慚恐懼絕言語候次第ニは御座候得共時勢如斯切迫ニ及ひ德力を量り居候秋とも不奉存候ニ付容堂申談し一向　叡旨を奉し一片之赤心報國之爲に粉碎仕候より外無之と覺悟仕候迄ニ御座候此度以　勅使降命

も被成下　天威ニ賴て幕府一層之奮發を添重疊難有仕合奉存候就而は島津三郎儀ハ國忠拔群之者ニも御座候得は猶又　皇國之大事前途之次第も商量仕度と猪太郎へ申含指越候事ニ御座候委細ハ從同人可奉達尊聽候儀ヽ奉存候右は前日之御懇諭之御請迄猪太郎へ托し奉捧一書候猶此上とも駑駘御鞭策被成下置候樣乍恐幾重ニも奉伏願候餘は奉期不遠上京拜候之時候誠惶誠恐頓首ヽヽ

蓮宮法王侍執　　慶永

島津三郎殿に遣はされし書翰

爾後殊之外御疎遠罷過不本意千萬御座候扨御歸國之後も天下形勢廟堂之光景も種ヽ轉換有之何分危急切迫之秋と相成　天使も御下向降　勅之御次第も不容易事共有之候乍併天下之人心如當今義方ニ向ひ致奮發候儀は二百年來希有之盛事ニ而乍恐　聖明之感動被爲成候處ニ候得は

此時ニ當り　皇國の衰運挽回無之而は萬歳を經候而も其期有之間敷と不堪激勵候得共兎角不才菲力不行屆而已ニ而恐懼不少候處近來容堂も登城被仰付廟義參豫ニ相成候故大ニ力を得精〻粉骨罷在候御上洛も愈來二月御決定之事ニ而其節は御宿望之通り　朝廷幕府之御親睦御熟調ニ不相成候半而は是亦相濟不申譯ニ候得共京師之御都合ハ甚不案内之儀ニ而目途も相立兼痛心此事ニ御座候得は此際之御周旋ニおゐてハ偏ニ賢兄之御鼎力ニ無之候而は決而行屆申間敷と申談候事ニ候處曾而御上京被成候様　御内旨も有之哉ニも致承知候得は旁賢勞ニは候得共御支度次第一日も早く御上京相成候様致企望候左候得は容堂申合セ從是も上京いたし於　輦下及御熟談官武御合躰之基本も　皇國萬安之大計も粗商議も極め候而御上洛を御待受申上候様仕度儀と奉存候尤容堂申談之次第此地之形勢等ハ總テ猪太郎之口上ニ讓り不及委細候間御聽取ニ相成候様所仰希御座候何分ニも此機會ハ千歳之一遇と被存候へは唯

〻早〻御上京再度之御盡力御座候樣　皇國之御爲ニ翹望依賴罷在候且又高崎岩下吉井之三士先般以來精忠盡力不容易周施共ニ而暗ニ幕政之裨益とも相成候儀も不少重疊感荷之至候得は可然御褒詞も被下候樣於劣生所希ニ御座候楮餘之心緒は來春之面晤を期シ候出仕前匆〻布字如此ニ候

近衞關白殿當職御辭退及鷹司前右大臣殿關白內覽宣下ノ御內慮

○是月日欠去月廿五日發の京便內閣に達して所司代より近衞殿關白職御辭退鷹司殿に關白職を宣下の事を　朝廷より御下問ありしよし申來る左の如し白木秘筐

其一

近衞關白殿當職辭退鷹司前右大臣殿へ關白　宣下可有之　御內慮之儀ニ付書付傳奏衆御役宅へ可被致持參之處私不快ニ付以直書被差越候右は早〻其御地へ申進速御答到着候樣格別之取計可有之旨被申聞候ニ付此段申進候以上

十一月廿五日

牧野備前守

松平豊前守様

水野和泉守様

板倉周防守様

井上河内守様

近衛關白殿當職辭退鷹司前右大臣殿へ關白内覽等　宣下近衛殿辭職は

准三宮　宣下可有之　御内慮之儀ニ付申進候書付

牧野備前守

近衛關白殿當職辭退之事被願申候願之通被　聞食内覽如舊　宣下候而

鷹司前右大臣殿に關白内覽等　宣下可有之被　思召候　御内慮之趣其

御地へ宜申上旨且右辭職之儀去六月關白　詔蒙　仰深畏入被存候急務

御用無據在職候處元來多病之上愚昧性質重大國事ニ預り候儀恐懼眩暈

之症時々相發嚴儀公事參仕之節万一不敬之進退有之候而は亂公私之威

儀恐入被存候ニ付再應辭職之被儀相願候此上於被召止は可爲迷惑候〔歟カ〕仍
願之通被　聞食但在坊中輔佐并筆道御師範被稱勤勞於辭職は准三宮　宣
下可有之被　思食候付而は鷹司前右大臣殿へ關白內覽等　宣下可有之
被思召候ニ付御內慮之通被　仰進候間　思食之通無滯相濟候樣早〻宜
取計旨傳奏衆被申聞書付被差越候付寫二通入御披見候　御內慮之通可
被仰出候哉相伺之申候右　御內慮之儀早〻其御地へ申進速ニ御答到着
候樣格別ニ取計可申旨是又兩卿被申聞候此段も申進候以上

十一月廿五日

傳奏衆被差越候書付寫之一

近衞關白去六月關白　詔蒙　仰深畏入被存候急務御用無據在職候處元
來多病之上愚昧性質　重大國事ニ預り候儀恐懼其上眩暈之症時〻相發嚴
儀公事參仕之節萬一不敬之進退有之候而は亂公私之威儀恐入被存候ニ
付再應辭職之儀被相願候此上於被召止い可爲迷惑歟仍願之通被　聞食

但在坊中輔佐幷筆道御師範被稱勤勞於辭職は准三宮　宣下可有之被
思食候ニ付而は鷹司前右大臣ヘ關白內覽等　宣下可有之被　思食候ニ
付　御內慮被　仰進候間　思召之通無滯相濟候樣早〻宜有御取計候事

十一月

傳奏衆被差越候書付寫之二

近衞關白當職辭退之事被願申候願之通被　聞食內覽如舊　宣下候而鷹
司前右大臣へ關白內覽等　宣下可有之被　思食候　御內慮之趣關東へ
宜被申入候事

十一月

其二

此度關白殿前關白殿兩人內覽之事舊近之例も有之候事ニ付近衞關白殿
當職辭退被　聞食候上は　思召之儀も被爲在候間內覽如舊之事　宣下
可有之　御沙汰ニ候拙者心得迄ニ內〻被申聞置候旨傳奏衆被申聞候則

被差越候書付寫壹通入御披見此段申進候以上

十一月廿五日　牧野備前守

松平豐前守樣
水野和泉守樣
板倉周防守樣
井上河内守樣

傳奏衆被差越候書付寫

此度關白前關白兩人内覽之事舊近之例も有之候事ニ付近衞關白當職辭退被　聞食候上ハ　思召之儀も被爲在候間内覽如舊之事　宣下可有之御沙汰ニ候其許御心得迄ニ内ミ申入置候事

十一月

大樹公官位一等ヲ辭セラレシ上表

○二日登營せられす風邪に感せられし故なり本日高家某京師に出發せらる大樹公の官位を辭退せらるヽ上表を携帶せしめられしなり上表左の

如し参政内狀
葵章秘筐

臣家茂奉職以來政刑錯亂奉惱　宸襟候事不少惶懼之餘り此度一二罪科を糺し候得共畢竟委任其人を失候より如此ニ至候段當職之過誤其責難遁奉恐入候仍而辭官位一等奉謝多罪萬分之一度　聖明照察の上願之如く　勅許被成下置候之樣伏而奉希候恐惶謹言

十二月　日　臣家茂

○同日營中に於て松平長門守殿の國事に盡力ありしを褒せられ刀一振を賜與せらる参政内狀

○同日松平肥後守殿より　朝廷の御達書を内閣に差出さる島津三郎殿に守護職仰付らるゝに就きてハ萬事申合ハすへき旨の御達書なり左の如し
白木秘筐

松平肥後守

公武御間柄之儀ニ付段〻盡力　御滿足ニ　思召候殊ニ當地御守衛も相

春岳公勅使ノ旅館ニ赴カル及勅使島津三郎殿ニ京都府守護職ヲ命セラルヘキ幕議ニ驚カル

勤候事旁　御安心被爲在候處方今人心兎角異議相生し易く親藩計一家奉職ニ而は於外藩向人心難居合ニ付此度島津三郎儀　公武御一和之基本を致周旋爲　皇國忠誠候者ニ而此末　公武御爲可然被　思召拔擢守護被　仰付候ニ付而ハ萬事申合警衛可有之候事

○三日夕八ッ時過登營せらる本日も感冒のため引籠り養生せられしに營中より急使を以て即刻登營ある樣にと申來りし故推して出邸せられたりさてしか火急に登營を促されしハ　勅使兩卿より一橋公及ひ公に對面したしと申遣いされたるに一橋殿如何思はれけん頻りに辭避せられし故なりとそ暮時退出より　勅使の旅館に赴かれ五ッ半時歸館せられき此時旅館にて三條殿攘夷の　勅旨ハ諸侯に布告せらるへしやと尋ねられし故公無論布告する筈なりと答へられ又島津三郎に守護職を命せらるヽ事ハ如何と尋ねられし故　叡慮を以て仰出されし上ハ幕府に於て綺ひ立ハいたすましと答られしに三條殿痛く驚かれし躰にて諸藩の折合に關する事ハ

あるましきやと申されしか公折合ハ如何あるへきか豫しめ測りかたし若御懸念にて　勅使の御指揮とあらハ幕府ハ再考せさるにあらすと申されしかハ三條殿さる事の御指揮にハ及ひかたしと申されたりとそ此時幕府にてハ一橋殿いよ〳〵近日登坂あるへきに内決しけれと最前一橋殿より勅使に相談せられし時熟考の上御返答に及ふへしと申され爾後其まゝ何たる返答なかりし故公吏に相談に及はれしかは別に存寄なしと申されたりき参政内状

幕府兵賦ノ制ヲ達セラル

○同日營中ニ於て兵賦の制を達せらる左の如し幕府御沙汰書

此度御軍制御改正被仰出候ニ付而は慶安度之御趣意ニ基き御軍役人數等用意可致旨改而可被仰出之處昇平之流弊ニ而平生之冗費も不少非常之嗜難行屆向も有之哉ニ被思召候ニ付以後非常之節は慶安度之人數割大凡半減之積相心得右人數之内より別紙之通御軍役之兵賦可差出旨被仰出候委細之儀ハ講武所奉行御軍役掛御目付可被談候

右之趣万石以上以下之面〻へ可被相觸候

十二月

此度兵賦之儀別紙之通被仰出候得共上下疲弊之折柄ニ付格別之譯を以三千石以下五百石迄之者ハ當分之內觸面半減之兵賦可差出旨被仰出候尤右高之者若兵賦差出候儀差支候輩は金納ニ而も不苦候間兵賦金納共半減之積可相心得候且又五百石以下之者は追而御沙汰有之候迄は兵賦金不及差出候事　但金納割合方ハ御藏米取同樣たるへき事

十二月

一高万石以下百俵迄兵賦可差出事

但知行取之分は五百石壹人千石三人三千石拾人之割合を以兵賦可差出候御藏米取幷御足高之分兵賦ハ差出ニ不及金納ニ可致候知行取之分も五百石以下幷端高は金納之積り右割合

一高百俵より五百俵以下迄百俵ニ付金貳兩之積り

一高五百俵より千俵以下迄百俵ニ付金貳兩貳分之積り
一高千俵より以上は金三兩之積り
但石取も俵取之者ヒ同様ニ相心得現米取之向は俵ニ直し金納之積り尤知行取端高金納之分は本文割合同斷ニ可差出候
一兵賦は銃隊ニ組立陣營ニ被差置候事
一兵賦之年齢は十七歳より四十五歳迄御用ニ相成候間壯健之者相撰可差出候尤一人五ケ年季と定右年限相立候ハヽ交代之者差出可申候併主人〻〻之見込ハ當人共存寄ニ而繼年季申立候儀は不苦候事
一銘〻可相成丈ケ知行所之內ニ而丈高く强壯之者相撰主人〻〻に於て兵賦ニ被撰候儀は年來之御恩澤を報ひ候爲めと相心得正實ニ相勤可申旨篤ヒ申諭浮薄之弊無之樣爲心得候上可差出事
但正實ニ相勤格別御用立候者有之候ハヽ品ニ寄御取立ニ可相成候間右之心得を以差はまり相勤候樣可被致候事

一名目之儀ハ歩兵組と可相唱候身分之儀は勤中小揚之者之次たるへく候尤銃隊へ一向ニ御用ひ相成候者共ニ付平常共脇差而已相帶し候樣可申付置候事
但勤ニ付候諸道具衣服等は御貸渡相成脇差之儀は同樣相心得御用意爲致候ニハ不及候
一給料之儀は主人ミミニ而程能爲取可遣候尤一ヶ年金拾兩を限りと致し右より多きハ不相成候事
一勤中食料は被下候事
一金納之分知行取は頭支配ニ而一纏ニ致し毎年三月十一月兩度御勘定所へ可相納候御藏米取は三季御米渡之節其渡高に應し引落し御藏奉行請取印書相添御切米一同可相渡筈ニ候
一來正月中旬迄ニ無相違兵賦呼寄置名前年齢生國等巨細認取頭支配へ差出し可申候引渡方等之儀は別段達するにて可有之事

右之通可相心得候

十二月

横井平四郎
攘夷實行ニ
關スル建白

○同日横井平四郎攘夷鎖港の意見を建白す左の如し建白書類編

今般　勅使御東下之御儀は攘夷之大令被爲　仰出天下侯伯之異見策略被　聞食度候哉ニも奉拜承誠ニ　神州之御大事御安危之大機會と奉存候固より草莽微賤之管見奉冒　尊聽候も恐入候得共兼〻言路御開達被遊候ニ付蕪穢不肖之身を不憚一二之迂論奉拜陳候

一攘夷之事實御執行被遊候ニは第一於幕府刑賞之典明に不被爲在候而は不相成儀と奉存候ニ付先以墨夷浦賀入港以來彼之威焰ニ恐怖し容易ニ條約を取結ひ　勅許にも無之諸港を開き　神州未曾有之汚辱を引出し上ハ奉惱　天子之宸襟下は萬民之憤怨を釀し候癸丑甲寅以來之幕府要路之諸有司內外之處置ニ於而已か利榮を謀り姑息因循し國家を此極ニ至らしめ候大小諸有司之事跡を按し黜罰之典を明に被遊候上將軍家速

ニ御上洛被遊候而實著御誠意に　天朝御尊崇被遊億兆之庶民ニ至る迄
天朝之尊崇し奉るへき醜夷之賤むへき事を知らしめ而後斷然攘夷之御
處置御取懸被遊候事是攘夷之第一策かと奉存候
一前條之如く尊　王之儀黜罰之典御執行被遊候上當時在留之夷官共へ嚴
重御申諭し被成度奉存候然し在留之官吏も其國主之命を領し且幕府之
指揮ニ應し是迄逗留仕る者共ニ候得は手荒き御處置有之候而は却而
皇國之信義を損し候ニも至り候へは各夷之夷吏共　大城へ御呼立被成
天使并ニ大樹公以下列侯御連坐之上幕府之有志を以て被仰諭候ニハ是
迄條約開港致し候儀は全く　朝廷之　勅許ニも無之將軍家御幼少之時
に乘し幕府奸吏共奉欺　朝廷正議之公卿侯伯を退候後取結候條約にて
元より日本萬民之憤怨する處ニ候故終に幕府執政を狙擊し無辜之夷人
を斬殺するに至り候儀ニ而全く人心不和之致す處ニ候得ハ　天子震怒
し給ひ正議之公卿侯伯論判し將軍を輔佐し先年條約之大小幕吏を黜罰

し　皇國政令一新之規摸相立候ニより　勅許無之諸港は引拂可申猶此儀は別段夫〻之本國へ使節を以御達し可有之旨被仰渡急速ニ有合之蒸氣軍艦を以て其器ニ堪へ候人御任選被遊彼之國〻へ被指立前文在留官吏へ被仰諭候譯を以て相斷り追而開港之儀ハ後日使節を以相達し候儀も可有之候間一端引拂可申段御諭し被成候得は彼も道理を唱へ諸洲横行仕るものニ候得は聽入可申と奉存候若し此儀承引不仕兵端相開候時ハ卽チ直在于我曲は彼に在り名義も相立候得は　皇國之全力を震ひ神武の勇を耀し決戰可仕然る上は縱令日本人種を盡し候而も御國躰を不辱遺憾有之間敷奉存候只在留官吏等迄御應接被成耳にてハ義理貫徹不仕處も御座候半と奉存候間何分彼之國〻へ使節御指立之事ハ攘夷之第二策と奉存候

一江戶內海を初豆相之海岸ハ可なり之御備も御座候事ニ候へ共浪華港ニ於而は　皇國之咽喉天下之重地ニ而京師と唇齒を相爲し候所に御座候

得共未タ戰守之御備も不被爲在候樣奉存候彼若し一二軍艦を以て來犯仕候得は所謂唇破齒寒之勢ニ而京城之危殆旦夕に可有之候間先以彼國ミへ使節被指立回說之日間を以て浪華港より泉紀播淡之間之海岸應援之地勢ニ因り礮臺御築造被成就而ハ淀川筋伏水ニ至ル之間沿道に連珠砦築造仕候得は一時戰守之備相立可申候間是等一日も速ニ御處置有之度儀ニ御座候使節諸州へ御指立之儀は外國へ信義を示し內戰守之備を相整候便りニも可相成候是亦攘夷之第三策かと奉存候

勅使入城、城中ニテ勅使ヲ饗應セラル

○四日朝五ッ時登營夜五ッ時歸館せらる本日　勅使兩卿入城御白書院に於て大樹公對顏饗應の儀あり此時兩卿か口頭を以申述へられし趣及ひ饗應の儀左の如し樞密備忘白木秘筐幕府御沙汰書

勅使口頭を以陳述せられし趣

勅諚之趣早ミ御評決ニ相成候樣御沙汰候御決定之上ハ速ニ諸大名へ御下知ニ相成候樣御沙汰候

策略并拒絶之期限早〻列藩之衆議を被盡御決定ニ而御奏聞　叡慮御伺之様但日數も可相掛追而言上可被成候併精〻急ニ衆議ヲ被集年内明早春ニも言上ニ相成候様御沙汰候

饗應の次第書

一三條中納言姉小路少將登城

一御白書院出御御直垂

御先立　　板倉周防守

御太刀　御刀

御上段御着座

一一橋中納言殿御下段御左之方着座

三條中納言

姉小路少將

右於御上段御對顔御右之方被着座御太刀目錄高家披露則引之此時

勅使副使自分之御禮申述之御諚有之退坐之節御下段迄御送り　但休息處へ被相越

一御間之御襖障子老中開之御敷居際立御此節御次御疊緣

三條中納言諸太夫

扇子　森寺大和守

同　丹羽筑前介

姉小路少將雜掌

同　西本近江

同　柳川左門

右献上物前ニ置御禮大御番頭披露此節殿中詰合之布衣以上面〻並居

御目見相濟而入御

一三條中納言姉小路少將休息有之而御饗應之席へ被相越

御白書院御下段

三條中納言

姉小路少將

右御饗應七五三年寄共出席及挨拶配酒二献過而盃臺出之此節御使周防守年寄共出席畢而膳部撤之茶并餅菓子出之重而吸物出之二献ニ而撤之給仕中奥勤之

一三條中納言姉小路少將御饗應之御禮謁年寄共被述之

但休息所ヘ被相越於西湖之間御用談有之候ニ付案内

一三條中納言姉小路少將退出之節一橋中納言殿大廣間三之間迄送春嶽年寄共殿上間迄送之高家御玄關迄送之

一柳之間ニ而諸大夫雜掌ヘ被下物周防守申渡之

一諸大夫雜掌ヘ於檜之間御料理被下之

御饗應之節

御白書院　勅使

挨拶御使　老中周防守　副使

檜之間溜　三條中納言 姉小路少將 家來

右於席〻御饗應御料理被下之

一勅使副使御饗應之御禮申上之於御白書院椽頰謁老中圖書頭

和宮樣 天璋院樣 に紗綾三卷ツヽ　三條中納言

同斷　姉小路少將

右於柳之間謁御留守居戸川播磨守

銀十枚 時服貳　三條中納言家來 森寺大和守

同　丹羽筑前介

同　姉小路少將家來 西本近江

同　柳川左門

右被下旨於同席周防守申渡之

一御表出御ニ付爲伺御機嫌御三家方ゟ被差上使者於躑躅之間謁同人

一右同斷ニ付從尾張前大納言殿御城附罷出於御臺所廊下謁同人

銀貳百枚　綿百把　　三條中納言

和宮様　天璋院様ゟ　時服十ツ、

銀百枚　綿百把　　姉小路少將

和宮様　天璋院様ゟ　時服六ツ、

右之通被遣之

勅使入城大樹公奉答書ヲ差出サル

○五日朝五ッ半時登営せらる此日　勅使両卿入城大樹公より奉答書を指出されし畢りて公退営の際閣老衆同道両卿の旅館に赴かる帰邸ハ夜五ッ時なりき大樹公の奉答書通二一橋殿以下より差出されし書付通一奉答書を差出されし時の次第書通一左の如し参政内状白木秘筐　幕府御沙汰書

奉答書の一

勅書謹拝見仕候　勅諚之趣奉畏候策略等之儀は御委任被成下候条盡衆議上京之上委細可奉申上候誠惶謹言

文久二壬戌年十二月五日　　臣家茂

奉答書の二

今度被仰出候攘夷之　叡慮天下に布告仕候ニ付而者御親兵之儀御沙汰之趣奉拜承候就而者家茂征夷之重任ニ膺リ且右近衛大將於毛兼任仕候上者御守衛之儀者職掌ニ候間乍不肖堅固ニ御守衛等之手配可仕尚不足ニ茂被　思召候者婆諸藩与利召登茂可仕候得共一躰外夷壹攘候ニ者皇國全地之警衛肝要ニ付列藩之儀者國力於為養九州者誰々奥羽者誰々登申如久藩鎭之任乎專仁為仕候者婆可然哉登奉存候仰願久者此旨被聞召分候樣仕度奉存候猶明春早々上　京ノ上警衛之方略具ニ　奏聞乎可奉經候恐惶謹言

一橋殿以下より　勅使に差出されし書付

一和宮樣御上京之儀何を中納言春嶽上京之上委細可申上候事

一故薩摩守贈官位之事は去月十二日申達候事

一修理大夫御推任叙は早春參府之上相達候心得ニ候事

一尾張前大納言へハ早〻相達可申候事
一傳奏衆誓詞之儀是迄神祖以來之法ニハ候得共今度以　叡慮被　仰出候事故以來相改可申候事
一島津三郎ニは守護職被仰出候段畏候事
一九口固御廢止之儀ハ取調追而可申上候事
一町奉行御附其餘之者禮節之儀ハ傳奏衆より被申越候通り可取計候事
一外夷取扱振主客相反候趣被仰下此儀も畏候事
奉答書を指出されし時の次第書
一勅使三条中納言姉小路少將へ御返答被仰進候ニ付御表出御御衣冠
御先立　板倉周防守
御太刀　中條中務太輔
御刀
一勅使副使登城之節御玄關上拭椽迄被爲成　勅使副使の前ニ被爲立御

誘引公方樣ニは大廣間御中段上ゟ一疊目ニ御留座三條姉小路御上段着座　勅使氣色の後公方樣御上段へ御着座于時　勅書之御請被仰上且　禁裡より御言傳物之御禮幷　和宮樣天璋院樣へ御言傳物之御禮をも被仰上過而御請書御硯蓋ニ載之年寄共持出一橋中納言殿へ差上中納言殿御請取　勅使へ御渡之畢而御中段元之席へ御退座　勅使副使退去最前之通り御送り

一勅使副使登城之節春嶽年寄共御玄關式臺迄出迎高家其外役〻は下座敷へ出迎退出之節も同所迄送之

御黑書院溜　溜詰

大廣間四ノ間　御譜代大名

右　勅使副使御返答相濟候恐悅申上之謁老中圖書頭

但入御引續相濟

一右之外都而去月廿七日御對顏之節之通

大樹公上洛公武御合體ノ議チ聞カレ云々茂昭公ノ建白

一御表出御ニ付爲伺御機嫌御三家方ゟ被差上使者於躑躅之間謁周防殿

一右同斷ニ付從尾張前大納言殿御城附能出於御臺所廊下謁同人

○此日兩卿の旅館に赴かれしハ近〻歸京の途に就かるゝ故なり此時兩卿攘夷の　勅旨を布告せらるゝハいつ頃なりやと尋ねられし故公明日にも發布の積なりと答へられ聽て布告案を出し御存意あらハ御加筆を請ふと申されしに兩卿一覽ありて至當の御趣意なれハ此上ニ申すへき事ハあらすと答へられたり參政內狀

○同日歸邸後土藩間崎哲馬坂下龍馬近藤昶次郎來る公對面せられしに大坂近海の海防策を申立たりき參政內狀

○同日本多修理村田巳三郎江戸に着す去月廿一日福井を發せしなり此時少將公の建白書を携へ來り幕府に差出せり左のことし樞密備忘 唐桑秘筐

今般御上洛ニ付爲御待受上京勝手次第可致旨被仰出難有奉存候依而家來共指出旅宿を初京地之模樣爲取調候處彼地之景況殊の外騷〻敷是迄

風説承居候ゟハ一層不容易御時勢と深奉恐入候畢竟　公武之御間御行違ひに相成候儀ハ異國御取扱を初　和宮樣御下向ゟ指起り候哉ニも竊ニ相聞へ候得共決而一朝一夕之事ニは有之間敷哉太平之久敷　禁廷ニ之御仕向國初之御仕來り流弊を生し其形迹を逐て其情實を失ひ數年往來之有司も悉く賢能にも有之間敷候得は不識不覺御尊奉之筋御等閑ニ相成自然　宸襟之御欝悶を重ね候ゟ京師之人情も專ら關東を媢嫉し就中天下慷慨之士ニ而は怨怒を含ミ悲憤を蓄へ歲月推移候處先年條約御取結ひ相成候以來便利曾而不相露物價沸騰し四民困窮日ニ增候故和親交易之害を唱へ自然ニ攘夷を希望之念を生し彌以關東之御非分を激怒し幕府之御失躰を來たし時勢之切迫大ニ　叡慮を奉惱候樣成行候儀は積年の御非政ニ候得は尋常之御事ニ而は容易ニ　公武御合躰は勿論人心融解も致間敷形勢ニ致愚考候左候得は萬事御放下一向ニ　叡慮御尊奉被遊被仰出候御期限之通り少も無御遲滯御上洛被爲在乍恐近年之御非

武市半平太大樹公ノ上洛ヲ希望ス云々申立

分ハ勿論積年之御非政を十分ニ階下ニ被謝御眞實之御親睦御合躰相整候迄ハ數年たりとも京坂之内ニ御滯留被爲在列藩之議論も無殘處御聽取被遊人情ニ順ひ時勢ニ應し公明正大之御國是被相立候御事御當然之御儀と奉存候尤一橋中納言殿御始全權之御方ミ御上洛前只今之内ゟ早ミ京師へ御馳着御非政御謝辞は勿論十分御尊奉筋被相盡　天意御解釋被遊候樣之御處置速ニ御取行被爲在候儀深く奉希處ニ御座候申迄も無之候へ共京師之御摸樣ニ依り千万一御上洛御遲延ニ相成候而は弥增種ミ之疑議致蜂起内亂外犯四分五裂最早御挽回は難被成御時態ニ可相運哉と深く恐懼仕愚衷及建議候事ニ御座候何分此機會少も御後れ無之樣偏以奉希度於拙者も此節柄万分一之御用相勤度心底ニ御座候尙家來差出候間微意御聞取被下候ハヽ難有奉存候以上

十一月　　松平越前守

○六日例刻登營暮時歸館せらる今朝登營前土藩武市半平太來る（武市當時姉小路殿）

の家老となり姓名を變して柳川左門と稱せしか藩邸に來りし時ハ本名武市半平太と署名せる名刺を出せり公對面せられけれと已に出館の時刻迫りし故承はるへき事あらハ家臣島田近江に申聞くる樣にと申され出館後島田面接しけるに武市此節當地にて見聞する處ハ全く公武御合躰の姿なれと京師に於て關東を疑はるゝハ一朝一夕に起れるにあちず已に從來　勅使を關東に降され該　勅使歸京の後關東をよきかたに執り成さるゝを指して隅田川と稱して疎外せらるゝか常の事なれハ今度の勅使も必ず從來のことくなるへし斯る情態にてハ幾回來往せられても勅使のミにてハ眞の御合躰に至るへき望なし此上ハ一日も早く大樹公御上洛ありて眞實の御合躰を希望す云ゝ申聞たりき参政内狀

○同日營中に於て大樹公の官位一等を辞せらるゝ事になりし次第を諸有司に演達せらる左の如し幕府御沙汰書

先年以來御政事向品ゝ不宜候事共有之被爲對　天朝恐入被爲　思召御官位御一等御辭退被遊度との　上意ニ付中納言殿始一同奉恐入再應申

上候得共此程御咎筋等夫〻被仰出候も畢竟不行屆ゟ之御儀と深被爲省
御許容不被爲在候誠ニ以恐入難有　思召ニ候條銘〻厚可相心得候事

十二月

三條中納言殿ヨリ水戸藩士太田誠左衛門外五名ニ嚴譴ヲ命セラルヽ様ニトノ書付ヲ遣ハサル

○同日夜に入りて三條中納言殿より丹羽筑前介を以て水戸藩士太田誠左衛門外五名に嚴譴を命せらるゝ様にとの書付を遣はさる此時丹羽表向の御達にはあらさるよしを述へて差出せり左の如し樞密備忘 白木秘筐

太田誠左衛門
久木直次郎
横山甚左衛門
桑原治兵衛
笠井權六
國友與五郎

右等の者午年年中　勅諚被下候節諸向へ傳達之儀專ら相支へ其後安藤對

馬守等之意指ヲ受　勅諚返納之儀を致周旋對　朝廷不相濟所行一方ならす一藩之名義を取失國家を誤候罪魁ニ相聞候屹度嚴重ニ不被申付候而ハ不相濟儀且其餘黨類之者ニ至迄夫〻退斥之處置可有之事

○七日例刻登營夕八ッ半時頃營中より直ちに品川驛に赴かる　勅使兩卿の歸京を送らるゝ爲めなり品川驛にてハ東海寺にて暫時休息案内の上兩卿の旅館に赴かれ歸館は夜五ッ時なりき此日閣老水野和泉守殿大樹公の御使として同しく旅館に赴かれたり參政內狀

○八日晝九ッ時過登營暮六ッ時過歸館せらる過日來晝夜の別なく繁忙なりし故本日ハ登營を斷ハり休憩せられしか正午時閣老衆より岡部駿河守を遣はし登營を請ハれし故更ニ出邸せられき斯て營中に於て容堂殿長藩士の中又〻亡命して外人に暴行を加へんとする者あるよしなれは麻布善福寺及ひ横濱の警備を嚴にせらるゝ樣にとの內談に及はれしとそ參政內狀

○同日朝松平長門守殿來訪せらる明九日江戸を發し上京せらるゝ筈なり

しか在府中彼是公の周旋に預れりとの謝辭を述へられ別に一通の書面を出されたり左の如し參政內狀白木秘筐

此度　勅諚御答振御遵奉之御旨趣奉感服候尙又傳承仕候得は大樹公御位階御一等御斷被仰上候御樣子是又深奉感服候然る處策略期限等専ら御委任被遊候樣被仰上御親兵被仰斷候趣勿論御職掌左も可被爲在候得共右御一等御斷之御主意とハ相違仕候樣奉存候　皇居御守衞は不及申皇國御維持之御計策も列藩一和同心合力ニ而被遊度と有之候ハヽ一統眞ニ感服可仕候乍然此度之御答ニ而は近年人心不服之御固態御遁れ不被遊候事歟と御疑申上候樣相成誠ニ以て遺憾不少奉存候此御行成ニ而來春御上洛被遊候而ハ人心瓦解眼前と煩念此事ニ御座候是迄之御厚志難忘極密愚意申上置候不敬之罪偏ニ御仁恕奉仰冀候

○九日例刻登營暮時歸館せらる本日營中に於て一橋殿來る十五日陸路登坂之途に就かれ小笠原圖書頭殿同十六日海路登坂せらるゝ事に決す參政內狀

○十日登營せられす風邪に感せられし故なり此日薄暮前松平容堂殿來訪せらる上京の上京師に於て例の國是を定めらるへき件の御相談ありて夜四ッ時過退散せられたり參政內狀

○同日尾藩田宮彌太郎來る尾張殿の使命を述へ畢て中根靱負同道横井小楠の寓所にいたり國事の談論に及ふ此時小楠來春京師に於て國是を定めんとするの議を申聞けしに田宮大に感服し親藩に在ていゝ殊に同心戮力衰運を挽回せさるへからさる旨を述へ夜三更ニ及て退散せり參政內狀

○十一日例刻登營暮時歸館せらる此日營中に於て公に來早春上京あるへき旨內命せられき參政內狀

○同日田安大納言殿官位一等を辭退し且隱居願差出されし旨を諸向へ觸示さる左の如し幕府御沙汰書

先年田安大納言殿御後見中御政事向御不都合之事共有之對京師深被奉恐入依之此度御官位一等御辭退且御隱居御願も有之都而無御據被思召

候ニ付右之段京師へ被仰進候猶御沙汰可有之候得共爲心得相達候事

十二月

○十二日例刻登營暮六ッ半時歸館せらる今夜退營後勝麟太郎來る昨日營中に於て公に來春早ゝ上京あるへき旨の内命ありしか公瀛船に搭して海路上京したきよしを願はれしかは順動丸を貸さるへしとの事なりし故海上の實况を尋ねらるゝため特に招き寄せられしなり 參政内狀

○同日鹽谷甲藏安井仲平芳野立藏を登庸せらる此三士ハ當時府下に在て儒學の大家と稱せられたる者なり左の如し 幕府御沙汰書

水野和泉守家來
鹽谷甲藏

被召出儒者御切米貳百俵被下之

伊東左京大夫家來
安井仲平

同上

本多伯耆守家來
芳野立藏

同上

幕府攘夷ノ勅旨ヲ諸侯以下ニ達セラル

○十三日例刻登營暮六ッ半時歸館せらる本日營中總出仕にて攘夷の　勅旨を諸侯以下に達せらる左の如し參政內狀家譜

此度　勅書之通被仰出候ニ付而は銘々之策略被爲　聞食度被　思召候間見込巨細相認來二月御上洛前迄ニ早々可被指出候依而は御國內之人心一致ニ無之而は難相成儀ニ付兼而も申達置候へ共尚此上別而入念武備嚴重相整候樣可被心懸候尤委細之儀は衆議之上　叡慮御伺ニ相成候間方今無謀の所行無之樣銘々家來下々へも屹度可被申付置候事

十二月

勅書

攘夷之念先年來至今日不絕日夜患之於柳營品々變革施新政欲慰朕意怡悅不斜然擧天下於無攘夷一定人心難至一致乎且恐人心不一致異亂起於邦內早決攘夷布告于大小名如其策略武臣之職掌速盡衆議定良策可拒絕

醜夷是朕意也

今般攘夷之儀決定有之天下へ布告にも相成候上は外夷何時海岸を劫掠し畿內ニ闌入之程も難測候間　禁闕之御守衛嚴重被仰付度𪜈　思召候然處海國は夫〻防禦向も有之海岸ニ引離候諸藩は救援之手當等有之候事ニ付邊鄙ゟ畿內ニ警衛差出居候而は自然不行屆之筋も可出來國力之疲弊ニも可至候間京師守護之儀は御親兵とも可稱警衛之人數を不被置候半而は實以　宸襟をも不被安候間諸藩ゟ身體强幹忠勇氣節之徒を令撰募時勢ニ從ひ舊典を御斟酌ニ相成御親兵と被遊度被　思召候右親兵被爲置候ニ付而は武器食料等准之候間是又諸藩へ被仰付石高相應貢献致し候樣被遊度候但此等之儀ハ制度ニ相涉候事ニ付於關東取調諸藩へ傳達有之候樣被仰出候最卽今之急務ニ候間早速評定可有之御沙汰被爲在候事

○同日狛山城中根靱負品川沖に赴き順動丸を觀る來早春上京の際乘船せらるゝ筈なりし故なり參政內狀

○同日品川御殿山英國公使館燒失す參政內狀

○十四日朝五ッ半時出門尾張殿を訪問し夫より登營ありて午後退營の際一橋殿を訪問せらる歸館ハ暮六ッ半時なりし尾張殿を訪問せられしハ前大納言殿に廟議のある所を物語らるゝため一橋殿を訪問せられしハ明日の出發を餞せらるゝ爲なり樞密備忘

○同日横井平四郎中根靱負尾張殿の許に赴く前大納言殿の招きに應せしなり田宮彌太郎長谷川惣藏澤田庫之進接伴して兩人を饗應せらる此時横井尊　王の大義及ひ改新の氣運到來せる今日なれハ幕府專ら從前の私を弃て公議に從はれさるへからすとの持論を演述しけるかいつれも感服同意の旨を答へたり前大納言殿にも襖越しに此演述を聽かれたりとそ畢て更に兩人を前大納言殿の座前に召され横井に硯箱壹個中根に硯箱壹個外

幕府先年水戸殿ニ下サレシ勅諚ヲ諸侯ニ指示サル

に手つから印籠壹個を與へられき参政内状

○十五日朝五ッ時出門登營せらる此日來春御上洛に先たち登京あるへき旨を命らる歸館ハ夜五ッ時本日ハ節分の御祝義を申上られし故五ッ時に及ひしなりなりき登營の命左の如し参政内状 家譜

松平春嶽

右來二月御上洛之節御先へ可罷登旨於御前被　仰付之

○同日一橋中納言殿發途せらる参政内状

○同日御禮後席〻に於て諸大名以下へ左の通り達せらる幕府御沙汰書

先年水戸中納言殿へ御渡ニ相成候　勅諚其頃井伊故掃部頭等不都合之取計致し置候ニ付此度改而御承奉之儀水戸中納言殿へ被仰出候右　勅諚之趣銘〻厚相心得候樣被　仰出候事

十二月

勅諚

先般墨夷假條約無餘義次第ニ而於神奈川調印使節へ被渡候儀猶又委細間部下總守上京被及言上之趣候得共先達而　勅答諸大名衆議被聞食度被仰出候詮も無之誠　皇國重大之儀調印之後言上大樹公　叡慮御伺之御趣意も不相立尤　勅答之御次第ニ相背輕卒之取計大樹公賢明之處有司心得如何と御不審被　思召候右樣之次第ニ而ハ蠻夷之儀ハ暫差置方今御國內之治亂如何と眞深被惱　叡慮候何卒　公武御實情を被盡御合躰永久安全之樣ニと偏ニ被　思召候三家或ハ大老上京被仰出候處水戶尾張兩家愼中之趣被　聞食且又餘宗室之向も同樣御沙汰之由も被　聞食及候右は何等之罪狀ニ候哉難被計候得共柳營羽翼之面ゝ當今外夷追ゝ入津不容易之時節既ニ人心之歸向ニも可相拘旁被惱　宸衷候兼而三家以下諸大名衆議被　聞食度被　仰出候は全永世安全　公武御合躰ニ而被安　叡慮候樣被　思召候儀外虜計りの儀ニも無之內憂有之候而ハ殊更深被惱　宸襟候彼是國家之大事候間大老閣老其他三家三卿家門列藩

外様譜代共一同群議評定有之誠忠之心を以得と相正し國内治平　公武御合躰彌御長久之樣德川御家を扶助有之内を整へ外夷之侮を不受樣ニと被　思召早〻可致商議　勅諚候事

○十六日例刻登營暮六ッ半時歸館せらる此日松平容堂殿に來春上京あるへき旨を命せられたり左の如し參政内狀

松平容堂

來二月御上洛ニ付來早春御先へ上京御待受可仕旨被　仰付候

○同日小笠原圖書頭殿海路大坂に出發せらる攝海に警備を設くる爲め其要地を視察せられしなり今事の因みに此後小笠原殿より江戸に報告せられし書面三通一ハ十二月廿四日發の書翰一ハ正月十日發要地の見込書一ハ十二月廿五日後の海岸筋見分日記なりを爰に附記す左のことし參政内狀白木秘筐

其一

以別紙申進候然は先般申進候通去る十九日迄下田港ニ碇泊罷在同廿日

同所出帆晝夜航海致し同廿一日夜兵庫港へ着岸同廿二日海岸通り御船ニ而須磨舞子邊等見分致し大坂天保山沖へ碇泊同廿三日御船へ積込候鐵錢等陸上ケニ付同所ニ滯留今日紀州加田苫浦幷淡路島之內由良浦等船中より見分致し直ニ大坂表へ着仕候尙追〻重便可申進候得共先此段申進候以上

十二月廿四日　　小笠原圖書頭

松平豐前守樣

水野和泉守樣

板倉周防守樣

井上河內守樣

猶以旅館之儀西本願寺內借受可申處一橋殿御旅館ニ用意申付外相應之場所も無之候間東本願寺へ申付候趣大坂町奉行申聞候間同所へ旅宿致し候

一本文加田苫浦由良浦等見分之儀海岸波高ニ而上陸致兼無餘儀船中より見分致し候尤追而日間見計尙相越見分仕候積ニ御座候

一順動丸御船去ル廿一日夜岸和田沖に於て凡千五百石積程之廻船ニ行違少〻車輪相損申候右御修覆之儀兵庫表においてて直ニ取掛り候事故麟太郎歸省四五日程も相延可申と存候以上

其二

別紙見込之書付差進申候委細之儀ハ勝麟太郎より御聞上可被下候以上

正月十日

小笠原圖書頭

松平豐前守様

水野和泉守様

板倉周防守様

井上河內守様

覺

一八幡山崎邊松平出羽守持場中川修理大夫造築之儀は京師より被仰進候　御旨も有之候ニ付於江戸表評決之事

一緊要御固場

播州　明石

淡州　松尾崎

紀州

淡州　沖之島

由良

紀州

地之島

同
雄良

攝州
目印山海岸

攝州
和田崎

右之場所堅牢之臺場御取立可有之事

安治川口
傳法川口
神崎川口
尻無川口
木津川口

右は呰樣之者御取立可有之事

堺　　立花飛驒守へ爲御任
岸和田　城主へ御任
右は有來之儘丈夫ニ手入可致候事
一木津川北岸海中へ灣月形之長堤築出之事
但力之及丈ケ爲築出候事
一御軍艦三十艘程御用意有之度事
一兵庫邊へ海軍所御取立之事
一同所へ製鐵場御取立之事
正月十一日麟太郎儀大坂より兵庫ニ行
十三日乘船
十五日江戸着
十七日春嶽殿御乘船
廿日大坂着船

測量十日程

二月初旬より臺場取建之儀取懸候積

一臺場築立形之儀は麟太郎講武所奉行評議之上講武所操練所兩所之内ニ而四五人宛召連上坂場所熟覽之上急度取極之事

但春嶽殿上坂之節御同船可致事

一藝州三原前近傍島〻御固場御取立之事

一天保山臺場は　公邊ニ而御築立松平相摸守へ御預ケ外砦者相摸守入用ニ而取立之事

但八幡山崎臺場堺立花飛驒守臺場等は別格之事

其三

海岸筋見分等日記

十二月廿五日

一今日御城代初へ　上意可申渡處差支有之趣御城代より申來候間明日

申渡候旨達之

一附添之役〻一同旅館へ相越

同廿六日

一今日御城代初へ　上意申渡之

一附添之役〻同斷

同廿七日

一大坂御城見分御番衆へ　上意申渡之

一御馬印拜見御武器類其外見分

一山里帶曲輪見分

一附添之役〻一同罷出

同廿八日

一大坂旅館出立役〻一同召連相越

一尼ヶ崎邊海岸見分

一西ノ宮泊

同廿九日

一西の宮出立海岸通り見分

一兵庫泊

正月朔日

一兵庫出立海岸通り見分

一松平兵部大輔臺場三ヶ所見分

一大倉谷泊

同二日

一大倉谷出立

一鐵拐山に登大坂灣中幷紀淡其外等遠望

一松平修理大夫東須磨村陣屋地見分可致處差支有之旨同八家來より申出候ニ付途中より一覧

一兵庫泊

同三日

一兵庫出立

一摩耶山へ登絶頂ニ而諸山高サ測量幷海岸等遠望

一松平大膳大夫打出村陣屋地見分之處夜ニ入候ニ付見分不致

一西ノ宮泊

同四日

一西ノ宮出立

一大坂旅館へ着

同五日

一大坂旅館出立海岸通り相越

但役〻も同斷

一松平土佐守陣屋地途中より見渡

一堺立花飛驒守御預り臺場見分夫より同人銃器置場ニ而大炮見分

一岸和田泊

同六日

一岸和田出立

一同所岡部筑前守臺場二ヶ所見分

一同所より小船ニ而朝陽丸御船へ乗込天保山沖ニ而碇泊

同七日

一天保山沖出帆松平相撲守參合候ニ付同船

一紀州苫ヶ嶋へ上陸紀州加太大川雄良邊淡州由良邊地勢大形一覧

一同所紀伊殿臺場見分

一天保山沖に着

同八日

一小船ニ而安治川口通り上陸大坂旅館へ着

一附添之役ゝ一同旅館へ相越

同九日

一木津川安治川邊爲見分相越

一松平相摸守銃器置場途中より見渡

一同人陣屋地途中より見渡

同十日

一御勘定奉行津田近江守外國奉行菊池伊與守御軍艦奉行並勝麟太郎大坂町奉行川村壹岐守鳥居越前守御目付松平勘太郎旅館へ相越海岸筋御警衛之儀御用向申渡之

同十一日

一南傳法川北傳法川神崎川流末等見分

一松平內藏頭銃器一覽

○十七日例刻登營暮時歸館せらる參政內狀

○同日朝中根靱負尾藩田宮彌太郎を訪問す近〻出發上京する筈なりし故餞別のためなり此時中根薩藩の時事に盡力せる事實を物語る田宮上京の上ハ陽明家に參上して周旋する所ある筈なりし故萬一薩藩の事實を知られハ或ハ矛盾する事もあらんかと懸念せし故なり參政内狀
○同日内閣より傳奏坊城大納言殿野宮宰相中將殿へ書翰を發せらる最前島津三郎殿へ京都守護職を命せらるへしと仰出されし件を其後御催促の旨ありし故なり左の如し白木秘筐
松平肥後守京都守護職被仰付御滿足被　思召候得共島津三郎儀今般公武御一和之基本を致周旋爲　皇國盡忠誠候者ニ而此末　公武之御爲別而可然被　思食候且家督ニも無之故京師守護も專一可行屆儀と被思食候ニ付旁別段之　叡慮を以斷然守護職被　仰付度旨去月十二日被仰越候方今之御時勢每事因循時日推移候而ハ不被安　叡慮候間早〻取計候樣可仕旨　御沙汰之旨猶又被仰越候趣奉畏候三郎儀京都守護職被

仰付候儀於當地御不都合之儀無御座候右ニ付先達而三條卿姉小路朝臣へ委細申述候通奉畏候儀ニ御座候此段申進候以上

十二月十七日

井上河内守

板倉周防守

水野和泉守

松平豐前守

松平春嶽

坊城大納言殿

野宮宰相中將殿

○十八日例刻登營暮時歸館せらる此日松平容堂殿に左之通り命せられたり樞密備忘

早春上京候樣被　仰付候處春嶽儀も早春上京候樣被　仰付候ニ付同

來

松平容堂

時ニ京着候心得ニ可被罷在候春嶽儀蒸氣船ニ而相越候間其方儀も大船御貸渡ニ可相成候間可被得其意候事

○十九日例刻登營暮時歸館せらる本日大樹公内閣ニ臨ミ庶政を聽かれき　參政内狀

暴人横井平四郎都築四郎吉田平之助ノ集會セル席ニ乱入ス

○同日夜暴人ありて横井平四郎都築四郎吉田平之助等の集合せる席（檜物町待合茶屋渡世某の家なり）に闌入す都築吉田ハ疵を負ひ横井ハ難を避けて宿所に立歸りき　參政内狀

○廿日夕八ッ時登營せらる腹瀉のため遲刻せられしなり歸館ハ暮時なりき　樞密備忘

○廿一日朝五ッ半時登營せらる此日蒸氣船乘試しのため營中より騎馬にて築地海軍所へ赴き蟠龍丸を撿分し夫ゟ咸臨丸を以て大師河原邊まて運用を試ミられ暮時前歸館せられき　參政内狀

○廿二日例刻登營暮時歸館せらる　參政内狀

○同日内閣より大坂御城代松平伊豆守殿へ書翰を發せらる公海路上京せらるゝ筈に决せられし故なり左の如し白木秘筺

松平春嶽儀來二月御上洛之節御供被仰付候處來早春御先へ上京被仰出候ニ付御軍艦拜借來月十一日頃出帆海路罷越攝州天保山沖投錨直ニ安治川口上陸其表ニ兩三日程滯留夫より上京之積ニ付爲心得相達候尤時宜ニ寄安治川より淀川通り通船上京可致候間得其意相達可然向ミへは御船等無差支樣可被達置候且又在坂中旅宿之儀は東本願寺内ニ而相應之寺院へ申付置候樣其地町奉行へ可被達候

十二月廿二日　連名

松平伊豆守殿

島津三郎殿上京ノ期及近衞殿ノ御返翰

○廿三日例刻登營暮時歸館せらる此日登營前薩藩岩下佐次右衛門來る公對面せられしに岩下近日鹿兒島より飛信到達して三郞いよ〳〵出京すへき旨申來れりさて京師より三郞に上京を命せられし御書附の鹿兒島に達

せしハ去月十七日にて其後指急き出京の準備によりかゝれりとの事なれハ正月上旬にハ必す出發すへし尤海上ハ瀛船故中旬にハ多分入京するを得へきか云〻申述へたり此時岩下又近衞殿下の御返翰（此御返翰ハ紀州藩亡命の志士に托せられたるなり）を差出せり左の如し（樞密備忘白木秘筐）

去日ハ高崎猪太郎上京ニ付御傳言且御芳翰之趣具ニ承候先〻嚴寒之砌彌以御勇猛御精勤之御事珍重不斜存候實ニ方今重大之政務且御尊奉の御次第追〻被爲立恐悅〱之儀何角厚御盡力之段委細ニ承感佩之事に候主上ニも厚御滿足御安心之御沙汰共被下候於忠熈も深〻安堵之至ニ候忠熈ニハ實以愚昧之質方今當職之任ニは無之と日夜不堪苦心候扨又來春ハ大樹公御上洛彌以御一和之御事恐悅無此上存候其許ニも御上京御面上ニ可申承と御待申入候事ニ候去〻月ハ　勅使両人被差向候ニ付而も甚〻心配〱共之事ニ而何分攘夷之儀ニ付而ハ　公武御和合專要之儀故甚〻以心痛其御地ニも一致無之而ハ六ケ敷儀と遠察心配致候儀ニ

候委細ニ御書中御傳言等ニ而深〻安心候此上厚精〻御盡力之程仰存候扱三家ニも尾張亞相ニも上京前亞相ニも上京ニも相成候儀待入候事ニ候水戸家ニも段〻正議忠誠之趣然る處紀州ニは何等の儀も不承甚如何と存候處此頃有志之徒多輩奮發之趣も承珍重其御地へ可出と存候事ニ候當家にも不外儀有志之輩登用ニ相成專正議國忠被盡候樣實は三家之儀御沙汰も被爲在紀州之處如何と之御沙汰候事故何卒御引立ニ而國忠之儀顯レ候樣偏ニ御賴申入候紀藩之者出候ニ付右之段過日之御報旁申入候也

十二月十三日

甚御用繁燈下ニ而相認眼氣も甚惡敷大亂書御推覽御賴申入候也

忠　熈

松平春嶽殿

横井平四郎遭難ノ事實

○同日横井平四郎を福井に遣はさる是ハ去る十九日都築四郎吉田平之助か暴人の爲め疵を負ハせられし時横井其席ニありて挌鬪せさりし事を肥

後藩ハ士道を失へるものと認め物議紛興せし故なり其實況ハ當時中根靫負島田近江より其同僚に遣はせる書翰に詳かなり左の如し参政内状

以内狀得御意候去ル十九日夜小楠危難之始末此表執法ゟ其表執法迄申越候得は夫ヽ御承知ニも可相成儀と致省文候即夜一件落着何も小楠御小屋へ會集之處ニ而小楠進退之次第覺書ニ被相認如左

私儀昨十九日夜都築四郎吉田平之助近ヽ此表出立ニ付檜物町町家ニおいて離杯相催候處五時過狼藉者兩人白刄を提樓上へ登り候を見懸ケ候得共其節私儀腰物側近く無之ニ付直樣階下へ走り下り候節又ヽ一人ニ行違ひ申候夫ゟ松平越前守樣御屋敷へ馳歸り兩刀追取り同所へ駈付候得共事散候後ニ相成候右ニ付尚又家來共へ承り糺候處最初私迎ニ罷越候節檜物町河岸ニ致覆面候者十三四人罷居跡を慕ひ罷越候樣子ニ御座候其節都築四郎吉田平之助手疵を負申候私儀狼藉者可打留處腰刀身近く不指置機に後れ奉恐入候右之趣即夜不取敢御達申

上置候得共尚又篤と承糺し候次第奉申上候以上

十二月廿日　　　　横井平四郎

右書面を叙負迄被指出明朝細川樣御家老沼田勘解由迄相達呉候樣との事ニ有之候

廿日今朝昨夜之紙面持參可致と存候處へ小楠方ゟ唯今勘解由參り候間罷越候樣申來候ニ付直樣罷越小楠と一處ニ對談ニ及ひ候肥後説ニ而は先日來彼是怪敷事も有之全く平之助をねらひ候事に而小楠ニは無之との事ニ而候其座ニ而右書面も勘解由へ指出申候扨罷歸候節勘解由次之間迄送り來り內〻申聞候ハ三人之擧動差別は有之候得共何分一連之事ニ候得は右樣之不調法者を其儘差置候而は恐入候次第ニ付彼邸へ引取爲愼置度との口上ニ有之候右ニ付　中將樣へも申上御評議ニ相成候處兩人ハ手負小楠一人ハ無疵ニ而朋友を助けす逃歸り候樣ニ見込居候樣子も有之ニ付旁引取候上ニ而如何之處置ニ及候哉も難計との御懸念も

有之ニ付何分勘解由被召呼御相談可被成との御儀ニ而靫負儀勘解由方へ罷越唯今御逢被成度候間罷出候樣申達候處直樣參上可仕との事ニ有之此節之物語ニ逐一事情相分候處愈平之助目當ニ相違無之由昨夜足輕兩人致亡命候由何れも無謀之攘夷家之由此者彼邸を出候節今夜は遲刻ニ可相成自然御門限切れ候へハもはや歸り申間敷左樣相成候節は是非平之助を切捨行可申抔申置候由夫ニ而小楠ニは關係無之事明白との事ニ而候罷歸無程勘解由罷出御逢被遊被仰聞候御趣意ハ平四郎儀沼山ニ閑居致し候得ハ安樂之事ニ候處先年來强而御徵聘有之御信用ニ相成候ニ付而も御不德故ニ如此禍害之發動ニ及候事と思召候へは甚以御氣之毒御心痛被遊候事ニ候得は御家法通りを彼是御指綺ハ難被成候得共御心中を拜察致シ可然處分に及候樣被成度段御賴談ニ而勘解由も奉畏候段御請申上退坐控所ニおいて猶又靫負へ申聞候ハ不慮とハ乍申場所柄も不宜婦人抔も雜居之樣子ニ御座候故罪を重き方ニ歸候へは如何樣に

も重科ニ可相成勢ひニ候得共御懇之御意も相蒙候上ハ精ミ之儀取計ひ見可申いつれの道にも龍ノ口へ引取候様仕度肥後表ニは勤 王家も澤山ニ候得は是も甚懸念之次第抔物語有之候此夕方小楠ゟ病氣ニ付御用難相勤ニ付御國許肥後ニへ御歸し被下候様願口上書Ⓒ負迄被指出小楠之前夜之事情猶又熟考候處其節は急速之際不及思慮腰刀無之而ハと駈歸り再ひ罷越候次第今と成思へは彼時二階より下り摺鉢ても摺木ても追取打てかゝり候へハ宜かりしを其場にて腰刀之事を思ひ候丈ヶ後れと相成士道立不申候事と相成候へは士道へかけての御懸合ハ一切無之武士ハ棄り候と被成置候様被相願候同時龍ノ口ゟ清田新兵衛大道寺七右衛門方迄參り平四郎儀御貸し被置候得共此度不束之始末も有之ヶ様成者御手許へ指出置候儀何共恐入不安心至極ニ候間龍ノ口へ引取爲愼置越中守様思召相伺度段申入候ニ付七右衛門ハ御歸殿之上可申上と相答置候由右ニ付兩執政初評儀ニ而ハ此度之一件ハ平之助目當と相聞へ候得

共小楠を刺擊すへしとの沙汰も是迄有之儀別而同藩中之嫌疑ニ而甚六ヶ敷と申合居候事ニ候得は彼邸ニ而如何程警衞致候迚甚懸念之次第道中ハ猶更肥後も敵中いつれの道にも危難免れ兼候形勢なから此方に御預りと相成候所か御在府中ハまたも宜候へとも御留守と相成候ハヽ迚も番は出來不申其表へ被遣候と申處か道中も懸念ニ存し更ニ全策無之候得は何分是迄非常の御寵遇有之候者を小過之爲に御手を放され危險之地ニ被置候而は愛士の御誠意も相立不申天下有志之缺望ニも可相成候へは兎も角も彼方へハ御引渡無之方之應對ニ相成候樣との決評ニ而御歸殿之上右之趣を以兩執政ゟ思召被相伺候處至極尤ニ思召候御旨ニ而元來小楠の白刄を凌かさるハ文天祥か窄を　《マヽ》り候意味に而命さへ有之候へは爲すへき事ある之見識ニ而瑣々たる小節を以論すへきには無之候得は御上京之上越中守樣へハ御對談之被成方被爲在候得は夫迄之處何分彼方へ不相渡樣明朝豐後殿負兩人罷出及懸合候樣被仰付

廿一日今朝草尾精一郎を清田新兵衞迄被遣昨日申入候趣御歸之上申上候處委細御承知被成候右ニ付猶又思召之次第ハ岡部豊後中根靱負を以被及御談候旨申遣し置四ッ時過兩人同道勘解由宅へ罷越對話之次第ハ右件御藩法も有之候得は御引渡可申は勿論ニ候得共此後之危難如何可有之哉甚御案事被成又平四郎ゟも御暇を戴き御國元へ引込度段願書も差出候得共途中御國許共甚御懸念故御許容被成兼候次第ニ候得ハ御引渡後之御取計振も篤と御承知被成御安心被成度と申懸候處勘解由申候ハ私御役前ニ而は右樣不取計候而は難相濟候故相願候事ニ而平四郎身分之安危は如何共致方無之越前ニ而は非常之御取扱ニ候得共龍ノ口ニ而ハ一介之平士御國許へ遣候とて自分之僕從計にて衞士を添へ候譯ニハ參り不申又歸國の上迚も中ゝ安心之見詰は無之との事ニ付左樣にてハ春嶽樣如何ニも御安心被成兼候常磐橋ニ而申合候處ニ而は越前表へ指越候程安心之儀は無之候得は左樣ニ御任セ被下候儀は相成間敷哉夫

も無躰ニ相願候儀ニも無之春嶽様も來春ハ早〻御上京越中守様へも御對顔被成候儀ニ候へは其節此件も御談被成度思召候哉之御沙汰も有之候へハ夫迄之處を是迄之通り御借置被成度との御趣意と申候處成程素〻御直約ニ而御借用之者ニ候得は御直談迄之處を思召を以被仰付候事と相成候得は違背も仕兼候何分一藩之議論逃歸候迚甚やかましく私も實に困究致居候處ニ候得は私ならいどこ迄も御引渡被下候様相願候間其上を思召ニ而押而被仰付候事と相成候得は枉而御請仕候運ひニ可相成との事ニ付段〻熟談之趣は忝仕合ニ候得は此段今一應春嶽様の思召相伺候而可及御懸合と申候處是ハ打割たる御密談ニ而余人へは口外致兼候事ニ候間其所は相含置呉候様との事ニ而引取申候此沼田ハいまた三十未滿とも可申若者ニ而候得とも中〻能心得居條理を立申候此件は天下之批判ニも可相成儀ニ候へは聊ニ而も春岳様の御私に相成候而は御職掌ニ被對御濟不被成私共も御私ニ與シ候而は無申譯候得は御公私之際

乍恐再應御講究被下候樣抔申出天晴成事ニ御坐候右之趣御歸殿之上申上候處至極の都合に候間何分直談迄之處唯今之通り此方ニ指置候樣叡負罷越及返答候樣被仰付

廿二日思召の趣叡負書取ニいたし持參勘解由ニ逢對指出左之通り

此度横井平四郎殿不慮之過失出來候處其儘被指置候儀御不安心之御次第故其御方へ御引取御國許へ被遣越中守樣御指圖を御伺被成度段御申上之趣春嶽樣御承知被成御藩法左も可有御座儀ニ而御中立之通りニ被任度思召ニ候得共御同人儀は先年來篤く御信用御座候事ニ而夫か爲に御同人身上に種ゝ之物議も紛與致居候折柄御國許へ御遣しニ相成候ニ付而はもるゝの路程此上不測之變故有之候而ハ春嶽樣御信義ニも可相拘儀ニ而甚以御懸念思召候事ニ候右ニ付御申立ニ被對候而ハ御氣之毒ニハ思召候得共素ゝ御直約ニ而御借用ニ相成居候事ニ候得は今暫此儘ニ被成置來春は早ゝ御上京ニも相成候得は於彼

表越中守様へも御對談其節兎も角も御直談被成度と思召候尤右之次第不取敢御直書を以一應可被仰進置候間此段御承知ニ而夫迄之處は此方ニ御指置候樣被成度被思召候勿論不束之儀も有之上之儀ニ候へは御同人も急度相愼被罷在候事ニ御座候事

勘解由一見之上申聞候は段〻厚き思召を以被仰付候儀ニ候得は此上强而可奉願樣も無之候得共猶又役〻申談候上ニ而從是御請可仕と相答又夫ゟ暫ニ相成候上ニ而靫負ゟ申候は御承知ニさへ相成候へは今晩ニも福井表へ被指遣候御積り乍併此儀流布致候而は途中之危難も難計候得は是は勘解由限り極密承り呉可申乍併此表ニ指置是迄之通り御手元へも出候樣ニ而は是又嫌疑も有之候得は表向之所は不遠內國許へ遣し可申哉と申位ニ申唱へ置候樣申來り候夕七ッ半時過勘解由ゟ遣し候書面左之通り

過刻は御枉駕辱奉存候陳は横井平四郎儀不束之儀有之候ニ付而は其

儘難被指置早〻此方へ引取申度段申上置候通りニ御座候處春岳樣厚思召之旨被爲在委細以御書取御賴談之趣拜承仕誠ニ無御餘義御事情ニも被爲在候得は此上强而引取之儀は難相願先御賴談之旨ニ應越中守樣思召を爲相伺候上猶從是及御懸合候筋も可有御座候間左樣御承知此旨可然樣御申上可被下奉希候平四郎不束之處より不一方御配慮ヲ奉掛候段於私も重疊奉恐入候次第ニ御座候右御挨拶旁早速參殿可仕之處彼是御用多且は貴諭之趣も御座候ニ付不取敢寸楮を以得御意申事ニ御座候以上

臘月廿二日　　沼田勘解由

中根靱負樣

右之通り申來候ニ付今朝ゟ御內意被仰付有之千本彌三郎近藤篤太郞早駈ケ之支度取調らへ小楠は暮時過御前へ被召御相談之儀等有之兩執政被罷出御吸物御酒御肴少〻有之御離杯取替し有之愁然たる有樣御双方

御落涙無言の御離別御胸中も察入傍観も殆潸然たる事ニ御座候御側向等へも秘密ニ而被下物等之御支度も御出來不被成ニ付御身付之御提物御煙管御煙草入等被下候風雲變態も常態位之事ニ候得共此一變こそ實ニ不測余りなる事ニ而茫然と相成申候千本近藤は東御門ゟ出立小楠は平服ニ而龍ノ口へ用事有之趣ニ而西御門ゟ被出呉服橋内ニ而出會是ゟ駕乘四ッ時前ニ發途也某日長州之政之助を失ひたるを憐みしか今日は爰に小楠を失ひ一邸光輝無之樣之心地万歎千息何之益も無之候右之次第共執政衆ゟ荒增被申越候間委細は各樣迄兩人より得御意候樣と申事故如此御座候御序ニ被入御聽執政衆へも御披露御座候樣致度候以上

十二月廿三日

近江

靫負

彈正樣

十之丞樣

○同日内閣ゟ京都所司代牧野備前守殿へ書翰を發せらる公の上京期日粗決定せし故なり左の如し白木秘笹

松平春岳儀上京之節御軍艦拜借來月十一日頃出帆海路罷越攝州天保山沖投錨直ニ安治川口上陸大坂表ニ両三日致滯留夫ゟ上京之積尤時宜ニ寄安治川ゟ淀川通り通船上京可致候間得其意相達可然向〻へは可被達置候且又在京中取扱振は諸事老中之通り相心得萬端手數相省馳走ヶ間敷儀は勿論下〻難儀不相成樣可被取計候尤旅館之儀は越前屋敷の積ニ付此段爲心得相達候以上

十二月廿三日　連　名

牧野備前守殿

奥御右筆
西尾錦之助
松平太郎

右之者共松平春嶽へ差添其地へ相越候間同人旅宿近邊ニ而兩人一所之

旅宿差支無之樣可被取計候事

○廿四日例刻登營暮時歸館せらる本日も大樹公內閣に臨ミ庶政を聽かせられたり樞密備忘

○廿五日登營せられす頭痛せられし故なり樞密備忘

今後朝廷ヲ尊奉セラルヘキ幕府ノ內議

○同日松平容堂殿來訪せらる此日は幕府に於て今後　朝廷を尊奉せらるへき事項を議せらるゝため來邸を請はれしなり其議せられし事項は第一　禁裡御賄に要せらるゝ經費は以來幕府に於て監査せさるへし第二　皇子皇女の御落飾を停めらるゝ事第三　粟田宮御還俗あらせらるへし第四　時々行幸在らせらるへし第五　堂上方の家祿を增加すへし第六　禁中修覆あるへし第七右の外は　朝廷の御內慮を伺ふへしなとなりき容堂殿の退散せられしは夜九ッ時過なり參政內狀樞密備忘

○同日紀藩伊達五郎横井治太夫來る此兩士は當時同藩の重臣安藤飛驒守水野土佐守等威權を恣まゝにし賄賂公行士風敗頽せるを憂ひて近日亡命

せるよしなりしか中根靱負面會せしに兩士安藤水野等の專橫なる事實を詳述し此際幕府の御聲掛りを以て久野丹波守を始正議の士を擧けて一藩の弊政を一洗せん事を希望すとの趣意を歎訴せり參政內狀

○同日內閣より所司代牧野備前守殿へ書翰を發せらる近衞殿下御辭職の件を更に傳奏衆より申遣はされし故なり左の如し白木秘筐參政內狀

近衞關白殿當職辭退鷹司前右大臣殿へ關白　宣下可有之被思召候御內慮之趣無滯相濟候樣早〻可取計旨傳奏衆より書付被差越候ニ付御申越之趣致承知候右之儀ニ付而ハ來早春松平春岳上京之上申述候心得ニ有之候間夫迄之內御辭職無之譯ニハ相成間敷哉尤先達而任職以下傳奏迄御內意被仰進候儀御辭退被遊候旨被仰出其段申進候處猶又右樣申進候而は御不都合ニも候得とも前文之次第ニも候間委細御含傳奏衆へ被及內談否早〻御申越候樣ニと存候以上

十二月廿五日　連名

牧野備前守様

松平春嶽

○廿六日朝五ッ時出門天徳寺へ參詣歸途溜池にて松平日向守殿を訪問し夫より登營せらる歸館ハ暮時なりき參政内狀
○廿七日朝五ッ半出門凌雲院へ參詣夫より登營暮時歸館せらる此日四文銅錢文久永寶成る來亥年早春ニ至り發行せらるゝ筈なりし銅錢の表面なる文久永寶の文字は三種にて一ハ公の書一ハ板倉閣老の書一ハ小笠原閣老の書なり○參政内狀
○廿八日朝六ッ半時登營暮時歸館せらる本日營中に於て上京の御暇を仰せ出さる左の如し參政内狀家譜

御羽織

御馬

右來早春京都へ罷越候ニ付御暇被下

禁裏　親王　准后ヘ之御口上被仰含於　御前拜領之

○同日大久保越中守より中根靱負へ書翰を遣はす左の如し葵章秘筐

愈御綏福欣喜之至ニ候先以過日は御繁多之御中御來訪被下御懇情不堪感謝候其節御惠投被成候御菓子之御禮尚又宜敷希候扨兼〻望候寸尺之良及御示被下致縦覽候處申分無之相求度候ニ付則代り八圓差出候乍憚可然希候乍去餘り安直若御書損ニは無之哉とも被存候間爲念伺度候寸間ニは両三人はと存日〻拭可相樂不淺難有候御一笑可被下候

合宜故大平之隱居差又万〻一之節ニはトントコ未發內歟長柄之不得拔

一別紙述懷小子計り之儀ニも無之候間貴兄御一瞥希候尤再出望候爲ニ申出ニは無之只〻實事述度迄ニ候小生再出不望譯は前文之通疾惡敷石は捨玉計取度相成候ニ付出候而も長持は不出來候兎角石多ニ而石ハ能玉ニ損し候右故石上之工夫ニ而終度候草〻頓首

十二月廿八日賀　　　　　　　　　　　忠寬

中根雅兄

二白時令御自愛爲國存候將駿州吐月峯花入到來合候間致進入候再行

別紙

再勤願度認候ニは神以無之只〻不分明之紛亂之と申は餘り殘念ニ而認御一瞥希候迄ニ候

小生御役御免差扣被仰付候節被仰渡京町奉行勤役中不分明之取計有之御制度紛亂を生候との御事ニ候得共不分明ニも可相成哉と心付候儀は其節所司代始へ屢及議論候故歟纔九十日勤候而江戸へ被召下無程退役被仰付候儀ニ而何事之不分明取扱紛亂相生候哉更ニ覺無之性質狂愚は常に恐入居候得共不分明之取扱抔と申儀は乍恐甚不服ニ候且其頃御仕置決極迄は不相勤事ニ候既ニ近衞殿諸大夫青木生抔之吟味は仕候得共可咎廉も無之ニ付盡力及議論候而戻遣候其外婦人兩人宮方立入候女と水戸ノ利恭ト申者ニ而江戸へ下ス吟味は仕候得共無理之吟味方い不仕其上御仕置迄ニは不至內私江戸へ被召下西丸御留守居と相成無程退役被仰付候事ニ候只〻長野義

言加納繁等切捨も不致江戸へ下候は不行屆ニ而恐入候此度私同様被仰渡候由承及候岡部土佐儀は私程も取扱不申内日光宮様御供ニ而下向仕既ニ所司代被申候ニも土佐ニは吟味は出來兼候ニ付宮様御供奉ニ轉役と之噂も有之位之事ニ候乍去當節之勢無餘儀御場合ニ而寃とは御承知之上之御事ニ候ハヽ無是非候得とも万一此度之御處置皆御正路と被思召候而ハ乍恐御不明ニ相當可申哉私共ハ兎も角も爲以後不顧恐貴兄へ此段申述置候草略不乙

十二月廿八日　忠　寛印

中根雅兄

○廿九日朝四ッ時出門田安殿を訪門せられ夫より登營退出の際松平容堂殿の許に赴かる歸館ハ暮六ッ時過なり本日營中ニ於て大樹公年中の精勤を慰せられ手つから黑羅紗若干尺を賜はりたり參政內狀

續再夢紀事卷三終

續再夢紀事卷四（文久三年正月ヨリ同年三月ニ至ル）

○文久三年癸亥正月元日朝六時揃閣老方出門の案内にて五時前出邸登營せらる新正を大樹公に賀せらるゝ爲めなり本日出邸の際は雨天なりし故駕輿退出の際は乘馬なり往來とも途中は𧘕𧘔營中にては直垂を着せられき參政内狀

○二日朝六半時揃五時前出邸（昨日の例に同し）登營退出より增上寺の廟を拜し夕七時歸館せらる參政内狀

○同日夜に入て薩藩岩下佐次右衞門來る明三日江戸を發して京師に赴き夫より歸國する筈なりし故三郎殿ゟ申入れらるへき内意を委囑する爲め呼ひ寄せられしなり此時岩下に羽織一箇金二拾兩贈與し晩餐を饗せらる岩下歌を出せり左のことし（參政内狀 白木秘筐）

けふしも春嶽公をおがみ奉りけるとき御着服の羽織をぬきて給はりぬれは

斯計り露の惠のかゝる身を

いかに盡して君にむくはむ

嬉しさの其をりことに悲しきハ

我たらちねのまさぬ之けり

〇同夜岩下饗應中同藩吉井中介來る中根靫負對面せしに吉井去年十一月十五日江戸を發せし後十二月三日鹿兒島に着して(薩摩守齊彬殿へ贈官位ありし)使命を畢へさて兼ねて御相談に及ひたる如く修理大夫三郎上京して周旋盡力すへき時機なるへし且春嶽公にも父子の上京を希望せらるゝ旨仰せられたり云ゝ陳述せしに兩人とも同意いたし更に內意を授けて京都及ひ江戸に出つへき旨を申付たり故に同九日大久保市藏とゝもに鹿兒嶋を發し廿二日京都に著して近衞殿下に謁し三郎の內意を申上且其意見

書を差出しゝかは殿下嘉納せられ廿四日殿下及ひ中山殿正親町殿の御三方青蓮院宮の御許に御集會ありて御內談の上即日奏聞ありしに速に　勅許あられしよしにて殿下より大久保に仰含められたる御旨あり又春嶽公に進せらるへき御書翰をも托せられたれは廿五日午時更に京師を發し今切にて大久保に別れ道を急きて只今到着せり道を急きしハ途中にて春嶽公來る七日江戶を發し上京せらるへしと聞きし故御出發前殿下の御書翰を御傳達に及ハんためなりと申聞けやかて彼の御書翰を指出せり斯くて公吉井に對面せられしに吉井委曲ハ市藏着の上申上へけれハとて大略の事情のミ陳述して夜四ッ半時退散せり近衛殿より遣ハされし御書翰ハ左の如し參政內狀樞密備忘

此度

勅使歸京攘夷之儀御請委細ニ言上ニ付テハ　大樹公　御上洛之儀叡念被爲在候密〻大久保市藏ゟ申含候儘御聞取給候樣無御腹藏御答承

度存候右之段荒〻認候也

十二月廿三日　　忠　熈

右往復迄之前ハ其許幷容堂ニも御上京御見合候様致度存候也

松平春嶽殿

○三日朝六半時揃五時出邸元日二日の例のことし登營退出より上野の廟を拜し七半時歸營せらる樞密備忘

○同日閣老衆より京都所司代に左に掲くる書面を指出さる大樹公明四日鷹狩のため野外に出らるヽ筈なりしか官位御辭退中なりし故俄に其事を停められけれと進献せらるへき鶴ハ先例なれハとて傳奏衆へ內〻相談に及ハせられしなり樞密備忘白木秘笈

先達而　公方様御官位御一等御辭退之儀其御地へ被仰進候以後は萬事御愼御慰事ハ勿論遠御成等も不被仰出儀ニ候得共　禁裏ニ御進獻之鶴御先例之通御拳ニ而御進獻被遊度思召候得共如何被遊候而可然哉此段

無急度傳奏衆へ御申達否早〻御申越候樣ニと存候以上

正月　　連名

牧野備前守樣

猶以最早一橋中納言殿にも其地御着ニ相成可申候間御同人へも本文之趣御申上何れとも早〻御返書御差越候樣致度候以上

○是月　日欠　熊本藩井口呈助より意見書を出す左の如し白木秘筐

此節横井平四郎不慮之變事ニ立合處分屆兼候付而は不容易御招待を受居候身分恐入早速奉願弊藩に引取候存念ニ御座候處是迄　御國政は勿論總裁職被爲蒙仰候付而ハ段〻御爲合ニ爲相成儀も有之由ニ而此儘被差返候儀も　御心外ニ被爲在候哉平四郎儀福井表に被差下候段承及申候自然無相違儀ニも御座候ハヽ是迄格別　御寵遇を受候身分此節ニ至リ一旦ニ不被爲棄候御儀厚キ　思召ニ而重疊尤之　御情態とは奉窺候得共退而勘考仕候得は當時天下之形勢如斯衰頽ニ至候義畢竟三百年ニ

近キ太平上下貴賤武士道に疎く罷成候ゟ之儀ニ而外夷猖獗海内志士之義忿を激成し　大樹之御威光も立兼天下之御抑揚被爲届兼誠以嘆敷次第ニ御座候處一橋公　御當家樣今度海内之御人望を以御後見總裁職被爲蒙　仰御政事向御大變革被仰出候御儀實ニ千緒萬端ニ可有御座候處其大要は元龜天正以來之武士道御興復被爲在候外有御座間敷候處右平四郎儀才力衆ニ秀非常之御目鏡を以御依賴被遊候之御儀ニは可有御座候得共此節ニ至り全く士道忘却仕候義世上其隱れ無御座候處矢張御眷顧を蒙り福井表ゟ被差越候而ハ　越中守樣御家法ニ茂差礙り
御當家ニ於も此後如何ニ仁義道德を說キ嘉謀懿猷を獻し御政事向ニは間然無之候共武道之本意相廢れ候而者天下之大勢御挽回之期者有御座間敷候將又　御當家樣ニは大度之　思召ニ而曾子師父兄之道を以御宥儀被爲在候　思召ニ茂有之哉ニ御座候得共
皇國之士風自から漢土ニ異り曾子トいへとも差許かたき譯合ニ可有御

座候得は寂前平四郎願之通り熊本へ被差返　越中守様御家法之通り被仰付可然御儀歟と奉存候平四郎儀於弊藩は實ニ一介之士ニ而御座候得共　御當家様非常之　御寵眷を蒙り候而は其名天下ニ隱無く此節御取扱振次第ニて人心之向背士氣之張弛ニ茂關係仕天下國家之御爲實ニ大切之御儀と奉存候右は私一書生身分兎ャ角申出候義重疊恐多奉存候得共天下之公議誠以難默止聊表愚衷候迄ニ御座候疎漏之罪御宥恕奉願候恐惶頓首

細川越中守様儒臣

井口呈助

文久三年

正月

正德　(花押)

春嶽様

御側御用人中様

○四日例刻登營退出より芝安國殿黑本尊を拜し又增上寺方丈を訪問せられし上天德寺の祖廟を拜し暮時歸館せらる樞密備忘

島津三郎殿ヨリ近衞殿青蓮院宮ヘ指出サレシ建白

○同日夜に入りて松平容堂殿來邸せらる過日大久保市藏吉井中介の兩士京師にて近衞殿へ參候せし時のありし次第を公とゝもに聞取らるしとてなり豫しめ通知し置かれたれは容堂殿に先たちて兩士も來邸しけり此時大久保舊臘廿二日京師に著し近衞殿青蓮院宮に參候して三郎の建白書を捧呈し尙又三郎か申含めたる次第を口頭にても申上しに同廿四日青蓮院宮へ殿下及ひ中山殿正親町殿御集會御詮議ありて建白の旨趣を可とせられ即日　叡慮御伺の上更に殿下より建白のことく大樹公上洛ハいよいよ見合ハすかた然るへき旨仰含められ云ゝ陳述し即ち三郎殿の建白書及ひ建白書に添へられし別紙の寫を指出せり左のことし樞密備忘白木秘筐

今般不容易以

叡慮不肖之小臣御用之義有之早ゝ上京仕候樣

御內勅之趣奉拜承實以武門之冥加無此上難有仕合奉存候就而は不日上京仕候儀當然ニ御座候得共每ゝ申上候通國本相固度之趣意を以御暇奉

願歸國仕候以來夙夜心志を苦メ海防之手當は勿論萬般之政事向精ミ所置を加へ候折柄　勅使關東へ御下向攘夷之　命を被下候段承知仕候然は愈以內脩外攘之道不相立候而は
叡慮貫徹難仕候ニ付守禦之術十分ヲ盡度指急候次第ニ御座候只今半途ニモ不至發足仕候而は都而瓦解之姿ニ相成候者案中ニ而別而心痛仕候殊ニ於敝邑ハ三分之二は環海之場所柄且先般江戶出立之節於神川夷人混雜一條より幕府御處置被成兼候ハヽ敝邑へ廻船致シ候樣御達相成度左候ハヽ　皇國之御瑕瑾ニ不相成樣穩便に應接可仕旨及御屆置候處未御決着も不相付候得は自然其通御達相成候ハヽ實ニ　皇國之御大事ニ係り候儀故前後當惑罷在候ニ付何卒以　御憐察暫時之　御猶豫御前ヨリ御執成被成下度伏而奉懇願候大低《マヽ》今三四旬も經候へは治定之方ニ相向ひ可申候間來正月中ニハ發足可仕候尤不容易大事之御時節ニ當り奉蒙重命候上は其實相叶被爲安　宸襟候樣無御座候而は乾度不相濟義と

只今ヨリ始終之定策相立置度晝夜忘寢食苦慮仕候抑　皇國危急之節ニ臨ミ忝モ
聖明之御英斷ヲ以非常之大業ヲ被爲創殆成就之時機ニ至リ上被爲對
皇祖下萬民之爲千載不朽之
御偉德誠以難有奉存候得共兎角自古有始無終成功ヲ遂け不申儀和漢其例不少候得は乍恐以往之處益深謀熟慮屹度衆口ニ無御動搖樣
御卓識被爲立候儀肝要奉存候既ニ攘夷之
命令被爲下候上は　綸言不可返之道理ニ而自ら於　幕府奉行有之筈候得は來二月　大樹公御上洛相成候而は決而不可然儀と奉存候右事件左ニ奉申上候第一攘夷之儀假令三五年之期限ヲ定候而も實地ニ
勅意奉行有之其術を施候場ニ至候得は尋常之手當ニ而ハ中ミ六ヶ敷尤彼ヲ制御する實備無之候而は我ヲ固守致候義決而出來兼候得は甚至難之譯ニ御座候寛急之次第ハ有之候而も攘夷決定之上は卽日より各國寸

陰ヲ惜ミ必死ニ磨勵海陸軍十分不行屆候而は時機ニ後レ候義必然ニ御座候得は上洛相成不可然奉存候第二ニは當分　幕府革變之初人心紊亂物議騷然之砌暫時タリトモ猖獗之夷賊ヲ膝下ニ召養江府ヲ空城ニ致シ候儀不可然奉存第三ニは攘夷決定之上ハ列藩之侯伯在城致シ海防守禦之策專要ニ而畢意參勤猶豫之新令も不外候處上洛ニ付而は先規も有之大藩上京仕候義不可然奉存候第四ニは近年諸邑沸騰四民困窮之折如何樣易簡之令ヲ布候而も　大樹公御上洛と申候得は驛ミ奔命ニ疲勞不少候第五ニは右ニ付各藩上京銘ミ及建議衆言囂ミ一和之道相立兼御取捨之上ニハ或は恨ミ或ハ憤リ其害不少候第六ニは變革之時ニ當リ正邪進退等ニ付小人俗吏之徒ニ至リ候而は私怨ヲ含ム者ニ候得は如何樣邪心ヲ包藏シ密ニ夷賊ニ應シ上洛之虛ニ乘シ不軌ヲ圖リ候者有之モ難測御座候攘夷被仰出候上

「大樹公御上洛之害右之通ニ候得は於　幕府は二百年之廢典ヲ起シ君臣

之大禮ヲ正シ天下人心ヲシテ尊　王之道ヲ知シメ候儀至當之譯ニ而今ニ至リ　幕府ヨリ願立相成候而は人心之居合ニモ相係リ大禮ヲ欠候場ニモ當リ可申候間前條之譯天下ニ示諭シ暫上　洛猶豫有之候樣左候而一橋越前之間名代上　京之義ハ不苦旨
勅命ヲ以御達有御座度乍恐奉存候　幕府內情ニ於テハ別而大幸ニ可奉存且尊　王之道は外ニ時世相當可奉施行件々餘多可有之候得は只今ニ至而は先以攘夷實行之處尊　王之一大急務と奉存候間何分早ヽ御評議之上速ニ被　仰出候樣御座得は實ニ
皇國之御爲無此上大幸と奉存候
右は實以重大之事件ニ而小臣恐懼之至奉存候得共篤と勘考仕候處不容易時節默止罷在候而は却而不忠と奉存候間不顧多罪愚慮之趣家臣を以奉建言候誠惶誠恐頓首敬白

十二月　島津三郎

建白書に添へられし別紙

一青蓮院宮樣御還俗之一條先般モ奉願候得共非常之御事ニ御座候得は御評決御六ヶ敷儀とヽ奉存候乍併不容易時世天下有志之人心奉歸嚮御方ニ被爲在候得は何卒出格之譯ヲ以　御還俗之儀此涯被仰出候樣偏ニ奉願候左樣御座候ハヽ　宮樣ニも猶又御奮勵　御大政之御爲別而可然御事と乍恐奉存候

一松平相摸守松平容堂閣老上席ニ而一橋越前ヲ輔佐シ政事向致關係候樣被仰出度奉存候尤相摸守ハ一橋兄弟にも有之殊ニ　德川家御家門之列ニも御座候得は子細ハ無之筈と奉存候容堂儀は外藩之事ニ御座候得は評決六ヶ敷可有之候得共方今之世躰例格ニ不拘登用有之候樣分而被仰渡度御事とヽ乍恐奉存候

一別紙申上候　大樹公御上洛之發端は先度　勅使大原卿關東御下向之節三ヶ條之內其一ヲ奉行可有之とヽ之　御內命有之其趣早ク關東に相洩一

橋越前出頭相成候而は不可然と之儀ニ而専ら安藤久世之私計ヲ以速に御上洛ヲ發シ候由就而は　叡慮遵奉之實意ニは無之心術は一橋越前之出頭ヲ忌ミ　勅命ヲ奉拒候奸計に御座候且又只今さへ東海道驛〻人馬之差支不一方內實ハ愁歎之聲路傍ニ滿候向ニ相聞中候今般御上洛之入費凡八十萬兩之賦ニ傳承仕候誠ニ莫大之失財ニ御坐候間右を全ク武備充實之方ニ被振向候ハヽ第一攘夷之　叡慮奉行之基本ニ可有之と奉存候

右は重疊奉恐入候得共存付候間書添奉備尊覧候以上

十二月　島津三郎

○五日例刻登營夕七ッ半時歸館せらる今夕御目付杉浦正一郎御右筆西尾錦之助松平太郎外ニ御徒目付二人御小人目付二人來る近〻上京の節公に隨行すへき人〻なり晩餐を饗し物を贈らる杉浦に奉書紬三疋銀五拾枚西尾松平に各奉書紬二疋銀三拾枚御徒目付二人に各奉書紬二疋銀拾五枚御小人目付二人に各奉書紬一疋金五両なりき樞密備忘

○六日閣老出門の案内にて登營夕七ッ半時退營せらる此日松平閑叟殿登營過般上京の際被仰出たる　叡慮の次第を大樹公に上申せらる此時大樹公より閑叟殿へ返答せられし書面左の如し樞密備忘

以　勅使被仰下候義猶其方ニも厚周旋可有之旨被仰含候趣委細奉畏候素來攘夷拒絶之儀は兼而御請申上候ニ付而ハ聊因循遲滯可致筈無之候尤策略は武臣之職掌ニ付何れ諸藩衆議之上早ミ拒絶談判候樣可致旨奏聞可有之候

大久保市藏中根靭負上京

○同日大久保市藏吉井中介來る一昨四日夜兩士ゟ申立たる御上洛御見合せ云ミを昨五日營中に於て公水野板倉兩閣老に内談せられしか兩閣老同意なりし故更に協議のため呼ひ寄せられしなり此時協議せし大意ハ近ミ大久保及ひ中根靭負上京して容堂公春岳公の上京以前　朝廷より延引すへき旨の命を下さるゝ樣殿下御始へ周旋すへしか周旋の上萬一兩公上京後ならてハ其命を降しかたしなとゝあらんにハ其内大樹公御上洛の豫期

に迫るへけれハ幕府に於て夫となく御發程を延引せらるへし云々なりき
樞密備忘
〇七日朝四時登營夕七半時歸館せらる此日營中に於て松平閑叟殿に大樹公文武御修業の御世話ある樣にと命せられしか閑叟殿御請に及はれ扱公に申されしハ過般上京の際東下の上ハ攘夷拒絕の事を周旋すへき旨の御內命ありし故昨日大樹公へ其よし申上けれと攘夷ハ不得手にて甚た迷惑せり元來京都にてハ暴論を唱へされハ御趣意に適ハさる勢故此上々京ハ御斷りなり近々大樹公御上洛の時も御跡に引續き一時入京ハすへけれと直ちに御暇を願ひたき心底なれハ御心得置下されたし云々なりき樞密備忘
〇同日松平容堂殿の上京を來る十日發程せらるゝ筈に決せらる昨日大久保市藏中根靫負等容堂公春岳公上京已前に上洛延引の命を　朝廷より降さるゝ樣周旋すへしと協議せし旨ありけれと矢張急に上京せらるゝ事になれり樞密備忘

大久保市藏ニ托シテ近衛殿ニ指出サレシ春嶽公ノ書翰

〇同夜大久保市藏吉井中介來る公對面せられしか両士　朝廷供御の御用途殊の外御欠乏のよしなれハ此際額を増し三十萬石に定めらるゝ樣にとの意見を陳述せりさて大久保近ゝ京都に出立する筈なりし故近衛關白殿に進せらるへき返翰を托し袴一下贈與せられき其返翰左の如し樞密備忘白木秘筐

華書謹而奉捧讀候此度　勅使御歸京攘夷之儀御請被仰上候ニ付而は大樹公御上洛之儀　叡念被爲在密ゝ大久保市藏ニ被仰含候儘謹承仕無復藏御答可申上旨奉畏候則市藏より逐一奉拜承先以　御懇恩之　叡旨不堪感泣之至難有仕合奉存候次ニ島津三郎存寄之條ゝ書面一見仕何も至當之儀ニ付猶容堂申談候次第筆紙盡兼候ニ付委曲市藏へ相含奉達尊聽候樣申聞候間御聞取被成下候樣仕度伏而奉願上候右御請迄如此御座候恐惶謹言

二月七日　源

尙ゝ市藏往復迄容堂私上京見合候樣奉畏候然る處容堂儀は無據次第有

之近日出船仕候此等之儀も具ニ從市藏言上仕候筈ニ御座候謹言
○八日例刻登營暮時歸館せらる本日營中に於て昨夜大久保吉井より建議せし供御の御用途增額の件を申出られしか種〻詮議の末唐突にさる事を申出るも如何なれハ近〻容堂殿上京の際內〻殿下に御相談申上然る上何分の手續に及ふへし又增獻せらるへき額ハ幾万石とも其限りを定めす何程ニ而も御入用の分を指上らるゝ方然るへしとの議に決せられたり樞密備忘
○同日退營後松平容堂殿來邸せらる此節幕府大久保市藏の議を納れて一應大樹公の上洛を見合ハせらるゝ事に內決せられしかと本日尙又來る二月廿一日を以て發程せらるへきハ最前　勅使に告け又諸向へも布告せし事故一時延期するのみならハ兎も角もなれと際限なく見合せらるゝハ宜に適ハさるへきかとの議ありし故更に大久保を呼寄せて意見を尋ねられしに大久保しからハ大樹公の御發程を三月中旬と御內決あるへし扨しか御內決の上ハ京師にても大樹公ハ三月中旬迄延期あるへく諸侯ハ豫參に

及はさる旨の命を降さるゝ樣周旋し若諸侯の中此命を降されさる以前入京せらるゝ方あれハ別に早〻歸國して專ら富强を圖るへき旨の命を降さるゝ事も出來かたきにあらさるへし彼是時日を經る間にハ三郎着京して國是一定の　朝議を促すへきなりと申しゝか公及ひ容堂殿とも異議なく其意見に決せられき樞密備忘

○九日例刻登營退出より松平容堂殿を訪問せられ歸館ハ夜四ッ時過なりき容堂殿を訪問せられしハ明十日出發上京せらるゝ筈なりし故なり樞密備忘

○十日中根靫負江戶を發し上京の途に就く昨九日大久保市藏も上京として江戶を發せしなりさて中根大久保の兩士道を急き十五日京都に着せりとそ樞密備忘

○十一日朝五時登營退出より松平閑叟殿を訪問せらる參政內狀

○十二日例刻登營暮時歸館せらる今日大樹公の座前に於て經書の講談あり公及ひ松平閑叟殿にも陪席せられ公も論語學而の章を講せられ閑叟殿

にも講義ありしとそ參政内狀

○十三日例刻登營暮時歸館せらる參政内狀

○十四日中根靱負へ書翰を遣はさる昨十三日京便内閣に達し去年大樹公より奏上せられし官位一等御辭退の件ハ　朝議御許容在らせられさるよしの報ありし故公の上京殊ニ寄引揚らるゝに至るへきかとの意を告けられしなり參政内狀

今日刻附御用飛脚差立候ニ付一筆申陳候先以江戸御平安邸中無事降心可致候其方儀旅中安全日積之通京着之事と目出度存候容堂も彌十日乘船十一日解纜多分十五日頃迄ニハ着坂可相成候我等上京之事兼而は三郎殿出京を相待來月十日頃ニハ出船相成候積又は從京都容堂之一筆之次第により出船と申聞置候然ル處今度御官位御一等御辭退之儀　勅許不被爲在候趣委細土岐出羽守持參十五日東着と申事左すれハ右御禮として早ゝ上京右台筆ニ而御禮狀御認被遊候事有之候方京都御都合も宜趣昨日刻附飛脚橋

公ゟ老中迄申來候依之老中ゟも相談有之至極御尤之儀と奉存候故同意ニ及申候尤彌之處ハ出羽守歸府之上　上之思召をも相伺御決之積ニ付此段內ミ爲心得申遣候尤彌早ミ出船にも相成候ハヽ以急飛脚可申遣候夫迄之處は其方幷ニ山城両人計相心得可申候云ミ下略

正月十四日　名

中根靫負へ

大樹公ノ官位辭退ヲ聞シ召サレズ及田安殿ノ官位辭退幷ニ退隱ヲ聞シ召サル

○十五日高家土岐出羽守江戸に着す大樹公の官位一等を辭せられし上表及田安殿の官位一等を辭し退隱せらるへしとの上奏に對し　朝廷の御指揮書を持下りしなり御指揮書左の如し樞密備忘

大樹公の上表に對する御指揮

先年以來政事不束恐懼ニ付今度官位一等辭退其志意神妙　思食候悔悟之上は不及辭退尙不誤征夷之任早決策略可有拒絕戎虜被仰下

田安殿の辭官位及退隱に係る奏聞に對する御指揮

田安大納言後見中彼是心得違有之恐懼ニ付辭官位一等退隱之由依大樹若年爲後見之處失其職掌如何之儀　思食候依之辭官位一等退隱之旨伺之通被仰下

○十六日京都に於て大久保市藏より中根靱負へ書翰を以て今巳刻近衛殿へ參候引續き青蓮院宮へも伺候の筈故今夕か明朝かにハ何分の左右を通報すへしと申遣はす昨十五日着京の際蹴揚にて約束の旨ありし故なり樞密備忘

○同日京都に於て中根靱負一橋中納言殿に謁し江戸ゟ携へ上りし公の書翰及ひ板倉閣老の書翰を差出せしに中納言殿披見せられし上江戸の近況如何と尋ねられし故中根過般島津殿ゟ　朝廷ハ建白せられし旨あり引續き大久保市藏江戸に下り該建白書の旨趣に基き御上洛延引あらせらるゝ樣云〻の議を申立たり依て種〻協議の上今度大久保及ひ小臣上京せり云〻陳述しけるに一橋殿此程島津家の建白書を江戸ゟ廻されたれハ其大意

ハ心得居れと此地の形狀ハ以の外險難なる事にて御上洛を延引せらるヽ如き事ありてハいよ〳〵人心ハ折合ひかたかるへしと申されし故中根其事ハ江戸にても深く御懸念ありて再三詮議に及ハれし上島津殿ゟ建白せしとく全く御上洛を延引せらるヽハ然るへからすされと諸藩我もゝゝと上京せる爲め京師は殊の外混雜なりとの事故しか混雜せる場合御上洛ありても到底完全なる國是を定めらるヽ事ハむつかしかるへし故に三月中旬頃迄御上洛を延期せらるへし夫も關東限り延期せられては不都合故朝廷より公然關東へ三月中旬上洛ある樣且豫參すへき諸侯へも未た出京せさる輩ハ發程を見合ハすへし已ニ出京せる輩へハ速に歸國して何レも專ら內脩外攘の事に從ふへき旨仰出さるヽ事になりてハ如何との事にて卽ち大久保へ其意を示されしに同人指心得さる御都合ならハ本月廿日頃迄にハ　朝命を發せらるヽ樣周旋すへしと申出たるなりと申しヽかハ一橋殿果して其都合に至らハ至極宜しかるへけれと萬一幕府の希望によ

りて發せられたりとありてハ假令　朝命にても事ハ行はれさるへしと申されし故中根其事も江戸にて詮議に及はれ大久保ハ篤と心得居れと尚降命の際貴卿より　朝旨の在る所を御伺あられ幕府よりの希望より發せられしにあらさる事ハ判然すへしと申しゝに一橋殿さらは其心得にて御請に及ふへしと申されき此時中根又岡部駿河守に面會せしか岡部此地の情況ハ上京已前關東にて聞及ひし所に相違なし過激の攘夷論のミにて何とも申へき樣なし橋公にも殊の外心痛せられ事理を盡して論弁せらるれとも一切貫徹せす無二無三に鎖港すへしとの議なり云〻物語りき樞密備忘

京師ノ形勢一變島津三郎殿ノ建白行ハレサリシ事情

○十七日京都に於て中根靫負大久保市藏の旅宿四條通東洞院東へ入大文字屋に赴く大久保ゟ急に面談すへき事あるよし申遣はせる故なり此時本多彌右衞門も其席に來會せりさて大久保申聞しハ昨夜陽明家に參殿し關東に於て御相談に及ひし件を陳述せしに殿下同意至極なれと此頃來所勞にて參內を御斷り申上居且昨日鷹司右府ゟ關白宣下の御內意ありし場合なれハ何事も鷹

府ニ申上る方然るへしと仰ける故直ちに右府公の御許に赴き尙又詳細陳述せしか右府公も殿下に同しく同意と仰聞られ夫ゟ靑門樣へ參上しけるに此御方ハ御所勞の上此節國事掛り御辭退中なれはとて拜謁を許されさりし故御取次を以て申上しか一切御聞上けにならす甚殘念なりし扨宮のしか御聞上けにならさる次第を承ハり合はせしに轉法輪三條殿歸京以來殊の外暴激にて頻りに無謀の攘夷を主張せられ殆んと當るへからさる勢故近衞殿にも宮〻も此節ハ參　內せられすとの事なるか其他正親町三條殿にも參　內御斷り之よし目下の景況しか一變せる上ハ今後如何なる場合に運ふへきか到底春嶽公御上京ありても御困難のミにて如何にもなされかた有へからす大樹公の御入洛ハ尙更の事なりされハ別段の幕議を以嶽公の御上京も樹公の御上洛も一時御延期ある事ニハ至るましきやとの事なりし故中根當惑して種〻に考案しける中藤井良節來り會し共〻に相談の上難儀の場合にハあれと此上近衞鷹司両公限り御內談ありて云〻奏

聞せられ　叡慮可とせられし上其議を議奏に下され尚又此議ハ素〻島津三郎の建議に起因せる事なるか大久保市藏在京中なれハ委細ハ市藏に承ハり篤く詮議すへき旨仰出され扨議奏衆よりの御尋に答へて市藏十分に明解する事となりないハ事或ハ行ハるへきかとの議に決しやかて大久保本多の両人陽明家へ赴く事となれりき樞密備忘

〇十八日中根靱負一橋中納言殿の旅館に赴き拜謁を請ひしか小笠原閣老來館中なりし故澤勘七郎に面會して昨日大久保市藏本多彌右衛門等と協議に及ひし次第の大略を物語り歸途大久保市藏を其旅宿に訪ひ昨夜陽明家に赴きし時のありし實况を尋ねしに大久保殿下にハ御不快御平臥のよしにて拜謁仰付られす左大將殿に謁して近來の形勢實に危殆に迫りたれハ兼て中上置たる如く大樹公の上洛暫時延引諸侯の豫參も指止めらるヽ事に決せられ然るへし尤此事ハ殿下及ひ鷹司公のミの御内決にて御奏聞となり　叡慮を以議奏衆へ其議を降され扨異議あらハ云〻昨日御相談に

及ひし次第を申上しに左大將殿御聽納れありて殿下及ひ右府殿へ申出へけれハ明日申刻頃再ひ來るへしと仰聞られし云々物語りしか此對話中本多彌左衛門ゟ大久保の許へ書翰を遣はし明日參殿する樣にと昨日左大將殿仰聞られけれと御協議未た結了に至らせられさる故明後日參殿する樣にと更に仰聞られたりと申遣はしき樞密備忘

○十九日去る十四日江戸發の飛脚京都に着し容堂殿の十日に出發せられし事又公にも土岐出羽守殿江戸着の上ハ早々上京せらるへき旨の御書翰中根の許に達せり樞密備忘

○同日夕村田巳三郎大久保市藏を其旅宿に訪ふ本日公の上京豫期よりハ早くなるへき旨申來りし故内報するためなり樞密備忘

○廿一日中根靱負書翰を岡部駿河守に遣はす今朝高崎猪太郎村田巳三郎の旅宿に來て過日來大久保市藏ゟ御内談に及ひ居りし大樹公御上洛延期御發令の件ハ昨廿日近衛殿下の御許へ鷹司右府殿御來會近衛左大將殿に

も御同席にて御相談の旨ありしか上洛豫定の期限追〻指迫りたる今日俄かに延期の令を發せられなハ　朝廷にも異議を立る輩多かるへく列藩にも疑惑を生する輩少からさるへし此所ハ如何あるへきかとの事にて輙く御決定に至らす終に右府殿にハ青蓮院宮へ赴かれ御相談に及はれしに宮も異なる御考案あらせられさりし故此上ハとて其發令を見合ハせらるゝ方に一決せられたりとの事なり扨右の如く延期に至らさる上ハ三郎上京しても其詮なき事故是も見合ハせ度旨御斷り申上しに延期の令ハ發せられされと三郎にハ別に御用の品もあれハ矢張速に上京する様にとの御内意にて則近衞殿下ゟ三郎へ御直書を下けられたり故に止を得す大久保市藏此御直書を携へ今夕出發鹿兒嶋に下る事に決せりと申聞し故なり岡部に遣ハせる書翰左の如し樞密備忘

薩ニ而周旋致居候　御上洛御日延豫參御指留之一條昨日鷹司前右府殿陽明家へ御出ニ而左大將殿も御一處ニ御會議相成候處唯今と相成候而

ハ時機相後れ指迫り候事と相成候へハ發令ニ相成候ハヽ議奏邊にも必異論生し可申又列藩之人心迚も如何可有之哉平穩ニ順序能く相運ひ可申御定見立兼候ニ付右府公態ゝ蓮宮へ御出有之御相談相成候處法王迚も慥に御見留は付き不申ニ付此上はもはや御沙汰止ニ相成是迄關東ニ而之御治定通りニ御指綺ハ無之事ニ被相決候由然る處此件不被行候得ハ三郎致上京候而も所詮無之故御斷り申上度との儀も有之候得共別段御用有之候間三郎儀ハ早ゝ上京致候樣殿下ゟ一藏へ御直書御渡ニ而右を持參今夕致出立候由依之三郎建白之次第も難被行事ニ相成候間此段致承知吳候樣高崎猪太郎ゟ申出候右之趣早速春嶽ニも可申遣儀ニ候得共唯今ニ而ハもはや出帆後ニも可相成哉ニ付差扣申候江戸閣老衆にも如何ゝゝと御左右御待兼ニも可有之此件之成敗は於幕府も不容易御關係ニ御座候得は早ゝ被仰遣被下候樣仕度奉存候如何ニも餘り日間も無之事ニ相成候へは唯今被仰出相成候節は却而混雜も生し可申哉ニも奉

存候得は下地御治定通り之方も亦平穏ニも可有之哉奉存候彼も一時是も一時風雨變態何も期し難き事而已多く恐懼仕候此段參上申上度奉存候へとも先刻歸宿後頭痛仕惡寒相覺へ候ニ付參上仕難き故以書面申上候間御館樣へも宜被仰上可被下云〻

○同日近衞殿願に依りて關白を罷められ內覽故の如しと仰出され鷹司右府殿に關白靑蓮院宮に萬機關白同樣と仰出さる樞密備忘

春嶽公海路上京ノ途ニ就カル

○廿二日九時公江戶常磐橋邸を發し品川沖にて順動丸に乘移り海路上京の途に就かせらる家譜

○廿五日中根靱負松平容堂殿の旅館大佛内に伺候す容堂殿去る十日江戶出發大鵬丸にて航行廿一日大坂に着廿四日伏見泊り本日京都に着せられし故なり樞密備忘

○廿九日公大坂に着せらる旅館は中之島藏屋敷なり昨廿八日順動丸兵庫に入り本日更に兵庫を發して天保山沖に着し此沖合にて川船に乘移られ

安治川筋を溯り中之島藏屋敷に着せられしハ夕七ッ半時過なりき樞密備忘

○二月朔日大坂城代同城番加番之方ミ來邸せられ町奉行其他地役人の輩にも來邸す公對面して台旨を傳達せらる樞密備忘

○二日小笠原圖書頭殿來訪せらる昨日京都より下坂せられしなり御用談あり畢りて晝九時揃にて浪華城を見聞せらる樞密備忘

○三日大坂を發し淀川筋舟行今夜伏見に止宿せらる家譜

○同日京都所司代牧野備前守殿より書翰を遣はさる如左白木秘筐

御自分樣此度御上京之處時節柄簡易質素を主と被致御供方等ニ至る迄格別御省略之儀ニ付當地御通行之節市中等ニ於て往來之者を制し或ハ飾手桶等無益之虚飾を相省き候儀は勿論たりとも鄭重之儀無之下ミ難儀不相成樣無急度相心得都て一橋殿御上京之節ゟ一等手輕ニ取扱候樣町奉行へ達候樣にと思召候旨被仰下致承知候則相達申候以上

二月三日　牧野備前守

松平春嶽樣

春嶽公京都ニ著セラル

○四日京都二條堀川の自邸に着せらる正月廿二日江戸を發せられしより本日京都に着せられしまて海陸の休泊左の如し（家譜／參政內狀）

廿二日築地操練所にて乘船品川沖に至り順動丸に乘移り廿三日朝品川沖開航同日浦賀に滯泊す風雨烈しかりし爲なり廿四日浦賀を發し田子浦に滯泊廿五日田子浦を發し廿六日紀州大島沖に投錨す逆風のためなり廿七日朝大島沖を發し由良に投錨す風雨烈しかりし爲なり廿八日由良を發し同日夕八ッ時兵庫港ニ入り廿九日兵庫を發し大坂天保山沖に着す同日より二月二日迄中之島自邸に滯留三日大坂を發し淀川乘船伏見にて一泊今四日竹田街道入京

○同日入京の際一橋中納言殿の旅館（東本願寺）を訪問せらる此日一橋殿にて衣服を改め兩殿下中川宮及ひ傳奏議奏の方々をも廻勤せらるへき筈なりしか昨夕以來感冒頭痛せられし故鷹司殿のミを勤め他ハ重臣を遣はされき

扨鷹司殿にて公最前　叡慮を以重任仰出されし以來孜々勉勵片時も早く宸襟を安んし奉るへき心得なれと多年閉居せし身分殊に國家多事の際菲才其任に堪ふへからす恐懼の至りなりと申上られしに殿下拙者も久しく閉居せしに圖らさりき今般大任を蒙り御同樣恐懼せり故に三ヶ月を限り奉職の積りにて御請申上し事なるか此節攘夷の仰出されもある事なれハ別して公武一和ならハ行屆くまし依てハ追々其筋御相談に及ふへき心得なりと仰せらる公又今般急に上京せしハ大樹公の官位一等を辭せられし上表に對して此程聞し召されさる旨仰出されし故其恩命を謝し奉り且其外にも夫是申上へき事件ありし爲めなりしかし是等の件ハ重ねて一橋中納言と共に參殿して申上へし云々申され畢て退出せられき 樞密備忘 參政內狀

過激ノ浪士ニ處スル會津侯ノ意見

〇五日松平肥後守殿來邸せらる此日豫しめ小野權之丞を遣はされ火急に御相談に及ひ度事件ありて肥後守追付當御邸へ參らるへし尤一橋殿にも御相談に及ふへき筈なれハ其際春嶽公にも御同道一橋殿へ御出向ある樣

にと申述へさせられしか公ハ一昨日來の感冒未た清解に至らす今日ハ發熱殊に甚しかりし故中根靫負を以て御同道ハ致し難しと答へさせられ小野立去りしか程なく肥後守殿來邸せられたり扨肥後守殿公に對面をと申入れけれと發熱中なりし故斷ハられしかは中根靫負か對面せられ此節過激の浪士多人數京中に寄り集り種〻の暴行に及へり然るに此輩多くハ諸藩の邸內に潛居せるを以ていまた取締りの方を得す守護の職務に在りてハ頗る困却する事なるか近日承ハれハ兵庫港へ外國船渡來せるよし故に其機に乘して彼輩を武田耕雲齋に附屬せしめ攘夷の先鋒に宛らるへし尤自分にも其地に出張して指揮する積りなるか此事いよ〳〵決行せらるゝ時ハ一ハ攘夷の　朝旨に適ひ一ハ彼輩の暴行を遏絕するを得へきなりとありて一通の書面を出されたり斯て中根其書面を公に指出し尚肥後守殿の申されし趣を陳述しけるに公輕からさる事件なる上今日ハ病氣養生中なれハ卽答に及ひかたしと申されし故中根其趣を肥後守殿に申しゝかは

尙なるへく速に御詮議ある樣にとありて退散せられき肥後守殿の渡されたる書面左の如し樞密備忘

當節有志之徒攘夷切迫之情實ゟ是迄品〻之事故も出來候哉之處此度異國船兵庫港へ渡來致候由應接之上時宜次第干戈ニ及候ハ勿論之儀ニ而元より有志之輩所願ニ候間私儀守護職ニも御座候ニ付右有志之者取纒め攘夷之先手ニ相用ひ勤　王之心底爲相達度奉存候就而は武田耕雲齋儀兼而名望有之人心歸依格別之由ニ御座候間夷人渡來之折柄夫〻之主人無之者ハ右耕雲齋ニ附屬し私之指揮を得候樣仕度奉存候右樣被仰聞候ハヽ散居之浪士共一ト纒めに相成積鬱之疑念相晴れ一方之御用屹度相立可申候御別意不被爲在候ハヽ急〻御觸達有之候樣致度候

○六日中根靱負會津藩小野權之丞へ書翰を遣はす昨日肥後守殿ゟ指出されたる浪士處分の件ハ公別に異見ありて出勤の上詮議せらるへきに決せし故重ねて何分の御相談に及はるへし云〻の旨を申通せるなり樞密備忘

○七日鷹司殿下へ呈せらるへき書翰を起草せらる浪士の暴行を制するかため一昨日會津殿より攘夷の先鋒に宛つへしとの意見を提出せられけれと公は暴行者を制するため外國に對して戰を開くハ國家の長計にあらすと思考せられしか當時國事掛り諸卿の暗に此暴行者を頼ミ意見を主張するの後ろ楯とせらるゝ事情ありし故これを制するには先　朝廷の議を固めさるへからすとて此書翰を起草せられしなりさて一橋殿を始め在京諸有司へ協議の上本月十日關白殿へ指出されたり其書翰案ハ十日の下に揭くへし樞密備忘

○此頃日欠在江戸閣老衆より一橋中納言殿に贈られし書翰京都に達す左の如し葵章秘筐

一筆啓上仕候寒暄不同之候先以益御勇健被遊御在京奉恭賀候然は御地之御摸様も追〻相伺候何分彼是事情御六ヶ敷御儀乍憚深奉恐察候日夜御繁用御勉力被遊候段相伺誠ニ恐入難有奉存候何分にも此上共厚御骨

折被爲在候樣乍憚一同奉願上候昨日も奉申上候通此節專御上洛之御用意ニ御座候廿一日ニは必御出帆之御都合ニ御座候一昨日米國ミニストル外國奉行ゟ咄候ニは英國軍艦五六日內ニ渡來可致第一生麥之一條可申聞と存候其余ニも一二ヶ條は可申立多分生麥た重ニ渡來と察し候旨尤風聞而已ニは候得共心得ニ咄候旨申聞候由就而は同列共申談候處此儀風說而已ニ而證據は無之候得共譬虛說たりとも覺悟無之而は不相成事故思召も相伺度奉存候生麥一件其余ニも彼是中立候節生麥之儀は是迄誠精薩劦ゟ申付出奔人是非取調爲差出候積嚴敷懸合置候政府ニ而も探索申付置候旨再三事情を盡し可及談判候乍去結局は薩州へ可參ト可申聞其儀も差留候樣可仕且不日　御上洛之事故何事も夫迄之處暫猶豫いたし候樣誠精申諭夫ニ而も暴論而已申出遂ニ彼より開兵端候場ニ可至も難計其節は申迄も無之　御國辱ニ不相成樣盡死力打破直ニ　御上洛可被遊外夷渡來何時も難計素ゟ覺悟之事ニ候へは夫か爲　御上洛御

猶豫ニは至り兼是非御登被遊　禁闕之御守衛被遊候事と同列一同申談候諸役人ゟ評議爲致候而ハ御承知之通の人氣必　御上洛御見合之論紛ゝと起可申と奉存候秘置評議等は不爲致御警衛向之處而已申談置候此儀は得と御賢慮之上御見込早ゝ被仰下候樣奉願候將又御留守之處同列兩人而已ニ而は御取締向萬端深心配仕候何分御承知被遊候通別段可被仰付人物無之當惑至極仕候上にも其邊深御心配被爲在御噂も御座候就而は圖書頭義其御地ニ而も御用向も多端可有之候得共何卒　御上洛前迄ニ早ゝ歸府被仰付御留守相心得候樣仕度奉存候間御賢慮之上一日も早ふ歸府被仰付候樣奉願候此段早ゝ申上度匆ゝ如此ニ御座候書餘縷ゝ後音と申上洩候誠恐謹言

二月二日

河内守

周防守

和泉守

豐　前　寺

中　納　言様拜呈

再啓隨時折角御自愛被爲在候樣奉拜祈候春岳着之摸樣も分り兼候間別段文通不仕本文之趣同人にも可然御沙汰奉願候匆々再拜

○九日暮時過出門鷹司殿の許に赴かる公去る四日入京以來感冒の爲め專ら攝養を加へ居られ本日始めて出門せられたり此日晝九ッ時より一橋中納言殿松平肥後守殿松平容堂殿來邸せられ外に岡部駿河守杉浦正一郎澤勘七郎兩市尹（姓名欠）來邸して彼の暴行者を制すへき方案を議せられ扨近衞前殿下鷹司關白殿下の許に參殿せらるゝ筈なりしか近衞殿下は御所勞にて斷はられし故鷹司殿下の許にのみ赴かれ夜四ッ時前歸館せられき（樞密備忘）

○十日鷹司關白殿へ書翰を呈せらる左の如し（白木秘笈）

一翰奉謹啓候春暖逐ゝ相催候得共益御安全被爲涉珍重奉存候扨昨夕は御風邪中拜顏相願候處早速御許諾被成下難有奉存候且又一橋中納言ゟ

も申上に而都下に散在致し居候彼忠勇烈士御處置之儀ニ御座候私も此程風邪閉籠中愚考之儀共認置候故恐懼之至奉存候得共其儘奉汚尊覽候間何分可然宜　御朝議被爲在度奉伏願候右之段申上度下略

二月十日　慶永

鷹司殿下

今般攘夷之儀及御請候ニ付而は　皇國之御大事無此上儀ニ候得は猶以御國内人心一致一和仕　叡慮も貫徹仕候樣日夜祈願罷在候處此頃上京仕此地之形勢親敷及見聞候得は以之外人氣激發殺伐　輦下ニ行はれ候次第絶言語奉恐入候畢竟右樣紛雜を生し候ハ天下之有志憂國慷慨之餘國を去り家を棄候輩も不少共ニ　輦轂を攀ち心力を竭し勤　王の志を致さん事を企望罷在候處其情願于今難相達又徒に因循之舊套ニ過去り可申哉と憤發抑欝ニ堪兼候より自然過激之議論も指起り濫行之徒其機

ニ乘し恐多くも　朝廷之御憂念を釀し奉り且洛中之人心殊之外驚動之爲躰何共洪歎之至奉存候素ゟ人心如面各趣向同しからす候へとも要之憂國勤　王之至情ニ發し二念無之儀は顯然ニ奉存候得ハ此儀厚御躰察之上宜御處置無御座候半而は人心一定安堵不仕候は勿論之勢と奉存候況や攘夷之大號令を被爲發候御折柄專忠勇義烈を御奬勵可被爲在時ニ當り却而有志之輩憤欝を抱き罷在候而ハ御國内人心一致一和之筋ニ相拘り可申と慨歎至極奉存候如何ニも有志不服之次第左も可有之と被察候へハ乍恐當節右勤　王忠勇之至情に投し其力を盡し得候樣之御處置も可有御座儀と早速奉伺度奉存候處折柄風邪ニ閉籠り罷在候ニ付此義一日を延候へハ一日之憂患を長候次第故不得止以書面奉啓陳候間可然御朝議被爲在度奉存候

二月

○十一日朝五時出門一橋中納言殿を訪問せらる本日は一橋殿とゝもに尾

三條殿以下八卿一橋殿ノ旅館ニ臨マレ攘夷實施ノ期限ヲ催促セラル

州殿の許に赴かれ夫より三侯御同道學習院へ出らるへき筈なりしか明十二日參　内仰出さるへきよしなりし故此事ハ中止となり晝九ッ時歸館せられたり樞密備忘

○同日夜五半時出門一橋中納言殿の旅館に赴かる本日夜に入りて傳議及ひ國事掛り諸卿旅館ニ臨まれたれハ急に參會ある樣にと一橋殿より申遣ハされし故なり此時旅館に臨まれし諸卿は三條中納言殿議奏野宮宰相中將殿傳奏阿野宰相中將殿議奏橋本宰相中將殿國事掛以下皆同し豊岡大藏卿殿滋野井中將殿正親町少將殿姉ヶ小路少將殿にて參會せられし諸侯ハ一橋殿の外公及ひ松平肥後守殿松平容堂殿なりさて應答の大意ハ三條殿以下幕府已に攘夷拒絶の　勅旨を奉承せられけれといまた實施の期限を定められす斯くては折角奉承せられたる詮なけれハ即時に其期限を定めて上答あるへしとの　叡慮なりと申されしか一橋殿以下攘夷拒絶の期限を定むるか如きハ天下の重事なれハ何程急にと在らせられても即時には定めかたしと答

へられ反覆辨論に及はれけれと諸卿は强て上答を促され遂に翌十二日曉に達せしかハ一橋殿會津殿土佐殿此上辨論しても其甲斐あらさるへけれハ何とか期限を定めて上答すへしとありしを公ハ攘夷といひ拒絶といひ已に奉承せられてハあれと實は至難の事にて天下の人心一致一和の上ならてハ實行し得へからさるなり然るに天下の人心ハいふもさらなり公武の御間すらいまた眞の一致一和にいたらさる今日是か期限を定むるは輕卒の甚しきものにて至難の上に至難を重ぬるなりとありて固く同意せられさりしか一橋殿以下三侯ハ輕卒にもあるへく又至難の上に至難を重ぬるにはあるへけれと今日の場合上答せすて止を得へきにあらされは兎角大凡の期限を定めて上答すへしと申され遂に公の意見は行はれす大樹公上洛の上滯京を十日間と假定し歸東後廿日に當る日を以て其期限たるへきに決し上答書を指出されきさて諸卿のしか切迫なる催促に及はれしハ今朝轟武兵衞久坂元瑞寺島忠三郎の三名連署して指出せる建議書に起因

せるなりとそ上答書及轟已下三名の建議書左の如し樞密備忘 甲子新報

上答書

一將軍歸府後二十日の御宥免を蒙り無相違拒絶爲致候段御受申上候滯京之儀は十日限り　朝廷より可被仰出御都合之事

建議書

卑賤之身を以不容易事件言上仕候段誠以奉恐入候得共時勢切迫いかにも默坐仕候ニ堪兼不顧萬死申上候先般　勅諚を以攘夷之儀被仰出於關東御請申上候得共期限等奏聞無之ニ付天下之人心騷擾罷在候此往如何躰之變動出來も難計候間萬一大樹公御上京御延引ニ相成候へハ後見總裁職を以速ニ期限奏聞被仰付度候實以未曾有之大寇を掃攘し　皇威を海外に御輝可被遊候ニ付而は既ニ非常之　宸斷を以御親征をも　思召被爲在候程之御時躰柄ニ候へハ乍恐是迄之如く深宮ニ被爲在君臣之間隔絶仕候而は不相叶第一言路御洞開壅蔽之患無之御近習衆ハ勿論堂上

之御方時〻　御前へ被召出胸臆を被爲盡候樣有之度候且國事之御用掛御多人數被仰付候處何分ニも御員數御減少ニ而御人材御精撰被爲遊日〻列藩之情實國家之大計等不被聞召候而は不相叶候近來諸大名追〻參內仕　天盃頂戴をも被仰付候程之事ニ候へハ是非〻常之御破格を以御直ニ赤心御聞届被爲遊度一日安ハ千載之禍ニ付片時も早く攘夷之御大業其基本被爲立度此儀御裁斷被仰付候迄ハ差扣罷在候間何卒速ニ御評決乍恐奉希上候以上

二月十一日

轟　武兵衛

久坂玄瑞

寺島忠三郎

〇十三日朝四時出門二條城に赴かる一橋中納言殿伊達伊豫守殿にも入城せられ夕刻退出の際伊達殿同道近衞前殿下の御許に參殿せられき過日來伊達殿より前殿下へ御相談の旨ありて過激疎暴の徒鎭撫方の　朝命を下さ

るへき都合に至れりとの事なりし故參殿せられけれと公の持論を十分に申出らるゝには至らすて退職せられたりとそ　樞密備忘

○同日傳奏衆より大樹公入洛の上滯在はいよ〳〵十日間たるへき　叡慮の旨を報せらる　樞密備忘

○同日高崎猪太郎ゟ村田巳三郎へ書翰を遣はす左の如し　村田所藏書翰

昨今之形勢至切至迫を極め何共絶言語候次第御同歎御同苦此事ニ候暴論之事を害する初而覺悟最早手ニ及兼候於橋邸之御議論云ゝ之事誠ニ薄氷之心持ニ御座候天下之事如何成果可申哉所謂豎子事を誤る古今之通患如何共術計無之流涕長大息之至ニ御座候然處昨日急ニ前殿下青門樣にも御參內被遊候由定而御深意之御論建も被遊御座候早速手を附置候相分次第早ゝ出殿言上可仕大低《ママ》時刻今晩歟明朝ニ掛推參候含御坐候左樣御待居可被下候其內承置可然事候はゝ御知らせ可被下候此旨匇ゝ右奉得貴意度候頓首不乙

二月十三日

村田巳三郎様

高崎猪太郎

〇十四日朝四ッ時二條城ニ赴かる一橋殿會津殿土佐殿宇和島殿にも入城せられ退出の際一橋殿及ひ公は鷹司殿下の許に參候夜五ッ半時歸館せられき此日鷹司殿へ參候せられしハ過日書面を以暴行者を制する爲めの朝議を開かるゝ樣にと申出られけれと爾來何等の御返答もあらさりし故此の上ハ明日にも參内し　天前ニ於て意見在る處を奏上し且ハ　叡慮の在らせらるゝ處をも伺ひ奉るへしとの趣意にて此事を願はるゝ筈なりしか殿下にハ御參内中なりし故暫く退　朝を待たれし内風と參内の際傳奏議奏の方〻列坐せられんには忽奏上せる意見を彼の暴行者に漏さるゝ事もあらんか若さる事あらハ却て大害を惹き起すへしと心附かれし故俄ニ參内の事ハ申立られす更に攘夷期限の頃合の推筭せる書面を起草して差出さるゝ事となりにき其書面左の如し樞密備忘

大樹公上洛滯在日數十日と御治定相成候間二月廿八日出帆より海上往返風波之障りも無御座候得は四月中旬之内攘夷期限相成申候尤歸着より廿日猶豫被下候儀は先夜申上候通ニ付右之日積相成候事

二月十四日

松平容堂

松平肥後守

松平春嶽

一橋中納言

後見職總裁職參內過激ノ浪士ニ處スル意見ヲ內奏セントス

○十五日朝一橋中納言殿の旅館に赴かる會津殿宇和島殿ニも參會せられたり例の暴行者に係る詮議なり昨日殿下の許にて心附かれし旨ありて參內の事を申出られさりしか今朝高崎猪太郎を青蓮院宮に參上せしめ近日後見及ひ總裁職に參　內仰出さるゝ樣且其節ハ內奏すへき云〻の意見ある事故　天前へハ兩殿下宮御方の外にハ列座あらさる樣にと願はせられしに夕八ッ時過にいたり高崎歸り來て參　內云〻の事情を宮に申上しに

近來嫌疑甚しく此方の申事ハ容易に徹底せす實ハ新殿下及ひ三條等專ら草莽の暴議を納れて頻りニ關東を疑ひ遂に　聖明をも晤らまし奉るに至れり此躰にてハ關東に於て何程ニ誠意を盡しても貫徹するの期あるへからす此方も殆んと困却し居るなり故に此上ハ容堂をして三條殿に説得せしむる外よき手段ハあるへからすさて容堂説得して三條尙悟らすハもはやたのむへき策なし故に此方ハ其時を期として山林に引籠るへく容堂ハ勿論一越も身を退くかたなるへしと仰せられたり云〻と申述へしかは一座の方〻大に失望せられしか本日ハ容堂殿欠席せられし故公及宇和島殿同道にて土州殿の旅館に赴かれ高崎猪太郎中根靱負等も隨行しけるに容堂殿にも一時ハ心痛せられしかと遂に明日三條殿に説得せらるゝ事となりて各退散せられたり樞密備密

○十六日朝六半時出門參　內せらる始ての參　內なり其順序ハ施藥院にて衣冠を整へ九時前參　內七半時　龍顏を拜し　天盃頂戴六時過退出夫

ゟ　准后御所へ參上し施藥院にて晩餐を整へられ近衞前殿下鷹司殿下傳議兩奏廻勤之上夜九半時歸館せられたり樞密備忘
○同日江戶より繼飛御到着して英國の使節渡來して生麥の事に關し償金を出すか島津の首を出すか此二事行屆かすハ鹿兒島へ軍艦を遣はすへしと申出たるよしを報す樞密備忘
○同日少將公京都に着せらる去る十日福井を發し道筋ハ西近江通り京都旅館ハ東本願寺學寮なり家譜
○同日鷹司殿下より書翰を遣ハさる公歸館の後披見せられしに左の如くなりき樞密備忘

先日申越候脫藩有志之儀厚く体察にて　朝議可致旨被示何も承候靑蓮院宮前關白へも申聞段〻衆議致候處　皇國之御爲致盡力投身命脫藩候輩元藩ニ而厚擧用召仕候樣御沙汰且被賞候而も宜しくハ候得共攘夷之儀ニ付而は一身自在ニ可致周旋存込之輩も可有之哉却而被挫忠魂候樣

ニ相聞厚き御趣意齟齬候而ハ不容易存候間　朝廷ゟハ仰被出難候間右厚き　思召之處を以一橋中納言其朝臣取計候儀ニは相成間敷哉先内談申入候若其邊ニ而宜候ハヽ表向傳奏ゟ達候樣申付候儘此間之返書旁内談申候宜しく指圖候樣賴入候事

二月十六日　輔　熈

松平春嶽殿

○十七日一橋中納言殿の旅館に赴かる會津殿宇和島殿土州殿尾州殿參會せられたりさて此日の集會ハ昨日鷹司殿下ゟ脫藩人の處分方を云〻仰遣はされし故なり衆議の上鷹司殿下へ指上られし返翰ハ左の如し樞密備忘

脫藩有志輩之儀ニ付被仰下厚　思召之段奉畏候就而は取計向之儀御任セ被成下候ハヽ、至當之道を以處置可仕候間右之趣表向傳奏衆より御達御座候樣仕度一橋中納言へも申談此段御答申上候事

二月十七日

○十八日朝五ッ時過出門參　內せらる歸館ハ暮時なり本日ハ在京の諸侯一同に參　內仰出されたりいよ〳〵攘夷を實施せらるへき運ひなりし故言路を開かるゝ爲め參　內せしめられしよしなれと別に御下問なとの事ハなかりしとそ樞密備忘

春嶽公政令二途ニ出ル事ヲ憂慮セラル

○十九日四ッ半時出門所司代邸に赴かる一橋殿を始め例の方〻にも集會せられしか此日の集會ハ過般來　朝廷より强て攘夷の期限を促され幕府其急速に實行し得へからさるを知れとも之を爭ふ事能ハす又浮浪輩の暴行に於けるも幕府これを處理するハ容易き事なれと　朝廷に於て暗に其所爲を庇護せらるゝため抛棄し置さるを得さるなと其紊亂識者を待たすして明かなる事とも多かりしか斯る次第に至れるは畢竟政令の出る所朝廷幕府の二途に分岐せる故なれはとて公深く憂慮せられ此際幕府より斷然大權を　朝廷ニ返上せらるゝか　朝廷より更に大權を　幕府に委任せらるゝかの中いつれか其一方に定められすてハ最早天下の治安ハ望む

へからすと見込まれし故專ら此事を議せられしなり公此日に限り重臣數名を從かへて出會せられ一橋殿始へい公自ら意見のある處を協議せられ大小監察には重臣をして協議せしめられけるか一同大に同意せられし故此上い青蓮院宮へ此儀を申上へしとて夜五ッ時一橋殿及ひ公同道して參候せられ云〻陳述せられしかい宮も深く御同意あらせられ明朝一橋越前會津土佐の四人鷹司殿下へ推參すへし拙者も近衞前殿下とゝもに其席に加はり相談に及ひ然る上傳奏議奏其他國事掛りの人〻を呼寄すへけれは十分に議論すへし尤議論い隨分嚴しきかた然るへし仰せられき樞密備忘

〇廿日朝五ッ半時揃ニ而鷹司殿下の許に參候せらる公近日大に決心せらるゝ處ありて出邸前重臣に向ひ今日い無事ニい歸るましきそと申されたりき一橋殿會津殿にも參殿せられ容堂殿には一應御斷りありしか早朝高崎猪太郎來りし故村田巳三郎面會して昨夜中川宮にて一橋殿初御相談ありし事より今朝鷹司殿下へ推參せらるゝ事となれる次第を物語り容堂殿

の御斷りになれるを殘念なりと申聞しかは高崎そは棄置かたしとて急に土佐邸ニ躰き容堂殿にも程なく參殿せられき斯て四侯推參せられけれと殿下程なく參　內すへく且退　朝の刻限測られされハ對談しかたししかし四侯同席にて相談に及ふ事ハ固より望む所なれは明日午後近衞前殿下の許に推參せらるへしとありし故空しく退散せられたりさて高崎か土佐邸に赴きし後中根村田に宛遣はせる書翰左の如し（樞密備忘 村田所藏書翰）

（上略）早速土邸へ馳參り鷹樣へ御參殿之有無乾退介ニ引合候處今日は御斷被仰遣候段承候ニ付火急ニ拜謁奉願昨宵宮ニ而之御談合之趣共逐一言上且今朝春公再不歸歟も不知との御言葉等申上何分早ゝ御仕舞御參殿被下度候樣奉願候處右等之情態更ニ不相分夫故斷申遣候ニ付早ゝ御出掛可被遊との御事ニ御座候就而は先ゝ解體仕次第三公御打寄之上異變到來ニおいてハ天命致方も無之候得共萬一三公之內御一人御欠缺事情齟齬するに至てハ實ニ千古之遺憾乍併先ゝ容公御出掛被下候ニ付今

日之御場合は多分可宜歟と奉推量候誠ニ危殆之境是程心配日ニ増打重み候へは中〻身心續く丈ニ無之流涕長大息之世態御同歎之事共ニ御座候今晩御歸候ハヽ今日之御都合早〻御しらせ被下候樣奉願候先は此旨右之趣奉得貴意度如是候尚拜眉縷〻可申盡候也

二月廿日　　高崎

中根君

村田君侍史

一橋殿春嶽公會津殿土佐殿近衞前關白殿下ノ許ニ推參及近衞殿鷹司殿中川宮御參會

○廿一日五半時揃二條城に集會せらる昨日鷹司殿にて御約束ありし如く本日ハ午後出門近衞殿に參候せらるゝ筈なりしか一橋中納言殿より特に申遣ハされし次第ありし故早朝より出邸未刻に至り一橋殿始會津殿土佐殿と共に條城より直に近衞殿に赴かれたり此時〻宜に寄りてハ參　内もすへしとて官服を用意せられき斯て近衞殿には鷹司殿下中川宮御參會在らせられ御同席なりしか御應答の大意は一橋殿始より近來政令の出る所

二途に分れ人心の方向一定せす就而は此際　朝廷より舊の如く百事幕府に御委任あらせらるゝか又ハ幕府より將軍職を辭し政權を　朝廷に返上するか何れにても其一方に決せられすては天下ハ治らす云ゝ申立られしに鷹司殿下申立らるゝ趣一ゝ事理當然なれと目下關白は少しも威權なく殆と郎關に同しき有樣にて已に去る十一日の夜の如き拙官ハ飽まて不都合と思考しけれと餘りに强迫せし故止を得す宮御始へも御相談に不及決行せる程の事なり云ゝ仰聞られ近衞前殿下にハ此節宮中の實況御近侍の輩までも悉く激論家のミ故實ハ深く厭ハせられ御手許の御用大かたハ女房を召遣はれ御近侍を御疎外に遊ハさるゝ程の事なり云ゝ涙を流して仰聞けられ鷹司殿下又其激論も公家のみなれハ關白に於ていか樣にも取締りすへけれと是ハ蔭武者のその後ろに屬けるものありての事なれハ其者等の取締りハ幕府を御賴みなさる外あるへからすなと仰聞けられしのミにて彼の最初一橋殿よりいつれにても一方に決せられすてハ天下ハ治ら

すと申立られし趣意ハ容易く決定せらるへくもあらさりし故公更に只今より兩殿下御始御參　內一橋已下一同にも參　內仰出され　天前に於て大議を開かるゝ樣にと申立られしか鷹司殿下參　內ハ容易き事なから傳議兩職を省き大議を開きてハ他日紛議を生すへけれハ重ねて兩職へ篤と說得の上取計ふへし尤政權を關東へ御委任あるハ勿論故大樹公上洛の上ハ改めて仰出さるゝ事にも計ふへけれと夫以前ハ後見惣裁職に於て已に仰出されたる心得を以て萬端の處置ありて然るへしと仰聞けられいまた一橋殿始本日推參せられし本旨ハ盡さりけれと到底一席にて決定すへくハ見えさりし故夜に入りて一同退出せられたりき 樞密備忘

○廿二日朝五ッ時揃にて一橋中納言殿の旅館に赴かせらる會津侯宇和島老侯にも會同せられき扨本日は一橋殿以下御一同轉法輪三條家に赴かるへき御約束なりしか今朝三條家より不快のよしを以て斷はられし故夕八時一橋殿の許より直ちに土佐侯を訪問し七半時歸館せられき 樞密備忘 國事筆記

○廿三日朝五半時出門關白殿下を始め議傳の方々を廻勤せらる過日參内せられし時の謝辞を申入られしなり一橋殿にも同しく廻勤せられ夫より當邸二條堀川に入らせらる土佐老侯宇和島老侯にも會同せられ大小監察市尹も來る此程江戸に於て英國人より生麥殺傷事件のため償金五十万両を出すか島津三郎の首を出すかの中いつれにても日數十五日間に決答あるへし若此日限を過て決答なき時ハ軍艦を鹿兒島に進め爲す所あるへしとの三事を申立たりと報せし故其處置かたを議せられしなり此時大樹公御上洛として去る十三日江戸を發せられ程なく御入洛あるへき筈なりし故衆議御歸府の上何分の決答に及はれ然るへきに決し英國人に今少し日限を延引すへき旨申入置かるへき旨を卽日繼飛脚を以て江戸へ申遣はされき樞密備忘國事筆記

○同日四條河原に足利家三代木像の首級を梟木に掛けたり國事筆記

○廿四日夕八時揃二條城に赴かる一橋尾州宇和島諸侯にも集會せられし

なり土老侯は昨日御會同の席にて近來藩臣中に異議を唱ふる輩甚た多くなれり故に今後集會毎に御同席い致しかたしと申されしか本日い欠席せられたり樞密備忘
○同日薩藩知邸を召喚して左の通り達せらる國事筆記
此度横濱表へ英國軍艦渡來生麥事件ニ付三ヶ條之難題申出候第一は償金第二は三郎之首級可差出第三は薩州へ軍艦を可指向との義にて何れも難聞屆筋ニ付其趣を以及應接候ニ付而は如何樣之次第ニ及ひ薩州表へ軍艦差向候程も難計候間此段爲心得相達置候事
二月
○廿五日九半時出門二條城に赴かる一橋殿尾老侯にも集會せられ又筑前侯藝州侯にも入城公營中に於て對面せられたり樞密備忘
○同日高崎猪太郎來る公對面せられしに高崎昨日英國人申立の趣を達せられし故今朝吉井仲介鹿兒島に出發し別に藤井良節下關に赴けり藤井か

下關に赴けるハ此節三郎上京の途中故同地に於て待受御達の趣を告知する筈なるか在京薩藩の議は英艦鹿兒島に來るへきよしなれとも　勅命により上京する場合故三郎にハ矢張其まゝ上京する積り又英艦いよ〳〵鹿兒嶋に來らは丁寧反覆生麥事件の據なき事狀を告け決して疎暴の擧にハ及はさる積りなれとも萬一彼其言を容れさる時ハ止を得す勇斷の處置に及ふへきなりと申立たりき國事筆記

〇同日千葉十次郎來る村田巳三郎面會す千葉云此節坂本龍馬か深く國事を憂ひ盡力する所あるよしを容堂公聞及はれ對面あるへしとの事なりし故土邸へ行きしに當夜ハ容堂公深更に及ひて歸館せられたれハとて御逢なく其後下八同樣の待遇にて案外千萬の事なりし由畢竟坂本ハ武市半平太等とハ意見を異にする故窃に妒情を懷き武市等かしか計らひしものなるへきか若さる次第なれは此上とても如何なる事に運ふへきや測りかたけれハ事により御扶助を願ふ事もあるへけれハ心得置給はりたし云〻な

り斯て翌廿六日千葉再ひ來りて昨日御内談に及ひし次第ありけれと同日夕方土藩に於て龍馬の前罪を免されたれハ御安心あるへし云〻申聞たり
き國事筆記

○廿六日九時過出門二條城に赴かる橋公尾老公會侯豫老侯ニも會同せられき橋公ハ昨夜中川宮へ參上今曉歸館せられし故遲刻せらる此日の集會ハ今朝江戸便着して其後英國人に應接ありし次第を報し來りし故其實況を朝廷へ言上すへしや否を議せられしなり江戸より報し來れる概略ハ應接の際英人の申す處生麥の變たる元來日本政府に意ありてさる暴行者あるに至れるものならさるハ明白故英國ハ深く其事情を察し償金なれハ政府に於て最計らひ易かるへしとて五十万兩を請求せしなり又此決答を最初十五日間と申しゝかと改めて廿日間とすへし廿日間なれハ十分評議を盡すの餘地あるへし扨斯く政府の都合を酌量して申出たる事なれハ此上廿日を經て決答なくは戰鬪に及ふへし云〻なりしとそ扨本日會同の席にて

衆議の上速に言上あるかたに決しやかて兩殿下及ひ中川宮の許へ一橋殿及ひ公參候して英國人より申立たる件の應接ハ云々なりしと言上し且斯る實況なれハ償金を遣ハさゝる時は開戰に至るへけれと目下軍器未た整頓せさるのみならす策略に至りても必勝の見込なし故ニ此上ハ　皇國を赤土となし一人の生存する者なきに至るの覺悟を定めさるへからすさて此覺悟を定むるには恐なから第一に　至尊に於ても其御覺悟を定めさせられすては適ひかたき事故目今の現況を至急御直に奏上する事に御計らひありたし又斯る景況に至れる上ハ速に在京諸侯に御暇を仰出されたし云々陳述せられたりき斯て今夜深更に及ひ殿下より御書翰を以て過刻申出られし趣奏上を經しかハ明日參　內すへしと仰出されたり云々仰遣ハされたり（國事筆記 樞密備忘）

○同日幕府守護職に命して京師に潛居する暴行者を捕縛せしめらる過般來浮浪の輩京都府下ニ於て頻りニ人を殺害し遂に木像をさへ刎首せるな

と其暴行底止する處なかりしか浮浪輩中にて其聞えある大場恭平會津の舊臣の此頃圖を改めて會津侯に密告せる旨ありし故しか捕縛せしめられたるなりとそ扨今夜暴行者の縛に就きたるもの祇園町に於て五人二條衣之棚に於て五人三條東洞院に於て一人合計拾壹人なりしか其內二人ハ重傷死に至れりとそ樞密備忘國事筆記

○廿七日朝五ッ時揃二條城に赴かる例の方ゝにも會同せられたり容堂殿は去る廿四日以來會同せられさりしか藩中の人心少しく折合へるよしにて本日ハ入城せられきさて今朝出邸前尾張殿より長谷川惣藏をして今曉傳奏衆より一橋殿尾州殿及ひ公に本日參　內仰出されしよし達せられたりと申遣はされしか尾張殿二條城に來られさりし故一橋殿同道條城より尾邸に赴き諸事御協議の上夕八ッ半時參　內せられたり斯て宮中に於て昨日兩殿下及ひ宮へ申立られたる上下擧りて覺悟を定めさるへからす云ゝの議を再述し又傳議兩奏を始め國事掛り寄人へも詳細申述へられけれ

と事情貫徹に至らす　天前に於て御直に　叡聞にも達すへしと申されけれとも是もさる事にハ至らす夜三更に及ひ空しく退朝せらるゝ事となりしかさるにても焦眉の急事なれはとて退朝后更に所司代邸に集會ありて在京諸侯へ歸國御暇を賜ハるの議を決し又岡部駿河守澤勘七郎に江戸に歸りて英國人に應接すへき旨を命せられ翌日黎明歸館せられたり樞密備忘

○廿八日朝五ッ時前所司代邸より歸館せらるる本日在京諸侯へ歸國御暇を達せらる本藩へ達せられたるもの左の如し國事筆記

松平越前守

此度横濱港へ英吉利軍艦渡來三ヶ條之儀申立何レも難聞屆筋ニ付其趣を以可及應接候仍而は速ニ爭端相聞候事ニ付御暇被仰出候間藩屛之任不失樣可盡粉骨候

二月

○同日松平長門守殿來邸せらる又松平閑叟殿細川越中守殿來邸せられ公對面せられしに閑叟殿親兵を置かれても實際の用にハ立かたかるへしと

親兵ノ御沙汰書ハ發表後關白殿承知セラレシ御實話

の意見を申述へられたり又伊達伊豫守殿にも來邸せられ寢室に於て閑談に及はれき樞密備忘

○廿九日朝坊城大納言殿の許に赴かれ夫より中川宮鷹司殿に參殿し夕八ッ半時二條城に赴き暮六ッ半時歸館せらる中川宮にて公一昨廿七日仰出されし親兵の事を宮ハ如何思召さるゝや慶永ハ到底實用に適すへからすと思考せり云々申上られしに宮此方も甚た不同意關白も同しく不同意なれと國事掛りの輩强て迫れる故止を得す仰出されしなり先夜此事の議ありし時關白より國事掛りニ一橋越前とも諸侯の公論を聞き然る上何分の御請に及ふへしとこそ申せ未た全く御受に反へるにあらされハ諸大名に發令するハ尚早かるへしと申されしを彼輩已に公論を聞き云々申立たる上ハ卽ち御受に及へるも同し事なりと申せしか關白ハ其暴言に呆れしか暴言を以て事を議する上ハ其方達の勝手にすへしと云ひ放たれしかハ彼等關白殿の御委任と稱し遂に諸大名に發令せしなり斯る次第故御沙汰書

の如きも發表後關白殿承知せられ此方も因州より吹聽にて其發令となりたるを知りし程の事にて歎息至極の事なりと仰らる公又英國請求の件ハ假令攘夷拒絶の議ハあるにもせよ外國人を暴殺せる事より戰を開らきてハ所謂不義の暴戰にて堂ゝたる禮義國の宜しく爲すへき所にあらす云ゝ申上られしかは宮深く了解せられさて廿七日參　内の節　天前に於て議事を開かるゝ事を希望せられしか　聖上にも其　思食に在らせられ其上兼て一橋越前の存意ハ貫徹せしめたしと仰せらるゝ程の事なれと例の輩ハ　天前に出す事を欲せす頻りにこれを遮りし故止を得す其事に及はれさりしなり云ゝ仰せられ又關白殿にても宮同樣の御物語ありて實に困却の外なしと仰られたりとそ國事筆記

春嶽公總裁職ヲ辭セラルヽ事ニ內決ス

○晦日重臣を座前に集めて大に公の進退に關する時宜を議せしめらる重臣等とりくに議し到底事爲すへからさる今日なれは速に職を辭し退て藩屛の任を盡さるゝ外あるへからすと申立し故公其議を採り近ゝ大樹公

入洛の上辭表を出さるゝ事に決せられき國事筆記
○同日中根靭負村田巳三郎近衞殿に詣り前關白殿に謁せしに近來中邊の輩いよ〳〵勢力を恣にする事となれり關東を指置き　朝廷より直ちに令を發せらるゝ事の如き畢竟中邊より强迫する爲め止を得すさる事あるに至れるなりされハ何とかして此輩の心を和らけ然る上後見總裁職なとハ御直に　叡慮伺ふ事に致し度希望し居れとも未た其運ひにいたらす此程達せられし親兵の件を關東にて奉承せられなハ或ハ其心を和らくるのひとつかと思考しけれと是ハ關東異議ありし故却て彼等の心を激する事となれり此節外患の懼るへきある上內憂所斯くの如し實に當惑の外なし云ゝ仰せ聞けられき國事筆記
○三日朔日朝五時少將公二條堀川の邸に來らせらる本日午後京都を發し歸國せらるゝ事となりし故御暇乞の爲なり公には少將公に御對顏の後二條城に赴かれ夕方歸館せられしか松平容堂殿二條城退出より當邸に來ら

せられ御閑談の後夜に入て退散せられき樞密備忘

○同日午後少將公京都を發し歸國せらる西近江路を通行し是月六日福井に着せられたり家譜

○同日村田巳三郎中川宮に參候す宮御對面ありて今日ハ指かゝり申談すへき事ありて態とも呼ひ寄せ度思ひ居りしに幸ひの所へ來れりと仰せられさて此程守護職の手にて足利尊氏始の木像に暴行を加へたる浮浪輩を捕縛せし由なるかさる暴行に及へる上ハ固より止を得さる事にもあるへけれと元來此輩の處分方ハ先日來幕府より申立の旨あれと　朝議いまたいかにとも決せさる場合なれハこれを捕縛せんとならハ豫しめ　朝廷へ申出へきなり然るにさる申出なきのみならす捕縛の際槍叉大槌を以て或ハ之を突き殺し或ハこれを擊ち殺せるよし故同志の浮浪輩ハ勿論此輩の舊主家に於ても殊の外不平を懷き　輦轂の下をも憚らすしか手荒なる處置に及へるは不都合なりと頻りに苛立肥後守に腹を切らせらるゝか捕手の者

に罪を科せらるゝか若其事に及ハれすハ同志申合せ肥後守の宿所に押寄せ圖る所あるへしなと申居るよしなりされハ何とか人心の折合ふへき處置を施さるゝ樣春嶽に告けたく思ひ居りしなりと仰せけるに故村田人心の折合ふへき處置も肝要なるへけれどこれか處置となすにハ先事の曲直を明らかにせさるへからす御前ハいつれの方を曲とし何れのかたを直とせらるゝやと申上しに宮一應　朝廷へ申立尙舊主へも申談すへきを其事なくて着手せしハ守護職の輕卒なるへしと仰せられき斯くて村田歸邸の上中根靱負二條城に行き宮の仰せられし次第を一橋殿容堂殿及公の座前にて陳述しけるに列座の方ゝ一同に呆れ果てられしか一橋殿宮の仰せにハあれとも素より處置すへき方案もなく且急に處置するにも及はさるへければ暫く打棄置く外いたしかたあるへからすと申されしとそ國事筆記

○二日二條城に赴かる例の方ゝにも集會せられたり此日午後中川宮より中根靱負を召されし故參候せしに宮對面せられ此頃江州八幡へ浪士多人

數寄り集り京都に亂入すへきやの風説ありしか近〻大樹公入洛あるへき折から異變ありては安からさる事故此方關白に申談し鵜殿鳩翁をして説得せしめ鎭靜に及はせんとしけるに議奏等鳩翁は信を置かたき人物なりと申立議遂に決せす甚た當惑せり此上は一橋越前の兩人に命せられ然るへき歟と思へりいよ〳〵命せられなは兩人に於て穩かに取鎭むへき樣あるへしやと仰けるか中根取鎭めかたは何程もあるへけれと著手の上朝廷に異議あらせられては却て宜しからす故に御內旨を伺ひ然る上何分の取計らひに及ふ事となりては如何と申上しに宮されはなり此方は兩人より鳩翁に申聞くる事になりて然るへしと思ふなりと仰ける故中根さらは御旨趣のある處を兩人へ申出へしと申上夫より二條城に行云〻の趣を公に申上公一橋殿に協議られし上更に中根をしていよ〳〵兩人は御沙汰あるに至らは鳩翁に申聞鎭靜に及はすへしと申上させられたり樞密備忘

○同日來る十日十一日頃加茂下上社に行幸在らせらるへき旨仰出さるゝ傳

奏衆より所司代へ通達せられし書面左の如し奏章秘筐

爲攘夷御祈願來十日十一日頃可有行幸加茂下上社旨被仰出候大樹公幸滯京中之儀供奉可有之由內〻御沙汰候此趣早〻可申入將又在京之諸大名茂供奉被仰出候御摸樣ニ候此儀茂爲心得可申入置關白殿被命候仍而申入候事

日時追可被仰出將又當御時節柄之儀萬事御省略ニ付於諸大名茂召具等惣而少人數可然神社御參詣之儀重輕服は供奉不被仰付候事

三月二日

野宮宰相中將

坊城大納言

牧野備前守殿

〇三日朝四ッ時出門大津驛に赴かる大樹公本日同驛に著せらるゝ筈なりし故なり此時公大樹公に謁して昨年來幕府の舊制に拘はらす追〻　朝廷尊崇の實を擧られ且一橋中納言始慶永等公に先たち上京して專ら公武御

一和の方に盡力しけれと今日に至りいまた寸分の實効を見す畢竟慶永等菲才薄德なるを以て斯る次第に至れるハ勿論なれと更に方今の狀態を顧るに道理に依りて事を成すへきにあらさるものあり故に此上は將軍職を辭せらるゝ外なされかたあらさるへし慶永も道理の行はれさる世に立て重職を穢すへきにあらされは速に職を辭する覺悟なり云〻申上られたりき樞密備忘 國事筆記

○同日朝村田巳三郎を中川宮に指出さる今朝傳奏衆より江州八幡邊へ集會せる浪士の鎭撫方に關する御達書を遣ハされしに書中〔取押人數差出候趣風聞有之候右之者共ハ有志之輩にも有之由ニ付穩便之處置云〻〕とありて昨日宮より中根靫負に傳へられたる內旨に齟齬せし故御達書の文面を直さるゝ樣にと申上させられしなり傳奏衆より遣はされたる御達書左の如し樞密備忘 國事筆記

江州八幡邊へ浮浪のもの共會集之處取押人數指出候趣風聞も有之候右

之者共ハ元有志之輩にも有之由ニ付穏便之處置有之候樣早ヽ其筋へ下知可有之旨關白殿被命候仍而申入候事

三月三日　　野宮宰相中將

坊城大納言

一橋中納言殿

松平春嶽殿

大樹公著京ノ時刻ヲ臨時引揚ラレシ事情

○四日朝五ッ時揃登營せらるゝ五ッ半時大樹公著京せらるゝ筈なりし故なり歸館ハ夜に入りぬさて大樹公着京の刻限ハ四ッ時過の豫定なりしを神宮へ發遣せらるへき　勅使今朝俄かに京師を發せらるゝよしの聞えありし故時刻を引揚五ッ半時入京せらるゝ事となれり此時　勅使のしか俄に京師を發せらるゝ事となりしハ國事掛り諸卿の計らひを以て故らに途中大樹公に行逢ひ隨從者をして狼狽せしめんとせられたるなれと大樹公豫定の時刻以前入京せられ其計畫違却しける故更に　勅使の出發を延引

せられたりとそ樞密備忘

○同日夜に入傳奏衆より左の通り申來る國事筆記

去月召捕候浪士之輩ハ正議之聞有之候處其儘に相成候而ハ人心致騷擾候間今日早〻爲致出牢候樣被仰出候事

三月四日　野宮宰相中將

坊城大納言

松平春嶽殿

春嶽公大樹公ニ將軍職辭退ヲ勸告セラル

○五日公將軍職を辭せられ然るへき旨の意見書を大樹公に奉らる此日公登營して大樹公に謁し再ひ上京以來の實況を詳述し已に一昨日大津驛に於ても上陳せし如く慶永ハいよ〳〵職務を辭する決心なるか大樹公にも此上ハ斷然御辭職在らせらるヽ事を希望す云〻申上直ちに意見書を捧呈せられたり左の如し樞密備忘

昨年來深く　御尊崇之筋合被爲　思召立萬事　叡慮御遵奉被爲在候儀

ニ付何茂御先へ上京仕乍不及精〻盡力仕候得共今日ニ至り諸端混雜仕兎角人心居合兼乍恐今ニ被惱　叡慮候御次第奉恐入候若亦此上外ニ思召通被爲在上は被安　宸襟下ハ萬民を被爲護候御見込被爲在候ハヽ格別左も無御座候ハヽ乍恐　將軍之御職掌相立兼候御儀ニ御座候得は其段　主上ニは被仰上速ニ御辭職被遊候之外有御座間敷と奉存候間厚御思慮被爲在候樣奉希望候

一橋殿參內
天前ニ於テ
庶政御委任
奏上及勅答

○同日午刻一橋中納言殿參　內せらる過般來一橋殿以下幕府の諸老深く政令の二途に出る事となれるを憂ひて屢　天前ニ於て　叡慮の在らせらるヽ所を伺はんとせられけれといまた其機を得られさりしか昨四日大樹公入洛せられし故此時に乘して　聖慮を伺ふへきなりとて卽夜四日水野殿を始め三閣老關白殿の許に參候しさて大樹公已に上着ありし上ハ萬端御直に奏上もせらるへく又　聖慮をも伺はるへき筈なれといまた若年故後見の廉を以て一橋中納言をして奏上もし伺もせしめられたし此事御聞屆の

上ハ指當り伺はへき事あれは明日一橋に參　内仰出さるゝ樣にと願はれしかは關白殿承諾せられやかて本日參　内せらるゝ事となれるなりとそ此時　天前にハ兩殿下宮のみ侍ハれて一橋殿を召出されしか一橋殿大樹にハ昨年來專ら積年の非政を去り更に時勢に適すへき新政を布くの決心にて已に其事に著手し殊に攘夷の　聖勅をも降されたる今日なるかいよいよ此等の事業を成し遂くるには上下の人心專ら一致一和を要するハ申上るまてもなき事故願ハくは此際更ニ從前の如く庶政を擧けて關東へ御委任在らせられ天下をして向ふ所を一に歸せしめらるゝ樣にと奏上せられしに　皇上庶政ハ素より從前の如く關東に委任する存慮なりしかし攘夷の擧ハ尙出精すへしと　勅答在らせられたりとそ此日一橋殿ハ宮中にて徹夜翌六日朝退　朝せられ二條城にても一橋殿の御都合如何と懸念し公以下諸有司通宵在營せられたりき此日宮中に於て一橋中納言殿へ御下附ありし　勅書左の如し國事筆記 京都御所書類

征夷將軍之儀惣而此迄通御委任被遊候攘夷之儀精〻可盡忠節事

會津藩ノ壯士兩傳奏及學習院ニ推參ス

○六日會津藩の壯士等數十名坊城野宮兩傳奏及ひ學習院に推參す一昨四日傳奏衆より過日會津藩にて捕縛せし浪士を出牢せしむへしと申遣はされし故本日幕府より上答書答書ハ今見あたらすを出されしか壯士等不平に堪へす遂に多人數推參せしなりとそ斯て坊城殿ハ參　内中にて在邸せられす野宮殿ハ在邸せられけれと不快のよしにて面會を斷はられし故取次を以て過日浪士を捕縛せしハ守護の職掌捕縛せさるを得さる暴行ありし爲めなり然るに一昨日御書付を以て早〻出牢せしむへき旨達せられたるハ如何なる御詮議なりや斯る暴行者を捕縛すへからすとありてハ今後國家の典刑ハ立つへからす云〻申立しに野宮殿さる書面を達せし事ハ余か知らさる所なりいよ〳〵ありたりとならは僞書か又は中川宮の御沙汰を蒙り坊城限り發せしなるへけれハ明日參　内して尚取糺すへしと答へられ學習院にても壯士等同樣申立しかハ出牢せしむへしとありしか不都合ならハ其

筋を經て中立へし出牢せしめらるゝもせしめられさるも當方には敢て異存なしと答へられたりとそ國事筆記

○同日夜に入りて公一橋殿會津殿とゝもに二條城より直ちに近衛前殿下の許に赴かる昨夜登營せられし後營中にて徹夜本日も引續き事を視今夜二更後近衛殿の許より歸館せられき國事筆記

大樹公參內

○七日朝六ッ時出門登營せらる本日ハ巳刻を以て大樹公參　內せられし故公も營中より施藥院に赴かれ夫より大樹公に隨從して參　內せられきさて大樹公小御所に於て　天顏を拜し　天盃を戴かれ畢て再ひ御學問所に於て拜謁あり此時ハ御茶御菓子御膳を賜ハりたりとそ斯て大樹公ハ夜四ッ半時退　朝せられ公ハ大樹公の初めて參　內せられし御禮を申上らるゝ爲め退　朝の際鷹司近衛両殿下を廻勤し九ッ半時歸館せられき此日大樹公より奏上せられし書付及ひ　朝廷より大樹公に御下附ありし　勅書左の如し樞密備忘　國事筆記　京都御所書類

大樹公の上奏

都而是迄之通御委任之儀蒙　御沙汰奉畏候然上は御國政向都而前〻之通差圖仕候事ニ御座候得共　叡慮之趣も無　御腹臓相伺度候此段奉申上候事

三月七日

關東政事向不行屆之儀も御座候ハヽ無御遠慮御敎諭被爲在候樣奉願候事

勅書

征夷將軍儀是迄通御委任被遊候上は彌以　叡慮遵奉君臣之名分相正闔國一致奏攘夷之成功人心歸服之處置可有之候國事之儀ニ付而は事柄ニ寄り直ニ諸藩へ御沙汰被爲在候間兼而御沙汰被成置候事

○八日朝四ッ時登營四ッ半時歸館せらる 樞密備忘

○九日登營せられす本日總裁職辭退の内願書を閣老へ指出さる此内願は

春嶽公總裁職辭退ノ願書ヲ指出サル

杉浦正一郎を以て其筋へ指出さるゝ筈なりしか杉浦御決心の次第ハ内閣ハ申述ふへけれと書面を傳達する事ハ迷惑なりと申しゝ故別に使を以て指出されたり左の如し樞密備忘 葵章秘筐

昨秋御役被仰付候以來乍不及　公武御合躰之御主意相貫候様仕度深く心痛仕別而當春上京仕候ニ付而は一橋中納言殿申談只管　勅旨遵奉之外他事無之今日迄相勤來候得共素ゝ不肖之儀故兎角御一和之筋徹底不仕所詮此儘ニ而は下生民之塗炭を救ひ上可奉安　宸襟見込難相立恐懼至極仕更ニ奉仕之目途を失ひ危急之御時節迚も相勤マリ不申候間速ニ御役御免被成下候様伏而奉願上候且又拜命之節　叡慮を奉忝候儀ニ御座候得は前文之次第　朝廷へも可然様御取成被下候様奉願上候是迄碌ゝ重任を汚罷在候儀實ニ奉恐入候

三月九日　松平春嶽

○同日一橋中納言殿より二條關白殿下へ書面を出さる去る五日之　勅書

に都而是迄通御委任とありけれと七日の　勅書に國事の儀に就ては事柄ニ寄り云〻とありし故なり左の如し

御委任被成下候儀ニ付被　仰出候趣奉畏候國事之儀ニ付而は事柄ニ寄直ニ諸藩へ　御沙汰可被爲在旨は全攝海へ夷船渡來等過急之期ニ臨候節之　御沙汰之趣ニ候得は其餘之事ハ守護職所司代へ被仰出候儀とは奉存候得共猶爲念此段申上置候

三月九日　慶喜

殿下

○十日宇和島侯より中根靫負に面談すへき事あれは來邸する樣にと申遣はされしか中根他に用向ありし故村田巳三郎參邸せしに侯昨日宮中に於て春嶽殿辭表を出されたりと聞きて大に驚きし事なるか如何なる次第ありてさる事に及はれしやと尋ねられし故村田公の決心せられし事由を一通り陳述せしに侯實に術計盡果たる今日なれは御進退の上に就き吻を容

るへしとにハあらねと春岳殿の事ハ大樹公兼て格別に依頼せられ其上昨日も頻りに御出勤ある事を希望せらるゝ御摸様なりしか春岳殿すらしか覺悟せらるゝ上ハ容堂といひ拙者といひ尚更覺悟せさるへからす扨しか一同に退く事となりなは大樹公は定めて御心細き事なるへく夫是を思ひめくらせは人情忍ひかるぬ所なきにあらすされは此上なから何とか爲すへき様あらすやと申されしか村田その所ハ春岳も御同様に痛心仕り居れと已にも申上しことく在職しても國家に寸分の益あるへからさる今日故止を得す決心せる事なれハ藩中の者ともゝ此上思ひ返へす様にとハ申出かぬるなり云々御答に及ひて退出しぬ國事筆記

○十一日加茂下上社に行幸あり攘夷の成功を祈らせらるゝ爲めとそ聞えし此日大樹公以下在京の諸侯一同供奉せられ近世無比の盛事なりしか盃を覆かへすともいゝつへき大雨にて上中下混雑いふはかりなかりき公ハ御引籠中なりし故供奉せられす樞密備忘 參政內狀

○同日　朝廷より大樹公の滯京せらるへき日限を暫く延引せらるゝ樣にて仰出さる最初十日間と仰出されてありしなり御沙汰書左の如し國事筆記

攘夷期限之儀ニ付大樹公京師滯在十日之旨兼而被仰出有之候處英船渡來不待期限可及戰爭先日之形勢と相反候世態ニ付後見總裁之内急ゝ歸府防禦萬端指揮可有之候大樹公は公武御一和人心歸嚮之處置有之候上歸府候樣御沙汰之事

三月

○十二日高崎猪太郎來る村田巳三郎面接せしに高崎云此程三郎大坂に著し明十三日伏見に泊り明後十四日入京する筈なるか當地の近情百事紊亂し殊ニ攘夷拒絶の期限を定められたる事の如きハこれを促されし　朝廷も輕忽之を奉承せられし幕府も輕忽御双方とも無筭の甚しきものといふへし故ニ三郎ハ洪歎に堪へす　朝敵なとゝ人の申さん程も測られねと上着の上ハ其筋へ十分に意見のある處を述へんと欲するなり就ては上着の

郎日貴邸へ參上すへけれハ御對面あらせらるヽ樣願ひたしと申聞しか村田引籠中故御對面ハ如何あるへきかと答へ置やかて高崎の申せる趣を公に告けつるに公兼て何事をも御相談に及ひ居る間からなれと此節の場合故對面ハ致しかたし假令對面しても何事の御相談にも及ひ得すとありし故村田更に其旨を高崎に傳へ且此節春岳の辭表を出せるハ別意あるにあらす全く術計盡果てたる故なるか今其一端を申さハ所謂攘夷なるものハ彼其道理を失へる時にこそ斷行すへきなれ交際を求むるのミにて道理を失へる事なき今日に於てハ固より斷行すへきにあらす然るに我却て交際を拒絶するため干戈を動かさんとす是豈攘夷の本旨ならんやしかのミならす目下既に其期限をさへ定められ如何なる意見あるも容易く口に說くを得さる場合となれり故に空しく重職に居るを屑とせさるなり云〻物語りしかハ高崎三郎の存意も全く其通りなりと申聞け慨歎して立歸りぬ國事筆記

○同日傳奏衆より一橋中納言殿へ書翰を遣はさる左の如し

彌御安榮珍重存候昨日は御苦勞存候然　公武御一和人心歸嚮之處置有之候上大樹公ニは歸府候樣御沙汰ニ付而ハ後見總裁之内急〻歸府防禦萬端指揮可有之被仰出候間昨日申入候右は何れ之方御歸府候哉承度候元來京師十日之間御滯在被仰出御請之儀故明日明後日之内ニは御兩人之内御出立と存候明日明後日御出立無之而は期限相延候間尤其心得と存候將又大樹公御名代之儀ニ候間老中方計ニ而は一同不服と存候仍而申入候否早〻承度候事

三月十二日

野宮宰相中將

坊城大納言

一橋中納言殿

追而昨日申入候過日御指出之御請書早〻御書改御指越有之候樣致度候御一紙介返進候事

一橋殿來邸辭職ヲ思ヒ止マラルヽ樣ニトノ勸告

○同日夜五半時一橋中納言殿來邸せらるさて一橋殿公に對面すへしとありし故本多飛騨出て引籠中なれハ御對面ハ致し難しと申上しに一橋殿此程辭表を出されしに就てハ速に　朝廷へ其よしを申上へき筈なるか御趣意のある所を承ハらすては其事に及ひかたし故に今日ハ兎も角も御目にかゝりたし且其御趣意ハ拙者一人承ハり萬一聞違ひなとありてハ不都合故小笠原圖書頭岡部駿河守澤勘七郎等も來りて同時に御面會を請ふへしと申され程なく小笠原以下にも來邸せられたり斯て公一橋殿を始め一同に對面せられしに一橋殿爾來　公武の御一和追〻其緒に就き今暫くにて充分の御整ひに至るへし已に此程大樹公御滯京の日數を延へられ江戸のかたは後見總裁の中壹人歸東して執計ふへき旨仰出されしもいよ／＼御一和を望まるゝためなり又加茂行幸の時大樹公に天盃を賜はり　皇上御直に御酌在らせらるゝなと御懇篤の御待遇もあり浮浪の輩ハ追〻會津に隷屬する事になるへく陽明家の御內話にも三條以下暴論の堂上近來聊悔

悟の躰なりとあり關白殿下も暴論さへ礴らきなは攘夷拒絕の事ハ如何樣にも御相談の致しかたあるへしと仰られ何事も御都合宜しき場合なれハ幾重にも辭職の事ハ思ひ止まられ今一際御助力を乞ひたしと懇ゝ勸誘せられし故公御勸誘の旨に對してハ速に出勤もすへき筈なれと斷然決心せし末の事なれハ尙篤と勘考の上にこそと答へられしかば一橋殿更に近ゝ島津三郎上京するよしなるか兼て三郎とは御懇交の間故指當り生麥事件の示談に御盡力を乞ひたき內實の事情もあり旁何分にも速に御出勤ある樣にと申述へられたりき扨一橋殿退散後小笠原殿居殘られし故本多飛驒謁見して辭職願を速に御聞屆けある樣にと申立しかは小笠原殿攘夷拒絕の事ハ到底實際に行ひ得へきにあらす素より拙者も御同論なり故に强ひて舊の如く御勤めあらせらるゝ樣にとハ申さゝるへしされと生麥事件ハ是非御周旋を願ひたき所存なれハ一時御出勤此一事結了の上御決心のことく御辭職ある事に致したしと申されし故本多重ねて生麥事件結了の上ハ

速に意の如く辭職の御聞屆を保證し下さるゝにやと申しゝに小笠原殿必す保證すへしと申されき參政內狀

○十三日中根靱負を二條城に指出さる昨夜一橋殿小笠原殿以下來邸辭職を思ひ止まらるゝ樣にと勸誘せられ又生麥事件の周旋を希望せらるゝとの事もありけれと公辭職ハ到底思ひ止まるへくもあらす生麥事件とても既に辭表を指出せる今日いかに懇意なれハとて此一事に限り周旋するハ島津家に對し不面目にもあり殊ニ此事ハ懇意の故を以て周旋するよりも公然政府より御談しあるかた却て政府の威權も立へけれは承諾すへきにあらすとありて其意を一橋殿小笠原殿に申述へさせられしなりさて中根營中に於て岡部駿州に面會して云ゝ公の意を陳述せしに岡部輕からさる事件の御返答なれは閣老衆へ直ちに陳述せらるへしと申聞けし故更に水野和泉守殿板倉周防守殿に謁して陳述せしに兩閣老春岳殿の御趣意も御尤なれと艱難に迫まれる今日なれは兎も角も御出勤ある樣にと繰返し依

頼せられし故中根返答に困しみ　皇國萬世の汚點ともなるへき事の目前に横ハれる今日故一藩擧りて在職すへからすとの議に決せし事なれハ到底出勤にハ至らさるへしとの藩議のある所まても有のまゝに陳述しけるに兩閣老さハ御出勤の事ハ暫く閣き生麥事件ハ是非とも御周旋ありたし懇意の故を以て周旋するよりも公然政府より御談しあるかた却て政府の威權も立へしとの御趣意ハ一理ある樣なれと懇意の故を以て周旋する方なれは假令仕損しても再ひ取直し方あるへきを正面よりの談しにてハ容易に圓熟すへき事も圓熟に至りかたかるへく加之萬一仕損する事ありても再ひ取直しかたかるへし故に此事に限りてハ何分にも周旋を煩ハしたき內議なれハ今一應春嶽殿へ此意を申上け御承諾ある樣に取計らはれたし右此一事のため御出勤とありては御不都合との御懸念もあらハ御家來にも島津家の家來に懇意の輩少なからさるへけれハ家來と家來との相談にてなりとも然るへく周旋ある樣にと申されし故中根止を得すしからは

尚又春嶽へ申聞くへしと答へて退出し歸館の上兩閣老の申されし趣を公に申上尚重臣等にも物語り種〻詮議に及ひけれと矢張前議の如く裏面の周旋よりも正面島津家の所存を尋ねらるゝかた公正なるへしとの議に決したりき參政內狀

〇十四日本多飛驒狛山城三岡八郎を二條城に差出さる昨日水野板倉兩閣老より生麥事件周旋の事を今一應公に申上る樣にと中根に申聞られし故其返答を申立させられしなり扨本多以下三名營中に於て例の兩閣老に謁して過日來御內談ありし生麥事件の周旋ハ春岳尚又再考しけれと元來此事たる政府ハ英國の望めることく償金を交附し島津にハ相當の譴責を命せらるゝか公正の御處分なるへし然るに事爰に出られす懇意の者をして周旋せしめられてハ政柄ハ如何なり行くへきか故に折角の御內談なれと春嶽ハいつく迄も此周旋ハ御斷ハり申上たき意見なりと申しゝかは兩閣老了解せられハいかにも至當の御意見なれハ此上ハ公然三郎へ尋問せらる

丶方に計らふへしと答へられさて此時も頻に公の出勤を勸誘せられけれと三人ハ已に決心せし事故動かさるへしと答へて退出せり參政内狀

島津三郎殿著京近衞殿へ參候

○同日島津三郎殿入京せらるさて島津殿旅寓（智恩院を旅寓とせられき）にハ立寄られず入京のまゝ近衞殿へ參候せられしか關白殿下中川宮御集會ありて更に一橋殿及ひ松平容堂殿を呼寄せられ御一同三郎殿へ對面ありしに三郎殿過日來攘夷拒絕を急かせらるゝ由なれと是ハ方今決して行ハるへきにあらす又堂上方に國事掛りを命せられてあれと是は害ありて益なけれハ速に廢せらるゝ樣生麥事件ハ軍艦を薩海へ指向けらるへし應接の上時宜により償金をも指出へしと申立られしかハ中川宮堂上の國事掛りを廢するにハ至りかたしと仰せられしのミにて兩殿下ハ何の御答もなかりしとそ此時三郎殿又一橋殿に對して攘夷拒絕の行ハるへきにあらさるハ飽迄も御承知なるへきに何とて容易く御請に及はれしやと難詰せられしか一橋殿にも何の御答ハなかりしとそ參政内狀

○同日傳奏衆より一橋中納言殿に宛左の通り通達せらる参政内狀

御親兵之儀は每〻被　仰出候通り是非とも被設置度　思召候間名目之儀ハ御守衞ニ而も御差支へ不被爲在候間十万石以上之大名ゟ高割を以人數指出候樣急〻可申達候事

交易拒絕談判之儀は實ニ重大之事件ニ候間春岳儀所勞之趣ニハ候得共總裁之職掌故所勞相扶出立可致歸府被仰出候事

水戶中納言儀先達而爲　和宮御守護途中ゟ引返候樣被　仰付候へ共幸上京ニも相成候事故暫滯京被仰付　和宮御警衞之儀他藩へ被申付候樣御沙汰之事

右之通り被　仰出候仍申入候事

三月十四日　野宮宰相中將

坊城大納言

一橋中納言殿

春嶽公板倉閣老ヲ招キ大樹公政權ヲ返上セラルヽノ要ヲ論セラル

○十五日午後杉浦正一郎來る此時一橋殿より傳へられたりとの事にて昨日傳奏衆より通達せられし書面(此書面ハ十四日の條に掲載せり)を指出し委曲ハ後刻板倉閣老來邸の節御相談ある筈なりと申聞けたりき参政内狀

○同日暮時過板倉周防守殿來邸せらる公辭職中立中なれと國家のため默止かたき事あれハとて來邸を請はれしなり此時公過日拙者ハ將軍職を辭せらるへしと申立しか其中立の行ハれさりしハ諸有司例の姑息に泥ミ僥倖を萬一に期するよりして政柄を棄却するに吝なるの致す所なるへけれと何程これを棄却せしとしても彼斷行し得へからさる攘夷拒絶の如き又終に與へすて止を得へからさる生麥事件の償金の如き定見のある所を朝廷へ申上す空しく時日を費されてハ天下の危難立所に至り到底永く政柄を維持する事ハ難かるへし近日島津三郎上京せるよし定めて此二事の難局を排除する事に盡力すへけれハ頼もしきか如くなれと若三郎の盡力を頼ミ難局を排除し得なハ夫の爲め今後政柄ハ何人に歸すへきや矢張幕

府ハ虚器を擁せらるゝ事となるへし故に拙者ハ何處迄も將軍職を辭し我より政柄を　朝廷へ返上せらるゝの覺悟を定めさて進んて此難局に當り三郎いよ〳〵盡力すへしとならハ應分の盡力に及ハせらるゝ事を希望するなり畢竟　皇國を安んするためなれハ假令政柄を失ハれても宗祖に對し聊愧つる所なきにあらすや拙者已に辭職の內願書を差出せる今日なれハ斯る事を申立るハ分外にもあるへけれと容易ならさる場合と見込める故徹衷のある所を政府に告けたく態〻來邸を請ひたるなりと申されしかハ板倉殿大に感服せられしよしにて昨日近衞殿の御許にて三郎殿の申立られし意見十四日の條下に記載せる趣を物語られ扨三郎の盡力に一任せられてハ幕府ハあれともなきに齊しき姿なれハ此際ハ將軍職を辭せらるゝも止を得さる事なるへしされハ一橋殿へ篤と御相談申上然る上何分の取計らひに及ふへしと答へられたり此時扣席に於て狛山城本多飛驒岡部豐後板倉殿に謁して辭職內願書を差出しゝより已に數日を經けれと幕府ハ尙何事をも

仰出されすしかのミならす昨日　朝廷より總裁の職掌故所勞相扶出立云ミ御沙汰ありし事の如き已に辭職の申立ある上ハ幕府より其事實を仰上らるへき筈かと心得らるゝに何事もなくて其御沙汰書を春岳へ御下附ありし事なと家臣共に於ていかにも不服の次第なり就てハ辭職ハ速に御聽屆所勞相扶出立云ミの御沙汰ハ然るへく　朝廷へ御斷り仰上らるゝ樣願ひたしと申立しに板倉殿申立の趣ハ一ミ尤の次第なれと御辭職の事ハ目今の重大事件なれハ春岳殿より　朝廷へも願上られてハ如何と申されし故狛以下三人幕府に於て御聽屆ある事に決せられすては仮令　朝廷へ願上ても其詮なかるへし小臣ともの只今申上たる所を尤に御聞取下されし上ハ矢張幕府より　朝廷へ仰立らるゝ事を希望すと申しゝに板倉殿更に故のことく公を御出勤ある樣にはなるましきやと尋ねられしか狛已下斷然辭職する事に決心せる事なれハ此上故のことく出勤にハ至りかたかるへしと答へたりき參政内狀

○同日辭職再願書を指出さる去る九日辭職願書を指出されけれと容易く指免さるへき摸樣なかりし故本日更に願書を出されしなり左の如し樞密備忘

私儀先達而御役御免之儀奉願候處今以何等之御沙汰も無之奉恐入候切迫之御時節兼〻申上候通り之次第ニ而重任を辱罷在候儀實ニ不堪恐懼奉存候間何分ニも早〻御免被成下候樣奉再願候以上

三月十五日　松平春嶽

○十六日長谷部甚平村田巳三郎を一橋殿の許に差出さる扨兩人參邸せしに登營の時刻に迫りたれは申立つへき事は營中に於て承はるへしとありし故更に二條城に赴き杉浦正一郞を以て已に辭職内願を差出せる今日朝廷より急に東下すへしと仰出されたるは如何の御詮議なるへきか春岳は申迄もなく家臣迄も一切了解し難し實は故らに難題を負はせらるゝものかとも惑はるゝ程の事なりされは幾重にも速に職務解免の御指揮を下さ

唐桑秘篋

る丶様願ひたしと一橋殿を始閣老衆へ申立しに尙も辞職願を引戻させせんとせらるゝ由の御返答なりし故兩人ハ其御返答を押返し或ハ歎き或ハ赫し頻りに强辨して杉浦の往復三回に及ひしかハ今ハ奪ふへからすと思はれけん然らハ大樹公へも申上へく又　朝廷へも奏上すへしと答へられたりき參政内狀

○同日狛山城三岡八郎を福井に遣ハさる公の辞職内願を一橋殿始閣老衆より大樹公に申上　朝廷へも奏上すへしとの事なりし故其實況を少將公に内報せらるゝためなり參政内狀

○十七日松平容堂殿來邸せらる本日御暇仰出され近〻歸國せらるゝ筈なりし故御暇乞の爲なり此時中川宮の御傳言なりとありて申述へられしハ爾來天下の形勢いよ〳〵穩かならす此上にも倚いかゝなり行へさか杞憂ニ堪へす然るに兼〻希望せられたる公武の一和漸く整ハんとする今日突然職を辭せらるゝハ如何にも不都合なるへし御家臣共の議論もあるへけ

れと今一應考案の上幾重にも故の如く出勤盡力あらん事を望むとの御旨なりし斯て容堂殿の意見なりとて申述へられしハ此節職を辭せらるゝ御意見ハ時勢止を得られさる事故强て思ひ止まらるゝ樣にとハ申さゝれと目下大樹公の孤軍敵地に陷られたる如き姿なるハいかにも御氣の毒の次第なり故に大樹公か此敵地を脫して御東歸あるまての間に限り在職せられ然る上斷然御勇退ありてハいかゝ尤御意見の行はれさる今日なれハ政府の樞機ハ一切關與せす一時木偶人になられし心得にて在職せられなは敢て難き事ハあらさるへし云ゝなりしか公宮の御内旨といひ貴兄の御懇示といひ默止すへきにあらされと既に辭表を呈せし事故今更出勤ハ致しかたしと答へられ扨爲すへき策ありて爲すへからさる時運はかり苦しきハあらすと互に歎息して訣別せられき參政內狀

○同日一橋中納言殿及閣老方參　內せらるゝ過日來英國人より三ヶ條の請求に對する返答を幕府に促し居けるか大樹公入京ありし當初ハ僅かに十

日間の滞京にて歸府せらるへき豫定なりし故其實を告け何事も歸東の上にと申入れ置れしに其後　朝廷より仰出されし旨ありて豫定の如くには歸府せられさりし故英國人は其不信を咎め且大樹公或は其職を辭せらるへきやとの風說を傳聞せるよしにて更に日時を刻して切迫に其返答を催促する事となりし故當路の諸有司は大に扱ひ惱まれ種〻評議の末來る廿一日大樹公京都を發し廿四日江戶に着せらるへきに內決して去る十六日外國奉行某名欠を江戶に下し其よしを英國人に告けしめられけれは兎も角も廿一日以前に御暇を仰出されすしては英國人に對し更に不信を重ぬるに至るへしとて本日參　內せられしなりとそ斯て　朝議は幸に大樹公上洛中なれは彼英艦を攝海に引受兼て決定せる拒絕の國議を告け彼若承諾せすは開戰に及ひ時宜によりては　鳳輦をも進めらるへし到底歸府の御暇は仰出されかたしとありし故一橋殿を始一同に殊の外痛心せられ再三英艦を攝海に引受らるゝの非なるよしを言上ありしかと諸卿は一切聽納れ

られす今夜三更後一橋殿以下一應退　朝して更に二條城に集り評議に及はれ翌十八日朝に達して退散せられぬ此時　朝廷より幕府へ御沙汰ありし御書付左の如し参政内状樞密備忘

英夷渡來關東之事情切迫ニ付防禦之爲大樹歸府之儀尤之譯柄ニ候得共京都幷近海之守備警衞之作略大樹自指揮可有之候且攘夷決戰之折柄君臣一和無之而ハ不相叶之處大樹關東へ歸府東西相離候而ハ君臣之際情意不相通自然間隔之姿ニ相成天下之形勢不可救之場ニ可至申候當節大樹歸府之儀ハ於　叡慮不被安候間滯京有之守衞之計略厚被相運奉安宸襟候樣思食候英夷應接之儀は浪華港へ相廻シ拒絶談判可有之幷爭端之節は大樹自出張萬事被指揮候ハヽ元氣挽回之機會ニ可有之　思召候關東防禦之儀は可然人躰相撰被申付候樣御沙汰之事

三月十八日

○十八日本多飛驒岡部豐後を二條城に遣はさる公過日辭表を差出されし

以來日〻解免の御沙汰を待たれけれと容易に其沙汰あるへき摸樣なかりし故此上は解免を待たす直ちに出發歸國せらるへしとの事にて其決心を一橋殿に申立させられしなりさて兩人登營して杉浦正一郎を以て一橋殿へ春岳辭表を差出しゝ以來已に一句に及ひたる今日尙いまた御聽屆の御沙汰なく甚困却せり故に此上ハ解職の御沙汰を待たす今明日の中出發歸國するの決心なれハ此旨御聞置ありたしと申立しに一橋殿よりも杉浦を以て來る廿一日までにハ何とか御沙汰あるへし就ては是非とも同日までハ歸國を見合ハせらるへしと答へられし故兩人歸邸して其旨を公に復命しけるか來る廿一日とあれハ最早僅少の日數故一時出發を見合ハせ扨其期に至り萬一御沙汰なくハ卽日斷然歸國の途に就かるへきに決せられたり參政內狀

○同日島津三郞殿京師を發し歸國せらる島津殿去る十四日入京し卽日近衞殿の許にて三事の意見を述へられ爾來日〻其實施を望まれしに昨日ま

て何の御沙汰もなかりしかハ今曉七時發程せられたり昨十七日近衞殿へ
指出されし出發の屆書左の如し參政內狀榮井筆叢第四十二集
今度私儀奉蒙　御內命上京　輦下謹而形勢觀察仕候處　皇國之御危急
且急迫之御趣意顯然ニ相見愚魯之身不顧　公武之御重威存慮十分獻言
成仕候得共迚も御採用ニ相候御摸樣ニ無之慷慨歎息之外無之候就而は
無用之者長〻滯京仕候而は却而　公武之御爲ニ不相成讒口紛〻と沸騰
仕終ニハ於御目前騷亂を生し候ハ案中と奉存候且攘夷御決議之上ハ國
元之儀三面は海岸寸地も醜虜ニ掠奪不被致樣防戰之用意嚴重ニ不申付
候而は　御國威を貶候場ニ相當り別而奉恐入存候間不得止事明日發足
仕候急速之儀御疑も可有之候得共右申上候外所存無之候間是等之趣不
惡御聞取被成下度奉存候
三月十七日　島津三郎
此時所司代牧野備前守殿へ差出さしめられし書面如左榮井筆叢第四十二集

此度攘夷拒絶之御發令承知仕候ニ付夷船壹艘ニ而も領中へ致碇泊候得は不及應接加誅戮候儀ニ御座候且時宜ニ依而は夷賊爲征伐軍艦差出候儀も可有之候間右之趣兼而御聞置可被下候樣可申上旨三郎申付越候此段申上候以上

島津三郎

家來

三月

○十九日傳奏坊城大納言殿ゟ諸藩へ達せられし御書付如左樞密備忘

今日召大樹御直ニ御熟談別紙ケ條大樹御請被申上候就而は大樹ゟ申渡之儀も可有之爲心得可申達旨關白殿被命候事

三月十九日

別紙ケ條

大樹歸府之事段〻以　勅諭被召止候事

先日御沙汰被爲在候通將軍職萬事是迄之通御委任ニ候就而ハ諸大名以

下守衞萬端指揮於被致は御安心ニ候事
事ニ寄候ハヽ御親征も被遊度程之　思召ニ候事
畏御請奉申上候

三月　家茂

○廿日本多飛驒岡部豐後を板倉周防守殿の許に遣はさる去る十八日本多岡部の兩人二條城に於て解職の命をまたす近日歸國するの決心なり云ゝ杉浦正一郎を以て一橋殿に申上しに來る廿一日まてにハ何とか御沙汰あるへし云ゝ答へられし故僅少の日數なれはとて一時出發を見合ハせ何分の後命を待たれけれと今日に至りても矢張其命なかりし故此上ハ明廿一日いよ〳〵出發せらるゝに決し其意を板倉殿に申立させられしなり此時も板倉殿幾重ニも何分の御沙汰あるまてハ出發を見合ハせらるへしと申されし故兩人歸邸して其趣を公に申上更に種ゝ詮議に及ひしか幕議ハ例の優柔不斷にて解職の御沙汰に至らさるなるへしされハ此上いつまて待

合ハせられないハ御沙汰あるへきか測られされハ少しく過激に渉るの嫌なきにあらねと矢張近日御決心ありし如く御沙汰の有無に拘はらす速に歸國せらるゝかたなるへしとて其議を公に申上しかは公も過激に渉るハ好ましからすとありけれとさては際限なく引留められてハ迷惑なりとの事にて遂に明廿一日拂曉出發せらるゝ事に決せられき樞密備忘

○同日江戸に於て大目付より大樹公今暫らく京師に御逗留在らせらるへき旨を廻達せらる其書面左の如し家譜

御滯京可爲十日旨御治定之旨最前相達置候處猶　御所ゟ被　仰出候趣も有之ニ付今暫御逗留被遊候旨被仰出候　御發駕日限は追而相達ニ而可有之候

三月

春嶽公京師ヲ發シテ歸國ノ途ニ就カル

○廿一日朝六ッ時過京師を發し道を西近江にとり歸國の途に就かせらる今曉七時出發の豫定にて時刻に先たち本多飛驒岡部豐後を板倉周防守殿

の許に遣はし其旨を届けさせられしか兩人時移りても歸り來たらす遂に六時過に及ひけれハ今はとて出門せられしなりかくて唐崎休憩中へ岡部豐後追ひ來りて御出發の事を板倉周防守殿に謁して届けたるに板倉殿しか一決せられし上ハ最早爲すへき樣あらされは承ハり置尙一橋公へよきに申上へしと答へられし旨を復命せり今夜ハ堅田浦に止宿せられき樞密備忘

○廿二日江戸に於て大目付より大樹公當月廿一日二條城を發し歸東せらるへき旨を廻達せらる其達書左の如し家譜

公方樣當月廿一日二條御城御發駕東海道筋還御可被遊旨去る十七日於
京都被仰出候

三月

○廿三日曉七半時荒川十右衞門番頭早追にて今津驛に着す昨廿二日公堅田浦より此驛に着して止宿せられしなり此時荒川一昨廿一日夕二條城へ重臣を召喚せられ（辭職願未タ御許容無之內勝手ニ發足出立後相屆對　朝廷

不束之次第ニ付早々引戻候樣傳奏ゟ御達有之云々）の書付を渡されし故已に出發せる今日なれは幾重にも此まゝ歸國の御許容を願ひたし尤傳奏衆へハ藩士よりも直に願ひ出へしと答へて退散しさて十右衞門及ひ村田巳三郎出淵傳之丞津田彌三郎及ひ壯士四十餘人麻上下着坊城殿へ推參して謁見を乞ひ春岳在京中願ひし如く職務解免且歸國御暇の御沙汰を願ひ奉りたし云々嚴しく申立しかは坊城殿聞屆けられ夫より野々宮殿へも推參せしか關白殿の許に赴かれ不在なりし故更に鷹司殿邸に參上して野々宮殿に謁し同樣申立しか是の御方も粗聞屆けられたり尤御兩方とも尙一橋へ願ひ出然るへしとありし故昨廿二日ハ早朝本多飛驒村田巳三郎二條城に赴き一橋殿へ謁見を乞ひしか小笠壹岐守殿面會せられ兩人より云々願意の次第を陳述せしに小笠原殿其事ハ關白殿へ御相談の上既に內決せりされハ春嶽殿御安心の爲め早速御內報に及ひ然るへしとありて一書を內見せしめられしか其書面に（云々急度も可被仰付處是迄精勤ニ付出格之御宥恕を

以總裁御免逼塞被仰付〕とありたり云〻申上たりき樞密備忘奉答紀事
○同日今津驛に於て中根靱負に上京を命せられる公今度の歸國は止を得さる事情ありて斷行せられけれと正面より論すれは其非理なるはいふ迄もなき事故定めて輕からさる譴責あるへしと覺悟せられしに今曉荒川十右衛門今津に着して　朝幕に於て内決ありし次第を申上しかは大に安心せられ關白殿下及ひ一橋殿板倉殿へ謝辭を申述へさせらるゝ爲めなり此時一橋殿板倉殿へは直書をも差出されき樞密備忘
○廿四日江戸に於て大目付より大樹公の御發駕御延引となれるよしを廻達せらる左の如し家譜

當月廿一日京地御發駕可被遊之處　御所より被仰出候趣も有之候ニ付御發駕御延引暫御滯京可被遊旨去る十九日於京地被仰出候

三月廿四日

○廿五日福井に着らせる去る廿三日卯刻過今津驛を發し當夜敦賀に止宿

廿四日今庄驛止宿本日歸着せられしなり家譜

春嶽公ノ總裁職解免及逼塞

○廿六日京都にて閣老水野和泉守殿より左の如く達せらる此達書は出淵傳之丞携帯して本日京師を發し廿八日福井に着せり奉答紀事家譜

松平春嶽儀御政事總裁職御免相願未御許容も無之處勝手ニ當地發足致出立後其段相屆且引戻之儀相達候處殘り居候家來相支其儘歸國之段如何之事ニ候　叡慮を以總裁職被仰付既ニ御免願達　叡聞御聞屆無之内前書之始末對　朝廷別而不束ニ付急度も可被仰付候處是迄出精相勤候ニ付出格之御宥免を以總裁職御免逼塞被仰付候

續再夢紀事卷四終

続《ぞく》再《さい》夢《む》紀《き》事《じ》一

日本史籍協会叢書106

大正十年八月十五日発行
昭和六十三年三月七日覆刻再刊

編者　日本史籍協会
代表者　藤井貞文
東京都杉並区上井草三丁目四番十二号

発行者　財団法人　東京大学出版会
代表者　菅野卓雄
一一三　東京都文京区本郷七丁目三番一号
振替東京六・五九九六四電話(八一一)八八一四

印刷・株式会社　平文社
本文用紙・北越製紙株式会社
クロス・日本クロス工業株式会社
製函・株式会社　光陽紙器製作所
製本・誠製本株式会社

日本史籍協会叢書 106
続再夢紀事 一 (オンデマンド版)

2015年1月15日 発行

編　者　　日本史籍協会
発行所　　一般財団法人　東京大学出版会
　　　　　代表者　渡辺　浩
　　　　　〒153-0041　東京都目黒区駒場4-5-29
　　　　　TEL　03-6407-1069　FAX　03-6407-1991
　　　　　URL　http://www.utp.or.jp

印刷・製本　株式会社 デジタルパブリッシングサービス
　　　　　TEL　03-5225-6061
　　　　　URL　http://www.d-pub.co.jp/

AJ005

ISBN978-4-13-009406-1　　Printed in Japan